王艳琴●主编

清华大学玉泉医院知名妇产专家

快乐胎教每天一课

中国人口出版社

China Population Publishing House

全国百佳出版单位

图书在版编目（CIP）数据

快乐胎教每天一课/王艳琴主编. —北京：中国人口出版社，2014.5

ISBN 978-7-5101-2516-4

Ⅰ.①快… Ⅱ.①王… Ⅲ.①胎教－基本知识 Ⅳ.①G61

中国版本图书馆CIP数据核字（2014）第105828号

符合科学、最实用的
胎教同步课本

快乐胎教每天一课

王艳琴 主编

出版发行　中国人口出版社
印　　刷　北京世汉凌云印刷有限公司
开　　本　710×1020　1/16
印　　张　14
字　　数　140千字
版　　次　2014年11月第1版
印　　次　2014年11月第1次印刷
书　　号　ISBN 978-7-5101-2516-4
定　　价　29.80元

社　　长　陶庆军
网　　址　www.rkcbs.net
电子信箱　rkcbs@126.com
电　　话　(010)83519390
传　　真　(010)83519401
地　　址　北京市西城区广安门南街80号中加大厦
邮　　编　100054

CONTENTS 目录

第1个月 大脑发育已经开始

第2个月 小心脏在跳动

第3个月　所有器官开始工作

第4个月　神经元迅速增多

第5个月　大脑有了记忆力

第6个月　大脑皮质发育完全

第7个月　脑发育的又一高峰

第8个月　开始感受妈妈的情绪

第9个月 胎儿完全成熟

第10个月 胎教毕业见妈妈

第 1 个月

大脑发育已经开始

第1天

1D（第 1 天）

孕1月胎教指南

胎教重点

首先树立“宁静养胎即胎教”的观念，情绪稳定，可经常散步，听舒心乐曲，避免繁重劳动和不良环境，调节早孕反应。

丈夫应体贴照顾妻子，主动承担家务，常陪妻子消遣，居室环境收拾干净，无吵闹现象。不饮酒，不在妻子跟前吸烟，节制性生活。

胎教指导

·营养胎教，饮食要规律。为了给胎宝宝提供更健康的孕育环境，孕妈妈要调整饮食习惯，一定要吃早餐，三餐要做到定时定量，并且可以在上午、下午进行加餐，以保证充足的营养。多吃豆制品、蛋类、鱼、绿叶蔬菜、全麦制品，这些食物可充分补充叶酸。

·情绪胎教，培养做妈妈的感觉。从准备受孕时期，孕妈妈就要培养自己做妈妈的感觉，做好迎接胎宝宝的身心准备。买一张可爱宝宝的挂图，或者看一些母婴杂志，这些都是不错的情绪胎教的内容。

·运动胎教，调理体质。准妈妈此时应该通过运动调节自己的体质,为马上就要开始的10月妊娠打基础。工作累了，动动手腕、脚腕，转转脖子,伸伸腿，这些都是很好的运动。本月后两周只宜做舒缓的运动，多静养。如果以前曾经流产或者存在其他健康情况，那么你进行运动就要咨询医生，时时小心谨慎。

第2天

2D（第2天）

孕1月妈妈与宝宝

胎儿情况

子宫大小：同妊娠前无异，鸡蛋般大小。

胎儿的发育：月经周期28天的女性在第14天排卵，受精成功后，受精卵经过约1周时间游移到子宫腔，“种入”子宫内膜，即着床。从此一个新生命的孕育就开始了。此时的宝宝被称做“胎芽”，身长和头部的比例为2：1，有长长的尾巴，整体形状像小海马。月末，脑、脊髓等神经系统、血液等循环器官的原型（形成基础的组织）几乎都已出现。

母体情况

母体的变化：基本没有妊娠感觉。

专家叮咛

容易出现的异常反应：有的人出现类似感冒的症状，全身无力、发热，也有人伴有胃炎似的恶心症状。需要注意，本月没有明显的症状，所以要特别注意。不要稍微有点不适就立即吃药，更不要轻易接受X射线的检查。

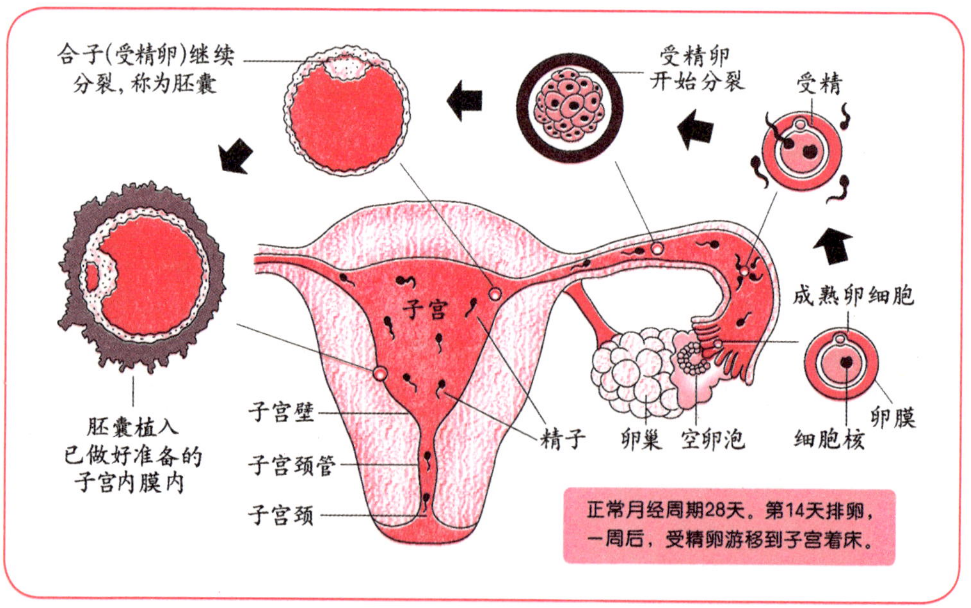

正常月经周期28天。第14天排卵，一周后，受精卵游移到子宫着床。

第3天

3D（第3天）

孕1月营养与饮食

通常情况下，本月实际上是在第2周周末才受孕的，所以准妈妈往往不会在本月知道自己怀孕了，但只要计划怀孕，就要按孕妈妈对待自己。所以在饮食、环境、出行等方面都要特别留意，照顾好自己的身体。不仅要戒烟忌酒，更要避免“二手烟”的侵害。烟酒会让婴儿体重过低，会引起一些并发症，如流产，也会危及孩子将来的健康。

主打营养素：叶酸

作用：防止胎儿神经器官缺陷

补充叶酸可以防止贫血、早产，防止胎儿畸形，这对妊娠早期尤为重要，因为早期正是胎儿神经器官发育的关键时期。

孕妈妈要常吃富含叶酸的食物，如全麦面包、面条、白米和面粉等谷类食物，以及牛肝、菠菜、龙须菜、芦笋、豆类及苹果、柑橘、橙子、哈密瓜等。

很多食物中都含有天然叶酸，但只靠食物摄取叶酸，不足以降低孩子患脊柱裂或其他神经管缺陷的危险。所以，除食补外，还需口服叶酸片来保证每日所需的叶酸。怀孕前几个月内和怀孕最初的三个月，每天补充至少400微克的叶酸。

小提示　孕早期补叶酸食谱：菠菜鸡煲

原料：鸡半只，菠菜100克，冬菇4朵，葱、姜、冬笋，蚝油、酱油、糖、盐、淀粉、植物油各适量。

做法：①鸡洗净，剁成小块；菠菜洗净，用沸水焯一下，切段；冬菇洗净，切成块；冬笋切成片。②锅中放油烧热后，用葱、姜爆香，加入鸡块、冬菇及蚝油翻炒片刻。③放料酒、盐、糖、酱油及冬笋，不停翻炒，炒至鸡熟烂。④菠菜放在沙锅中铺底，将炒熟的鸡块倒入即可。

菠菜的其他吃法：

【上汤菠菜】把菠菜洗净，放入沸水中焯一下，捞出，沥干，切成段。锅中放油，放入姜丝、蒜片爆香，再加入火腿丁、虾仁、盐和水，烧开后，用水淀粉勾芡。把做好的汁浇到装盘码好的菠菜上即可。

【浓汤菠菜面】菠菜、虾皮、高汤、挂面各适量。高汤烧开后，放入面条，将面条煮熟。出锅前，将洗净、焯好的菠菜放入面条中，最后放上虾皮即可。

第4天

4D（第4天）

胎教的确切含义

什么是胎教

简明地说，胎教就是调节孕期母体的内外环境，促进胚胎发育，改善胎儿素质的科学方法。胎教一方面指孕妇自我调控身心的健康，为胎儿提供良好的生存环境；另一方面指对生长到一定时期的胎儿施加合适的刺激，促进胎儿的生长。

胎儿具有惊人的能力，为开发这一能力而施行胎儿教育，近年愈来愈引起人们的关注。美国著名的医学专家托马斯的研究结果表明，胎儿在6个月时，大脑细胞的数目已接近成人，各种感觉器官已趋于完善，对母体内外的刺激能做出一定的反应。这就给胎教的实施提供了有力的科学依据。

广义胎教和狭义胎教

广义胎教是指，为了促进胎儿生理和心理上的健康成长，同时确保孕产妇能够顺利地度过孕产期，而采取的精神、饮食、环境、劳逸等各方面的保健措施。有人也把广义胎教称为“间接胎教”。

狭义胎教是指，根据胎儿各感觉器官发育成长的实际情况，有针对性地给予适当合理的信息刺激，使胎儿建立起条件反射，从而促进其大脑机能、躯体运动机能、感觉机能及神经系统机能的成熟。狭义胎教亦可称之为“直接胎教”。

换言之，狭义胎教就是，直接地给胎儿提供视觉、听觉、触觉等方面的教育，如音乐、抚触等，使胎儿大脑神经细胞不断增殖，神经系统和各个器官的功能得到合理的训练，以发掘胎儿的智力潜能，提高胎儿的综合素质。

综上所述，胎教是临床优生学与环境优生学相结合的实际具体措施。

有意胎教与无意胎教

有意胎教是指，怀孕期间有目的、有计划地采用某些方法、创造某些条件，让孕妇和胎儿的身心得到调养。无意胎教是说，没有特意采取某些方法、创造某些条件，但某些日常生活中的情况也能够使孕妇和胎儿的身心得到调养，在无意中产生了有意的效果。

虽然很多孕妈妈“无意插柳柳成荫”，生下优秀的宝宝，但无意胎教存在盲目性和偶然性，所以，有意胎教是值得提倡的。使无意胎教转变为有意胎教，需要孕妈妈在孕前多读一些有关胎教的书刊，增加文化知识，提高个人修养。

第5天

5D（第5天）

胎教概念的三方面

优身受孕

优身受孕是指夫妻双方在最适宜的年龄段以及最佳的身心状态下受孕的过程。在受孕前后，夫妻双方需要优身优心，这样才能为生个聪明健康的宝宝打下良好的基础。

母体孕育胎儿，女性自身的状况对胎儿会产生直接影响；丈夫精子的质量对胎宝宝有着直接的影响，所以准爸妈都须要优身。在受孕之后，孕妈妈的言行举止都会作用于胎宝宝，所以孕妈妈需要有健康平稳的心态、良好的身体素质和良好的修养，这是母亲的优心；准爸爸在妻子怀孕时要做到对妻子支持、照料、关心、爱护，这是父亲的优心。

优境养胎

胎宝宝的生长，需要一个良好的生活环境，优境养胎正是指夫妻双方为胎宝宝创造适于生长的内外环境的过程。

根据母体的状况，可以把胎宝宝的生活环境分为外环境和内环境两种。孕妈妈的身体健康状况、精神状态、自身的素养等都属于内环境，它直接作用于胎儿；母体之外的某些自然环境和社会环境属于外环境，它能作用于母体，引起母体内环境的变化，进而对胎宝宝产生影响。

不同事物对胎宝宝产生的影响也不同。积极的、乐观的事物会对胎宝宝产生有利影响。反之，消极的、悲观的事物会对胎宝宝产生不利的影响。

人体血浆中的化学物质可使孕妈妈和胎宝宝之间进行沟通和交流，胎宝宝会通过母体内化学物质的变化感知母亲的情感变化。孕妈妈的情绪会直接对胎宝宝神经系统发育产生影响，并作用于胎宝宝日后性格的形成，这正是我们需要优境养胎的原因所在。

胎儿教育

对胎儿的教育可分为直接教育和间接教育。怀孕后，母亲和胎宝宝结为一体，母亲的言行举止会对胎宝宝产生直接影响。为了培养胎宝宝，孕妈妈需要有意识地进行学习，如母亲读一本优秀的小说，这是母亲有意识的学习过程，同时也是胎宝宝学习和受教育的过程。所以我们建议，孕妈妈要尽量多接触积极、正面的东西。

第6~7天 1W（1周）

每周胎教活动
古筝名曲《平湖秋月》赏析

艺术欣赏是一种很好的美学胎教，孕妈妈在享受艺术之美时，如能加深对作品的理解，其艺术感染力将大不一样，胎教的效果也必然不一样。利用准爸爸休息时间，一起推开艺术殿堂之门吧！

史料记载，《平湖秋月》是广东音乐名家吕文成的代表作，曲调采用了浙江的民间音乐，又有广东音乐的风格，描绘了素月幽静的秋夜美景。

欣赏乐曲，需要闲适恬淡的心境，特别是中国古典音乐。傍晚时分，夕阳残照，渔歌唱晚，繁忙了一天的人们，远离了白天的喧嚣和浮躁，和家人一起，悠闲地观赏着户外的月光和夜色，听着音乐，浅品轻呷，这种感觉真是最令孕妈妈惬意了。

如果能眺望到湖面，聆听着雅乐古筝，一分空旷、几片宁静，飘着浪漫，那么，所有烦恼和忧郁，全都会被这种至美的境界一扫而空。

乐曲是用古筝来演奏的，在节奏平稳、少有曲折、看似单调的音符里，蕴涵着道家的文化精髓："虚"和"空"。古筝淡泊清晰的音韵，在低沉舒缓的流水声里，让人尽情地沐浴在那种浩渺空灵、宁静安详、远离世俗纷争的幽静雅致景色中，充分体味到中华民族那种古老淳朴的风韵和高洁优雅的文化气息。这样纯净雅致的曲子，在纤尘不染的气氛里，只适合一个人独自欣赏，来不得半点纷扰。

欣赏这样轻柔空盈的音乐，忘情于山水之间，感觉自己真的成了不食人间烟火的仙子了。

曲子虚空柔婉，但并不孤寂。在天水一色、皓月当空的夜色，在一串简约别致的音符的陪伴下，既可以思无旁绪地尽情倾于思考，也可以心无旁骛地静若止水。那轻盈柔媚的女子，在低眉顺目的瞬间，轻灵纤纤细手，弹指间，便把音调的婉转清淡与旋律的明朗流畅，都玲珑剔透地展现在了一片秋天月夜的湖光山色之中了。

"淡泊以明志，宁静以致远。"《平湖秋月》给人们带来的正是这样舒缓怡人、沁人心扉的旋律，让人在清辉如泻、月光如水之中，感到胸襟开阔。旋律上的淡淡地起伏，灵动而不呆板，让人在湖光浩渺中，感悟着"滟滟随波千万里"的缥缈思绪，如旖旎波光里的远岱，含着微微的缱绻荡漾和起伏，但片刻又恢复宁静了。

第8天

1W+1D（1周又1天）

胎教可行性的依据

胎儿在母亲的子宫里，与母亲血脉相通，有理由相信，母亲通过一些正确的胎教方法，完全可以促进孩子各种潜力的发展。

对胎教的怀疑态度

很多人认为胎教是唯心主义的东西，认为胎儿在深"宫"内什么感觉也没有。在20世纪五六十年代，就连产科医生等专业人员也曾认为刚出生的孩子什么也听不到，什么也看不见，对胎教持怀疑的态度。即使今天，国内外都仍然存在较大的分歧。

科技进步带来的变化

随着科学技术特别是特殊检查记录仪器设备的发展，如B型超声扫描仪、胎心监护仪、胎儿镜的发展，使原先一无所知的有关胎儿的感知觉问题，对各种刺激的反应和受刺激后胎儿心跳和呼吸与胎动的变化乃至胎儿在子宫内喝羊水、撒尿与吃手的动作，都被观察或记录下来了。

尤其有趣的是，近几年来北京医科大学所属的北京人民医院、北大医院、北京协和医院和中国科学院声学研究所的科研人员合作，用各种仪器设备实验与观察记录到胎儿可以听到外面环境中的各种声音，并且在吵闹声音刺激下胎儿会心跳加快、胎动增强甚至生气地踢腿，在轻柔舒缓的音乐刺激下又由烦躁转为安静，胎心由原先的增快而渐渐减缓到原先安静状态下的胎心率上来，胎动也由受吵闹时的增强而减弱下来，直至安详地入睡。

国内外的实验报告，均说明了胎龄在4个月或5个月以上的正常胎儿，已经具备了人的一些感知能力，特别是听觉、视觉与触觉已经初步建立。这样，从前人们一无所知的胎儿能力范畴内的问题，随着科学技术的发展逐渐被人们发现和得到正确的认识。这说明4～5个月的胎儿具备了接受教育的条件，所以，只要胎教符合胎儿生长发育的实际情况，胎教不仅是可行的，而且也是必要的。

人们应持的态度

有些孕妈妈持有"宁可信其有"的态度，这可能是由直觉产生的观点，但确实是正确的。适度的、科学的、自我感觉良好的胎教行为，是有益无害的。其效果大小虽无法衡量，但不去做就会留下遗憾。

第9天

1W+2D（1周又2天）

胎教的原则

自觉遵循胎教的基本原则，是胎教成功的前提和保证。胎教原则是人们进行胎教时必须遵循的准则，它反映了胎教的客观规律，同时也是千百年来胎教实践经验的概括和总结，贯穿于胎教的整个过程之中，对具体的胎教活动起着极为重要的指导作用。

自觉性原则

自觉性原则要求准妈妈在正确认识胎教的重要意义的基础上，主动学习和运用胎教方法，有目的、有计划、积极主动地进行胎教。

及时性原则

胎教过程具有不可逆转性，因此胎教必须尽早、及时地进行，否则错过了胎教最佳的时机，再采取措施就难以弥补。一般来说，直接胎教的最关键时期是怀孕5～7个月。

科学性原则

以现代的教育学、心理学和生理学、优生学等理论为指导，根据胎教过程的基本规律，恰当地选择胎教方法，引导胎儿在母体内更顺利、更健康地成长。

个别性原则

根据准妈妈本人及其家庭的具体情况，选择适宜的方式方法。由于准妈妈本人的智力、能力、气质、性格等许多方面都存在着个体差异，所以，胎教的途径和手段也应该随之而异。此外，家庭经济状况、文化背景和生活情趣等也会给胎教活动带来一系列影响。遵循个别性原则，能够扬长避短，收到较好的效果。

第10天 1W+3D（1周又3天）

胎教目的和作用

胎教的目的

胎教是一种比较特殊的教育，胎儿在宫内的学习与出生后孩子的学前学后教育都不一样，不同于一般的学习概念和学习功利性。

胎教并不是要向胎儿灌输生活知识和科学知识，而是为了促进胎儿的身心发育，提高胎儿的个体功能，对胎儿的心灵起到塑造、健全和完善的作用。也就是说，胎教是为了促使胎儿素质优良化。

胎教的作用

1.能促进胎儿大脑健康发育

由于胎教的内容情感化、艺术化，形象和声音于一体，从而可促进胎儿右脑的发育，使孩子出生后知觉和空间感灵敏，更容易具有音乐、绘画、几何和空间的鉴别能力，并使孩子情感丰富，形象思维活跃，直觉判断准确。同时，胎教给胎儿大脑以新颖鲜明的信息刺激，具有怡情养性的作用，从而又有利于胎儿大脑的健康和成熟。

2.有利于胎儿的心理健康

胎教给胎儿的心理影响是积极的、能动的，不仅有利于胎儿感知能力的培养，而且有利于胎儿情感接受能力的培养，使胎儿未出世就容易在感知、情感等方面和父母相互沟通和交流。触摸胎儿时，胎儿会做出相应的动作；为胎儿播放音乐或唱歌时，胎儿会变得很安宁，这都是感知能力和情感接受能力的体现。这两种能力是基本心理功能，有了这两种能力，胎儿出生后在成长过程中就能更好地接受审美教育，具有想象、直觉、顿悟和灵感能力，并具有情感体验、调节和传达能力，使孩子心理得到健全发展。

3.有利于完善胎儿的人格

胎教对胎儿的影响是整体性的，因此胎教有助于胎儿以及胎儿出生后精神素质各个方面的塑造，即有助于人格的完善。人格又称个性，即一个人各种心理特征的综合。如果一个人能够在人生的开始就受到整体性的审美教育，那么这种教育就会对一个人的心灵产生长远的、深刻的、潜移默化的影响，最终使这个人的人格趋向完善，并使这个人成为一个真诚、善良、美丽的人，成为能够自我认识、自我完善和自我实现的人。胎教就是人生最早的审美教育，对一个人的发展起着开创性的作用，如人们常说的那样，良好的开端就是成功的一半。

第11天

1W+4D（1周又4天）

胎教的历史

相传孟子之母曾说过：“吾怀孕是子，席不正不坐，割不正不食，胎教之也。”胎教的思想起源于我国，并且各国也普遍认为中国是胎教的发源地。在我国古代的典籍中，有关胎教的论述颇多。

西汉刘向的《烈女卷》中讲道：“古者妇人妊子寝不侧，坐不边，立不跛，不食邪味，割不正不食，席不正不坐，目不视于邪色，耳不听于淫声，夜则令馨诵诗书，道正色。如此则生子形容端正，才德必过人矣。故妊子之时必慎所感，感于善则善，感于恶则恶，人生而肖父母者……”

贾谊在《新书·胎教》中记有：“周妃后妊成王于身，立而不跛，坐而不差，笑而不渲，独处不倨，虽怒不骂，胎教之谓也。”

《医心方·求子》中的胎教之道记述的更为详尽：“凡女子怀孕之后，须行善事，勿视恶声，勿听恶语，省淫语，勿咒诅，勿骂詈，勿惊恐，勿劳倦，勿妄语，勿忧愁，勿食生冷醋滑热食，勿乘车马，勿登高，勿临深，勿下坂，勿急行，勿服饵，勿针灸，皆须端心正念，常听经书，遂今男女，如是聪明，智慧，忠真，贞良，所谓胎教是也。”

隋代 巢元方在《诸病源候论·妊娠候》中记有“子欲端正庄严，常口谈正言，身行正事”，提出外象内感的胎教理论。

《源经训诂》有“目不视恶色，耳不听淫声，口不出乱言，不食邪味，常行忠孝友爱、兹良之事，则生子聪明，才智德贤过人也。”

唐代 大医学家孙思邈在《备急千金要方·养胎》一书中记有“调心神，和惰性，节嗜欲，庶事清静”，并阐明了逐月养胎法。

宋代 陈自明的《妇人大全良方·总论》记“立胎教，能令人生良善、长寿、忠效、仁义、聪明、无疾，盍须十月好景象”，“欲子美好，玩白璧，观孔雀。”

清代末年 改良派代表人物康有为在他的《大同书》中提出创建“人本院”即“胎教院”的主张。

民国初年 著名教育家蔡元培在《蔡元培选集·美育实施的方法》中也提出设立“胎教院”的建议。

综观以上所述，可知我国很早以来便已经注意到优生、优育、优教的重要性。一些有识之士早就有关于胎儿生活在母腹中时能够接受母亲言行感化的朴素认识，已经认识到人的情感活动可以影响脏腑气血功能，并通过母体传递给胎儿，并提出各种主张，预防疾病的发生，避免影响胎儿的正常发育。

第12天

1W+5D（1周又5天）

古代胎教六要点

古人所说的胎教，是指母体在妊娠期间为给胎儿创造一个良好的胎内环境而自我采取的有关精神、饮食、生活起居等方面的措施，以使母子身心能得到健康的发展。古代胎教的主要内容包括6个方面。

调情志

古人认为：凡有孕之妇，宜情志舒畅，遇事乐观，喜、狂、悲、思皆可使气血失和而影响胎儿，这就是说，孕妇在怀孕期间要保持舒畅的心情，及时消除烦恼，而不要大动肝火，因为这样会导致气不顺，气不顺则孕胎不安，若长久气不顺，孕胎必受影响。《傅青主女科》中也有“大怒小产”的论述。

节饮食

《万氏女科》说：“妇人受胎之后，最宜忌饱食，淡滋味，避寒暑，常得清纯平和之气以养其胎，则胎之完固，生子无疾”。就是说，孕妇饮食以清淡平和为宜，鱼、肉可以吃，但不可过食。应有所节制，特别不要饥一顿，饱一顿，甚至暴饮暴食。

适劳逸

人禀气血以生，胎赖气血以养，因而妊娠后的起居劳逸应该适量，既不可贪图安逸，也不可过于劳累。按中医的说法，太逸则气滞，太劳则气衰。若劳逸失宜，举止无常，攀高负重，其胎必坠，甚而导致难产。因此，受胎之后，适当活动，使气流通，百脉和畅，自无难产。若好逸恶劳，好静恶动，贪卧养娇，使气停血滞，临产多难。

戒生冷

生冷之物吃多了会使脾胃受伤，呕吐、腹泻、痢疾诸症会乘虚而入，既损孕妇，又伤胎儿，不可不慎。此外，孕妇衣着还宜宽大合体，腰带不宜紧束，以免气血周流不畅而影响胎儿发育。

慎寒温

寒温是指自然界气候的冷热变化。孕妇怀孕以后，由于生理上发生了特殊变化，极易受风、寒、暑、温、燥、火的侵袭，尤其是遭受风寒侵袭之后，易感染疾病，重则危及胎儿的生命。

因此，准妈妈应该注重怀孕期间的健康保护，慎起居，慎寒温，对孕育一个健康的胎儿尤为重要。

忌房事

《产孕集》说：“怀孕之后，首忌交合，盖阴气动而外泄，则分其养孕之力，而扰其固孕之机，且火动于内，营血不安，神魂不密，形体劳乏，筋脉震惊，动而漏下，半产、难产、生子多疾。”怀孕以后，首先应禁房事，特别是在怀孕头3个月和7个月之后。

第13~14天 2W（2周）

每周胎教活动

齐白石《虾》画坛一绝

绘画欣赏也是很好的美学胎教方式。艺术源于生活。白石63岁时画虾已经很像，但不够“活”，于是便在碗里养了几只长臂虾，每日观察，画虾之法随之而变，虾也成为其代表性的艺术符号之一。

白石画虾已入化境，其虾的形态活泼、灵敏、机警，有生命力。寥寥几笔，用墨色的深浅浓淡，表现出一种动感。一对浓墨眼睛，脑袋中间用一点焦墨，左右二笔淡墨，使虾的头部变化多端，硬壳透明，由深到浅。而虾的腰部，一笔一节，连续数笔，形成了虾腰节奏的粗细变化，形态各异，有躬腰向前的，有直腰游荡的；也有弯腰爬行的。虾的尾部也是寥寥几笔，既有弹力，又有透明感。虾的一对前爪，由细而粗，数节之间直到两螯，形似钳子，有开有合。虾的触须用数条淡墨线画出，飘逸灵敏。

对水中的虾，为表现出那种透视感，齐白石的线条有虚有实，简略得宜，似柔实刚，似断实连，直中有曲，纸上之虾似在水中嬉戏游动，看上去，连触须也似动非动起来。

齐白石的虾堪称艺坛一绝。

第15天

2W+1D（2周又1天）

胎教的九大基本方法（一）

胎教的实施方法很多，经过系统分析，可分为九种：①营养胎教②环境胎教③情绪胎教④语言胎教⑤音乐胎教⑥运动胎教⑦抚触胎教⑧意念胎教⑨美育胎教。林林总总的胎教法，基本上都离不开这九种胎教方法的范围。

营养胎教

营养胎教是根据妊娠期胎儿发育的特点，合理指导孕妇摄取食品中的各种营养素，以促进胎儿的生长发育。

营养是胎儿生长的物质基础，大脑的发育需要特定的营养素，所以科学合理的营养供给也是胎教的前提。合理营养并非只是填饱肚子或者吃得越多越好。营养要全面，食品要多样，饮食要有规律，进食要适量。必须补充的营养素有：蛋白质、谷物类、维生素类、微量元素和无机盐类及必需脂肪酸。

环境胎教

环境胎教是指，为胎儿营造一个良好、健康的内外生活环境，确保胎儿能够健康、愉快地成长。

胎儿所处的环境可分为内环境和外环境，内环境指的是胎儿居住于母体内的环境，外环境是孕妈妈所处的生活环境、工作环境及心理环境。

外界环境的优劣能通过孕妇的感受传递给胎儿，因此孕妈妈居室要安静、舒适、幽雅，还要经常到室外去散步，接触美好的自然环境。

情绪胎教

情绪胎教，是通过对孕妈妈的情绪进行调节，使之忘掉烦恼和忧虑，创造清新的氛围及和谐的心境，通过孕妈妈的神经递质作用，促使胎儿的大脑得以良好的发育。

现代生理学研究发现，孕妈妈的情绪和智力活动直接影响内分泌的种类和量，而内分泌物质经血液流到胎儿体内，使胎儿受到或优或劣的影响。孕妈妈心情稳定，因而会产生好的激素，这些好的激素会经由内分泌系统传输到胎盘，因而影响胎儿潜能的开发。

第16天

2W+2D（2周又2天）

胎教的九大基本方法（二）

语言胎教

用文明礼貌、富于哲理和韵律的语言，有目的地对子宫中的胎儿讲话，给胎儿的大脑新皮质输入最初的语言印记，为后天的学习打下基础，此种方式称为语言胎教。

胎儿不断接受语言信息，使其在空白的大脑上增加“语音符号”。优美的语言不但可以促进胎儿大脑，而且可使孕妈妈进入愉快祥和的状态。怀孕后期胎儿已具备了听力和感觉能力，对父母的言行会作出一定的反应，似乎有种“心理感应”，而且出生后在脑子里可形成记忆。

音乐胎教

通过对胎儿有规律地传输优良的乐性声波，促使其脑神经元的轴突、树突及突触的发育，为优化后天的智力及发展音乐天赋奠定基础，称为音乐胎教。

音乐的节奏作用于准妈妈，也能影响胎儿的生理节奏，使胎儿从音乐当中受到教育。

通过健康的音乐刺激，孕妈妈从中获得安宁与享受，分泌酶和乙胆碱等物质，改善胎盘供血状况，同时使胎儿心律平稳，对胎儿的大脑发育进行良好的刺激。

运动胎教

运动胎教是指，孕妈妈适时、适当地进行体育锻炼，带动胎儿活动，以促进胎儿大脑及肌肉的发育。研究表明，凡是在宫内受过“体育”锻炼的胎儿，出生后坐、立、爬、走等动作的发育都明显早于其他宝宝。

此外，运动有利于顺利分娩。

2W+3D（2周又3天）

胎教的九大基本方法（三）

抚触胎教

父母用手轻轻抚摸或拍打孕妇肚皮，通过腹壁传达给胎儿，形成触觉上的刺激，促进胎儿感觉神经和大脑的发育。

经过抚摸训练出生的婴儿，肌肉活动力较强，对外界环境的反应较灵敏，出生后坐、立、爬、走等动作的发展都会提早。

在抚摸时应注意胎儿的反应和“胎动应答”，但如胎儿用力踢腿，应停止抚摸。宫缩出现过早的孕妇不宜使用抚摸胎教法。

意念胎教

意念胎教是指，孕妈妈积极展开美好的联想，在意识中形成令人愉悦的意念，从而对胎儿的生长发育产生积极的影响。

母亲与胎儿心理与生理上是相通的。孕妇的想象是通过意念构成胎教的重要因素，会以某种方式影响胎儿的身心感受。同时，母亲在对胎儿形象的构想中，会使情绪达到最佳的状态，而促进体内具有美容作用的激素增多，使胎儿的面部器官及皮肤发育良好，从而塑造出自己理想中的胎儿。

意念胎教其实很宽泛，凡是将良好的心理感受传递给胎儿的有益过程，都属于这一范畴。如美学胎教，其实属于意念胎教，由于其从审美感受的角度进行胎教，自成体系、蕴涵丰富，所以专门独立出来。

美学胎教

美学胎教是指，孕妈妈将美的感受通过某种神经递质传输给胎儿，不仅可以促进胎儿大脑细胞和神经系统发育，同时美的感也令孕妈妈情感愉悦，利于母儿的心理健康。

美的意识主要源于三个方面：形象美、自然美和艺术美。

其实，孕妈妈欣赏音乐属于美学胎教的范畴。但由于音乐不仅仅可供孕妈妈审美，还可以调节环境氛围和人的情绪，也可以授之于胎儿的听觉，此外还有母唱儿听等非审美的音乐胎教方式，所以音乐胎教单列出来。

第18天

2W+4D（2周又4天）

营养胎教如何做

今天开始讲九大胎教中的“营养胎教”。整个孕期具体该如何进行营养胎教呢？每月第3天的当月“营养与饮食”中进行了详细介绍。

营养胎教的两个方面

一方面是满足营养需求。根据孕期的特点与胎儿发育的进程，合理安排蛋白质、脂肪、碳水化合物、矿物质、维生素、水等六大营养素，以保证母胎双方对营养的需求，也就是胎教的物质基础。

另一方面是传递好的饮食习惯。胎儿出生后的生活与饮食习惯往往带有浓浓的母亲的影子。由此可见，营养胎教不等于以往单纯的营养补给，局限于母胎双方吃好、长好就行了，而是涉及食物的选择与组合、进食模式与习惯的更新等方方面面，展示出整个家庭累积的饮食科学与文明的程度，将优生的概念从胎儿期延伸到孩子出生以后。

正因为如此，优生学家将营养胎教列为孕期第一胎教，的确颇有见地。

营养胎教的基本要求

既然营养胎教如此重要，那营养胎教方法应该如何进行呢？

1.三餐定时：最理想的吃饭时间为早餐7～8点、午餐12点、晚餐6～7点，不论多忙碌，都应该按时吃饭。

2.三餐定量：三餐都不宜囫囵或合并，且分量要足够，注意热量摄取与营养的均衡，平分在各餐之中。

3.三餐定点：一边吃饭一边做别的事，例如开会或看电视都是不好的习惯。如果您希望将来宝宝能专心在餐桌旁吃饭，那么您就应该在吃饭的时候固定在一个地点。进食过程从容不迫，保持心情愉快，且不被干扰而影响或打断用餐。

4.以天然的食物为主：准妈妈应尽量多吃天然原始的食物，如五谷、青菜、新鲜水果等，烹调时也以保留食物原味为主，少用调味料。另外，少吃所谓的“垃圾食品”，让宝宝在母亲肚里就习惯此种饮食模式，加上日后的用心培养，相信母亲能减少为孩子饮食习惯的担心。

第19天

2W+5D（2周又5天）

情绪胎教如何做

情绪胎教体现了父母之爱，情绪胎教也即爱的胎教。要做好情绪胎教，最重要的就是孕妈妈要始终保持美好的心境和愉快的情绪。

孕妈妈如何做

（1）应胸怀宽广，乐观舒畅，多想孩子远大的前途和美好的未来，避免烦恼、惊恐和忧虑。

（2）把生活环境布置得整洁美观，赏心悦目。还应挂几张漂亮的娃娃头像，孕妇可以天天看，想象腹中的孩子也是这样健康、美丽、可爱。多欣赏花卉盆景、美术作品和大自然美好的景色，多到野外呼吸新鲜空气。

（3）饮食起居要有规律，按时作息，行之有效地劳动和锻炼，能保证心境平稳、心情愉悦。注意衣着打扮、梳洗美容应考虑有利于胎儿和自身健康。

（4）常听优美的音乐，常读诗歌、童话和科学育儿书刊。不许看恐惧、紧张、色情、斗殴的电视、电影、录像和小说。

准爸爸如何做

准爸爸在情绪胎教中都负有特殊的使命，作为丈夫应了解妻子怀孕会使产生一系列生理、心理变化，应加倍爱抚、安慰、体贴妻子，做她有力的心理支柱，尽可能使妻子快乐。

尽量多承担些家务，多做美味可口的食物。

创建美好的家居环境和恬静和睦的生活氛围，谈吐幽默诙谐，共同憧憬美好的未来。

总之，做父亲的当全力为自己的孩子准备第一份美好礼物——准爸爸胎教。

第20~21天 3W（3周）

每周胎教活动
益智小游戏(1月期)

不同的小丑

这2个小丑有7处不同，请把它们找出来。

数字排布

这是一个很好的思维游戏。图中圆圈里包括从1到8的数字。你的任务是将这些数字重新排列，使由直线连接的任意两个相邻的数字，彼此不连续。

10月期答案

A	E	B	D	C
D	C	A	E	B
C	A	D	B	E
E	B	C	A	D
B	D	E	C	A

参考答案之一：
（答案不一定是惟一的）

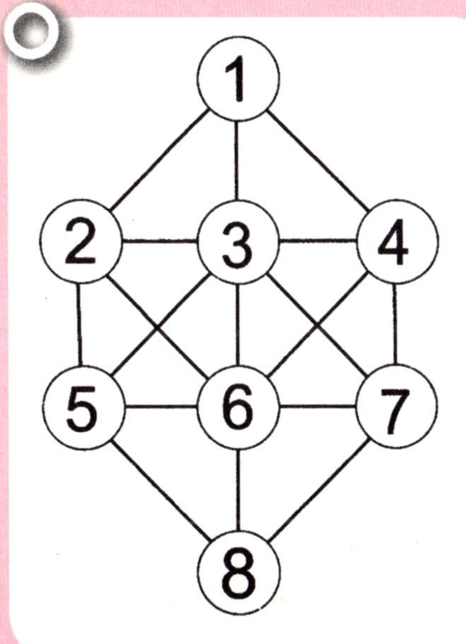

（答案见46页）

3W+1D（3 周又 1 天）

环境胎教怎样做（一）

环境胎教就是指对孕妇和胎儿所处的环境加以改善和调整，具体地说，可分为两个方面：避免有害的环境即消极的环境胎教；促进适宜的环境即积极的环境胎教。

避免不利于妊娠的内环境

为了保证胎儿的健康发育，母亲应该避免 6 种不利于妊娠的内外环境：

①多次堕胎或流产后受精；②夫妻体弱患病受精；③不洁的性生活引起的胎儿宫内感染；④放射线伤害；⑤职业与嗜好的不良刺激；⑥污染与噪音。

避免消极的外环境

外环境很复杂，已经证实对胎儿的不良影响有：危险职业、环境污染、噪音，以及务必注意辐射。

（1）职业的影响

有报告显示，如果孕妇是医院麻醉师或者手术室护士，由于职业的性质会经常接触麻醉药，可能会引起腹内胎儿畸形或者流产。所以，对于孕期有些职业是危险的，可申请暂时调换工作岗位。

危险职业包括：放射线领域，重金属行业，存在化工污染行业；存在物理污染行业，宠物行业等。在这些行业一线工作的，应换岗。

（2）环境污染的影响

目前最突出的问题是家装污染，而在这种污染中受害最严重的就是胎儿了。室内环境的主要污染源是甲醛、苯、氨和放射性物质。其中，甲醛来源于人造板材、胶水、墙纸等材料，是公认的潜在致癌物，它还能导致胎儿畸形，所以在准备怀孕前一定要将室内的环境污染治理干净，否则后果很严重。

另一种环境污染在城市尤为严重，如汽车尾气、工业垃圾等等，这些污染孕妇都是要尽量避免的。

（3）噪声的影响

国内外的医学科研人员在这方面做了许多研究，证明强烈的噪声对孕妇和胎儿都会产生许多不良的后果。孕妇在怀孕初期可出现恶心、呕吐等反应，甚至其他严重问题。对于噪声，孕妈妈切不可听之任之。

第23天

3W+2D（3周又2天）

环境胎教怎样做（二）

避免辐射的影响

X射线检查：孕妇如果接受X射线过量，可能引起胎儿小头畸形、新生儿生活能力低下、造血系统障碍和神经系统缺陷。在怀孕18～20天内接受X射线后，受精卵可能死亡；在怀孕20～50天接受X射线检查，可引起胎儿的中枢神经、眼睛、骨骼等严重畸形，甚至引起胚胎死亡。所以，怀孕期间尽量不要做X射线检查，尤其不要透视。不得不做的，应该全力做好防护措施，并且最好不超过2次。

家电使用：

1.电热毯：据测量，电热毯辐射很大。电热毯通电后会产生电磁辐射，准妈睡在电热毯上就相当于睡在了电磁辐射上面。作为冬天取暖的物品，有很多其他物品可以替代电热毯，孕妈妈尽量避免使用电热毯。

使用时注意 可以先通电加热床褥，上床前关闭开关，拔掉电源插头。

2.电吹风：其次，电吹风的辐射也大。因为电吹风功率大，使用时又靠近头部，容易引起头晕、失眠等症状。

洗头后，可以使用干发帽、干发巾等物品代替。

使用时注意 尽量先擦干头发，减少使用电吹风的时间。

3.微波炉：排名第三的是微波炉。加热食物十分便利，但辐射也很非常大，务必选择国家检验合格的产品。

使用时注意 加热食物时，不要在旁边等待；加热完毕后，可以稍等一下再去取出。

4.电脑：关于辐射，电脑是议论得最多的电器。孕妈妈很难回避电脑，幸运的是没有确切证据证明电脑会对孕妇产生影响。提醒孕妈妈注意的是：电脑背面和侧面比正面辐射大，开机时辐射较使用时大。

使用时注意 显示器要用液晶的，妊娠头3月尽量少用，每次使用时间不要过长。久坐会影响心血管和神经系统功能，还会引起盆底肌、肛提肌劳损。另外，防辐射服的作用存在争议，慎用。

5.手机：手机肯定有辐射，但目前还没有明显的证据表明打手机会造成胎儿的畸形，但也有专家提示，即便小剂量的慢性辐射，也可能对人体产生影响（如增加脑瘤发生率）。

使用时注意 拨出或者按接时拿远些，接通后再放在耳边；通电话尽量短；可以使用耳机接打电话；携带手机时可放到包里，不要放在腹部附近；平时尤其是充电时，可远离手机。

6.电视机：电视机屏幕很大，但电磁辐射不算多，在开电视机的那一霎电磁辐射最多。而液晶电视发出的电磁辐射就更少。

使用时注意 孕妇避近身开关电视机，可遥控；避免坐得太近，2米以上为好；不要连续看得太久，一个小时左右起来活动一下，擦擦脸，及时清理附在面部的灰尘和辐射物质。

7.平板电脑：辐射不大。

使用时注意 使用时离身体远些，平时尤其是充电时远离。

第24天

3W+3D（3周又3天）

环境胎教怎样做（三）

环境胎教与优生学一样，分为“预防性”和“进取性”两个方面。前两页讲的是怎样做“预防性”环境胎教，即防止不利环境的危害；现在讲“进取性”环境胎教，即让环境变得更有利。

美化居室内环境

居室环境对于孕妈妈是非常重要的。基本要求是要使居室整洁雅观，空气清新。居室的墙壁上应该悬挂一些装饰品，如图片、美术或书法作品等。

在居室的墙壁上可悬挂一些活泼可爱的婴幼儿画片或者照片，他们可爱的形象会使孕妇产生许多美好的遐想，形成良好的心理状态。

悬挂一些景象壮观的油画也是有益的，它不仅能增加居室的自然色彩，而且能使人的视野开阔。悬挂一些隽永的书法作品，时时欣赏，以陶冶性情。书法作品的内容常常是令人深思的名句，从中不仅能欣赏字体的美，更能感到有一种使人健康向上、给人以鼓舞的精神力量，从而时时激励自己。

此外，还可以在居室内外进行绿化装饰，应以轻松、温柔的格调为主，无论盆花、插花装饰，均以小型为佳，不宜大红大紫，花香也不宜太浓，孕妇处在被花朵装饰得温柔雅致的房屋里，一定会有舒适轻松的感觉，这有利于消除孕妇的疲劳，增添情趣。

花卉等植物的选择有讲究，须要选择对孕育有益、无碍的品种。

感受室外美丽风光

孕妇如果一味地在屋里闷着，对自身的身心和胎儿的生长都是不利的。所以，孕妇要经常到空气清新、风景秀丽的地方游览，多看看美丽的花草，以调节情趣，这样可使孕妇心情舒畅，体内各系统功能处于最佳，使胎儿处于最佳的生长环境。

孕妇还可以利用每天的空闲时间为宝宝缝制小鞋、小袜、小衣服、小帽子，一边一针针缝入母亲的爱心，一边温柔地和胎儿说话，这种心情是到婴儿用品店购物所体会不到的。

人类从受精卵→胚胎→胎儿，直到出生瞬间成为新生儿，大约经历了280天。尤其在怀孕8周内，胚胎从外表到内脏，从头颅到四肢大都在此期形成，加上胚胎幼稚，不具备解毒机能，极易受到伤害，故孕56天内是环境致胚胎畸变的高敏时期。

总之，胎儿的身心、智能的健康发育，不仅需要良好的内环境，同时与胎儿生长发育的外环境也是密不可分的。因此，应常常带着你的“小宝宝”去感受、享受大自然的美。

第25天

3W+4D（3周又4天）

语言胎教如何做（一）

富于哲理和韵律的语言，有目的地对子宫中的胎儿讲话，给胎儿期的大脑新皮质输入最初的语言印记，能为后天的学习打下基础。

语言胎教的时间和方法

胎儿从4个月的时候开始就对声音有了感觉能力，语言胎教就可以在胎儿4个月时开始。但如果考虑孕妇愉悦的心情、充满爱意的抚摸和言语对胎儿早期气血形成方面的好处，语言胎教在胎儿开始形成时就可进行。

早期可配合抚摸胎教一起进行，孕妇边轻轻抚摸腹部，边说些温柔的、充满爱意的话，这对胎儿不会有任何伤害，只有促使胎儿气血调和的好处。也可与音乐胎教交替进行，有时说话，有时孕妇哼歌曲，有时播放音乐，配合抚摸胎教一同进行。

胎儿满6个月时，孕妇可以借鉴国外专家的一些方法，对胎儿开始系统性的语言胎教，即进行“胎儿对话”。同时也可配合音乐胎教和抚摸胎教，或轮流进行这几项胎教内容。如能坚持，胎儿出生后会有不同的素质表现。

语言胎教的要领

（1）为了让母亲的感觉与思考能和胎儿达到最充分的交流，最好是保持平静的心境并保持注意力的集中。

（2）在念故事前，最好先将故事的内容在脑海中形成影像，以便比较生动地传达给胎儿。

（3）如果没有太多的时间，只能匆匆地念故事给胎儿听，至少也要选择一页图画仔细地告诉胎儿，尽量将书画上的内容“视觉化”地传达给胎儿。

“视觉化”就是指将鲜明的图画、单字、影像印在脑海中的行为。研究发现，每天进行视觉化的行为，会逐渐增强将讯息传达给胎儿的能力。

（4）在选择胎教书籍时，不要有先入为主的观念，自以为宝宝会喜欢哪些书籍，尽量广泛阅读各类书籍。

第26天 3W+5D（3周又5天）语言胎教如何做（二）

语言胎教的题材

1.生活内容

可以告诉胎儿一天的生活。从早晨醒来到晚上睡觉，你或家人做了什么、遇到什么事、有什么想法等，都可以用你的语言讲给胎儿听。这是母子共同体验生活节奏的一个方法。比如：早晨起来，先对胎儿说一声“早上好!”告诉他（她）早晨已经到来了。打开窗帘，啊，太阳升起来了，阳光洒满大地，这时你可以告诉宝宝：“今天是一个晴朗的天气。”

气候也是不错的话题，如阴天、下雨、下雪等，外界气温的冷热、风力的大小、湿度的高低等都可以作为胎教的话题。

还可以介绍每天习以为常的行为，如洗脸、刷牙，爸爸为什么刮胡子，妈妈为什么化妆，肥皂为什么起泡沫，吹风机为什么能把头发吹干？即使一个小小的洗脸间也有着足够让你不间断地每天讲一点话题。然后是衣着、打扮。

总之，要把生活中的一切都对胎儿叙述，这是胎教中最重要与最基本的。对一天的生活通过和胎儿一起感受、思考和行动，使母子之间的纽带更牢固，并培养胎儿对母亲的信赖感及对外界感受力和思考力的基础。

2.文学语言

不要忽视文学语言对胎教的作用。文学和音乐一样，容易对人的情绪产生影响，将优雅的文学作品以柔和的语言传达给胎儿，是培养孩子的想象力、独创性以及进取精神最好的教材。让胎儿与母亲一起感受文学的趣味，培养艺术的情感，增进大脑的发育。

阅读文学作品需要选择，许多文学名著思想性、艺术性都好，但对孕妇不一定适宜。悲欢离合、缠绵悱恻的小说引人入胜，但容易引起情绪波动、增加心理负担。至于含有描写暴力、色情的小说，更应该回避。

最好读一些童话、寓言、幼儿画册，并将其所展示的幻想世界，和你富于想象力的大脑放大并传递给胎儿，从而促使胎儿心灵健康成长。读一些古代散文、古诗词，在高尚纯洁的文学中，感受文学的趣味，达到怡情养性的目的。

孕妇阅读并与胎儿交流时，一定要倾注情感，喜怒哀乐都将通过富有感情的声调传递给胎儿。而且，不只是朗读文字，还要通过你感受使它形象化，以便更具体地传递给胎儿。胎儿对你的语言，不只用耳而且也用脑来接受的。

第27~28天

4W（4周）

每周胎教活动

圆舞曲《春之声》赏析

小约翰·施特劳斯于1883年创作了这首《春之声》圆舞曲，当时作者已经年近六旬了，但本曲却依然充满了活力，处处散发着青春的气息。

本曲是小约翰·施特劳斯不朽的名作。据说小约翰·施特劳斯是在一个晚上就在钢琴上即兴创作出本曲的，因此本曲最早的版本是钢琴曲，后经剧作家填词而成为流行一时的声乐曲，直到现在，本曲的声乐版本仍然是许多花腔女高音十分喜爱的曲目。本曲的管弦乐版本也十分流行，百余年来一直深受世界人民喜爱。

作为一首圆舞曲，本曲与作者其他的圆舞曲迥然不同。它并不是典型的维也纳圆舞曲体裁，其节奏自由、充满变化，旋律生动而连贯，具有较强的欣赏性，很少用于伴舞，原谱中也没有注明各个段落。另外本曲还带有回旋曲的特征。全曲具有相当高的艺术性，雅俗共赏、经久不衰。曲中生动地描绘了大地回春、冰雪消融、一派生机的景象，宛如一幅色彩浓重的油画，永远保留住了大自然的春色。

本曲没有序奏,而是在四小节充沛的引子之后，贯穿全曲的第一主题（降B大调）随之出现，复杂而具有装饰音色彩的旋律给听众一种春意盎然的感觉；紧接着第二主题（F大调）进入，旋律趋于平和，但色彩依然生动；经过重复第一主题之后，优美的第三主题在竖琴的琶音伴奏之下缓缓进入，给人以春水荡漾般的舒畅感第四主题运用大音程的跳动，显示出无穷无尽的活力；第五和第六主题略带一丝阴暗的色彩，仿佛是在描写春日里偶尔飘来的阴云；第七主题节奏自由，阴郁的气氛一扫而空，旋律又呈现出春天生机盎然的感觉；乐曲的结尾也较为简单，只是重复一遍第一主题之后，利用第一主题的旋律加以变奏，干净利落地结束全曲。

第 2 个月

小心脏在跳动

第
29
天

4W+1D（4 周又 1 天）

孕2月胎教指南

胎教重点

多散步、听音乐，做孕妇体操，避免剧烈运动，不与狗猫接触，美化净化环境，排除噪音，情绪调节稳定，制怒节哀，无忧无虑，停止房事，以防流产。

胎教指导

·营养胎教，消食开胃。胃口不好，是孕妈妈常会遇见的难题。害怕孕吐的孕妈妈可以尝试一些凉拌菜，这些凉拌菜能减少对胃黏膜的刺激，如凉拌土豆丝、拍黄瓜、凉拌西瓜皮这些开胃的凉拌菜，并且利用柠檬汁、醋等帮助孕妈妈改善胃口。

·情绪胎教，保证胎宝宝健康成长。悲伤或恐惧的情绪，会使血液中对胎宝宝神经系统、血管组织有害的化学物质有所增加。因此孕妈妈要调整好自己的情绪，不要让坏情绪影响到胎宝宝的健康。

·音乐胎教，促进胎宝宝大脑发育。进入孕期第2个月，胎宝宝的听觉器官已经开始发育，在这个月给胎宝宝听音乐，有利于刺激胎宝宝的大脑发育。优良的乐性声波能刺激大脑皮层，促使其脑神经元的轴突、树突及突触发育，使胎宝宝获得兴奋和抑制的平衡。

第30天 4W+2D（4周又2天）孕2月妈妈与宝宝

胎儿情况

子宫大小：与妊娠前无太大差别，稍大于鸡卵。

胎儿的情形：身长约3厘米，体重约4克。

胎儿的发育：怀孕8周末时胚胎初具人形，可以区分头与躯干，四肢也已具雏形。胚胎的内脏五官开始形成，B超可见早期心脏形成并有搏动。

母体情况

母体的变化：超过了月经来潮日还不来月经。为此，大部分女性这时会察觉已经妊娠。一般在停经5周左右开始出现恶心、呕吐、乏力、厌食、困倦等早孕反应，约持续2个月后逐渐消失。乳房逐渐胀大，乳头、乳晕颜色逐渐加深。子宫增大、变软，白带增加，小便次数增多。妊娠试验阳性。

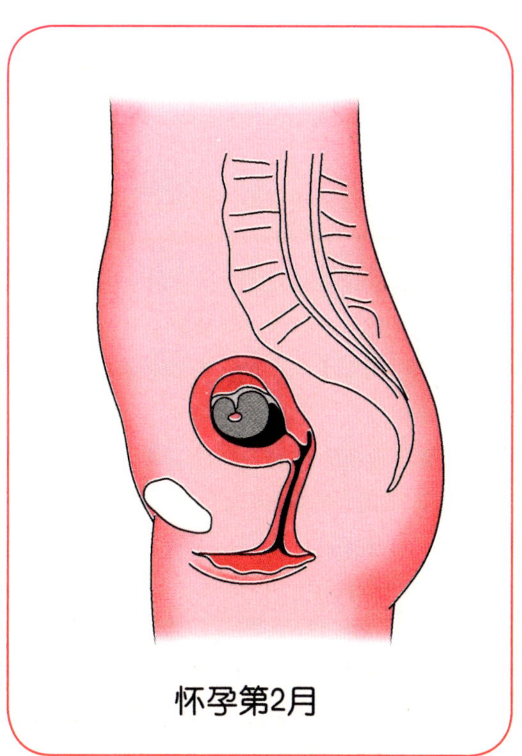

怀孕第2月

专家叮咛

容易出现的异常反应：在呕吐、恶心、食欲不振的同时，对食物的选择也发生了变化。在妊娠期的第4～5周时容易出现流产现象。

注意事项：在得知自己妊娠后，应尽早去医院做健康检查，同时应避免做剧烈运动和长时间的站立工作，注意不要患感染性疾病。

第31天

4W+3D（4周又3天）

孕2月营养与饮食

本月或者说月初很多人可能仍然未意识到自己已经怀孕了。如果实施了怀孕计划，而且月经预期未来，就应该检孕，及时确认是否怀孕。

主打营养素：维生素C、维生素B_6

作用：缓解牙龈出血、抑制妊娠呕吐

怀孕第2个月，有些准妈妈刷牙时牙龈会出血，适量补充维生素C能缓解牙龈出血的现象。同时，可以帮助提高机体抵抗力，预防牙齿疾病。生活中的维生素C来源于新鲜的水果和蔬菜，如青椒、菜花、白菜、番茄、黄瓜、菠菜、柠檬、草莓、苹果等。注意：烹煮蔬菜时间不宜长，以免维生素C大量破坏。

对于那些受孕吐困扰的准妈妈来说，维生素B_6便是妊娠呕吐的克星。维生素B_6在麦芽糖中含量最高，每天吃1～2勺麦芽糖不仅可以抑制妊娠呕吐，而且能使孕妇精力充沛。富含维生素B_6的食品还有香蕉、马铃薯、黄豆、胡萝卜、核桃、花生、菠菜等植物性食品。动物性食品中以瘦肉、鸡肉、鸡蛋、鱼等含量较多。

应付最常见的不适——疲惫

如果你发现自己白天感到疲惫，那么看看自己是否缺铁。造成疲惫的原因一般是因为贫血。定时进餐，补充能量。如果想吃零食，可以吃一些碳水化合物，它们可以为你提供几个小时的能量。不要选择饼干、巧克力和甜饮料，它们只会给你很短时间的能量，吃过不久你又会觉得饥饿。

小提示 孕期补维生素食谱精选推荐

【素什锦肉丝】①先将绿豆芽去根，豆腐干、白菜、香菇、猪腿精肉均切成丝。②炒锅上旺火，放油烧至六成热，下肉丝煸炒，加入黄花菜、豆腐干、笋丝、香菇、白菜煸炒，加酱油、白糖、精盐煸炒至透，再下入绿豆芽、豌豆苗略煸，放入水淀粉炒合，再放入韭芽搅拌均匀，淋上麻油即成。

营养分析：豆芽、白菜、香菇、猪肉等的维生素含量都极高。

【香肠炒油菜】①将香肠切成薄片；将油菜洗净切成短段，梗、叶分置。②锅置火上，放油烧热，下姜末、葱花煸炒，然后放油菜梗炒，再下油菜叶炒至半熟，倒入切好的香肠，并加入酱油，用旺火快炒几下，即成。

营养分析：此菜富含钙、铁、维生素C，还富含维生素B_1、维生素B_2、胡萝卜素及蛋白质、脂肪、磷等，孕妇常食能防病强身。

第32天

4W+4D（4周又4天）

音乐胎教方法

胎宝宝4个月后就有听力，6个月后听力和成人接近。音乐胎教可以从孕16周起，在胎宝宝觉醒时进行。每天做1～2次，每次5～20分钟。随孕周的递增可适当延长时间，但不要超过30分钟。具体方法有下面几种。

母唱胎听法

每天可以低声哼唱自己喜爱的歌曲或戏曲以感染胎儿。哼唱儿歌也很好。

唱时心情舒畅，富于感情，如同面对亲爱的宝宝，倾诉一腔柔爱。哼唱时要凝思于腹内的胎儿，其目的是唱给胎儿听，让胎儿得到美乐的享受。这是最简便易行的音乐胎教方式，适于每个孕妈妈采用。

母教胎唱法

胎儿可能能听但不能唱，孕妈妈要充分发挥自己的想象，让腹中的宝宝跟着你的音乐和谐地“唱”起来。当准妈妈选好了一支曲子后，自己唱一句，随即凝思胎儿在自己的腹内学唱。可先将乐谱反复轻唱几次，然后让胎儿跟着“学唱”。本方法利用了母胎间的“感通”途径，应该有比较好的效果。

音乐熏陶法

音乐能让情绪和情感都变得愉快、宁静和轻松。每天可定时欣赏一些名曲和轻音乐，欣赏音乐时，要沉浸到乐曲的意境中去，如痴如醉，遐思悠悠，以获得心理上、精神上的最大享受和满足，当然就可以收到很好的胎教效果。

音乐灌输法

这种音乐胎教的方法是英国心理学家奥尔基发明的。可将耳机或微型录音机的扬声器置于准妈妈腹部，并且不断地移动，将优美动听的乐曲源源不断地灌输给母腹中的胎儿。每天重复2～3次，每次20分钟左右，一次播放2～3支乐曲。注意音量不宜过大，时间不宜过长，以免胎儿听得过分疲劳。

朗诵抒情法

在音乐伴奏与歌曲伴唱的同时，朗读诗词以抒发感情，也是一种很好的音乐胎教形式。器乐、歌曲与朗读三者前后呼应，优美流畅，娓娓动听，达到有条不紊的和谐统一，具有很好的抒发感情作用，能给母子带来美的享受。

第33天

4W+5D（4周又5天）

音乐胎教误区

专家指出，错误的音乐胎教会伤害胎儿。下面列举常见的音乐胎教误。

胎教音乐就是世界名曲

世界名曲，并非都适合作为胎教音乐的。例如柴可夫斯基交响名曲《悲怆》，虽说表现与自然和命运的抗争，听后能并从中感悟生活，但会产生压抑感和情绪波动。胎教音乐还是应该尽量选择些古典、舒缓、欢快、明朗的乐曲。

音乐放在肚子上听

声音太大会影响甚至伤害宝宝的听力。给胎儿听音乐应当使用专用的胎教传声器，音乐频率范围在500～1500赫兹之间。或者不用传声器，距离近点就行。

不分早晚想起来就听

胎儿和成年人一样有自己的作息规律，如果希望自己在欣赏音乐的同时，也能让肚里的宝宝有所收获，那么建议先掌握宝宝的作息规律，即什么时候胎儿在睡觉，什么时候醒着而且很活跃。尽量要选择胎儿清醒并很活跃的时候听音乐，每天最好养成习惯，也让胎儿形成条件反射，喜欢上“妈妈的音乐时间”。

给胎儿听音乐的时间过长

一般给胎儿听音乐，每次在半个小时之内为宜。音乐胎教要让胎儿反复聆听，才能造成适当的刺激。等到胎儿出生之后听到这些音乐，就会有熟悉的感觉，能够令初生的婴儿产生在母体内的安全感，对于安抚婴儿情绪有相当好的功效。

听节奏较快音量较大的乐曲

太快的节奏会使胎儿紧张，太大的音量会令胎儿不舒服。因此，节奏太强烈、音量太大的摇滚乐就不适合作为胎教音乐。那音乐的音量放的较大，这会引起胎儿的躁动不安，长期下去，胎儿体力消耗太大，可能出生时体重过低，有时还出现不良神经系统反应。

随意购买胎教传声器

市面上关于胎教的产品很多，应购买经过卫生部鉴定、能保护胎儿耳膜的传声器。胎教传声器放在孕妇的腹壁胎儿头部相应的部位，音量的大小可根据成人隔着手掌听到的传声器中的音响强度，就相当于胎儿在腹内听到的音响强度。

第34~35天
5W（5周）

每周胎教活动
摄影欣赏·帝企鹅物语（上篇）

世界上最伟大的爸爸

世界上可能只有一种动物的孩子是由父亲带大的，这就是南极的帝企鹅。

企鹅妈妈一般是在5月份里生蛋，蛋生出来以后，马上就用脚把蛋小心翼翼地送到企鹅爸爸的脚背上，企鹅爸爸立即用身体下部皮毛的褶皱把蛋覆盖起来。这个时候，如果企鹅蛋掉到雪地上，几分钟就会冻坏而无法孵化出来。

交完班以后，怀孕以来已经一个多月没进食的企鹅妈妈就要到海边去觅食、休息，她回来的时候，也会给小企鹅带回食物。企鹅产卵，都是在内陆，到海边的路很长，企鹅妈妈这一去一回，就是三个多月。在三个多月里，企鹅爸爸就天天肃立在零下50～60度的严冬里孵化小企鹅，不吃不喝，只能通过消耗体内储存的脂肪来提供能量和热量，保证孵化的温度。还不能让蛋掉在雪地上，否则就前功尽弃了。

60多天以后，小企鹅终于破壳而出。而此时，企鹅爸爸的体重差不多已经减少了一半，精疲力尽，几乎没有什么力气再爬到那些可以捕食的裸露海面。他接下来的任务，是保护好小企鹅，这也是一项艰巨的任务……

不管怎样，我觉得帝企鹅爸爸是世界上最伟大的爸爸！

摄影、博文 罗红（摄影家、环保人、好利来总裁）

第36天

5W+1D（5周又1天）

运动胎教的方法（一）

有条理地进行胎教运动，可以使孕妇在怀孕期间获得最大的舒适，并在这期间使身体处于最佳状态。根据妊娠阶段的不同，妈妈所做的运动和方法也应该有所不同。

孕早期运动方法

一般在怀孕早期，妊娠反应比较严重，但是孕妇可以进行适当的运动，这不仅可以使孕妇转换心情，而且对小小的胎儿的发育也是非常有益的。

（1）到处走走：到处走走也可以说就是散步，散步是怀孕运动锻炼形式中最好的一种。它不受条件限制，可以自由进行。

（2）踝关节运动：孕妇坐在椅子上，一条腿放在另一条腿上面，下面一条腿的足踏平地面，上面一腿缓缓活动踝关节数次，然后将足背向下伸直，使膝关节、踝关节和足背连成一条直线。两条腿交替练习上述动作。

（3）足尖运动：孕妇坐在椅子上，两足踏平地面，足尖尽力上翘，翘起后再放下，反复多次，注意足尖上翘时，脚掌不要离地。

孕中期运动方法

散步是整个怀孕过程中最好的一种运动方式，它可以贯穿运动胎教的始终。但是到了孕中期以后，除此之外还可做些其他的运动。

（1）练习盘腿坐：早晨起床和临睡时盘腿坐在地板上，两手轻放两腿上，然后两手用力把膝盖向下推压，持续一呼一吸时间，即把手放开。如此一压一放，反复练习2～3分钟。益处分析：此活动通过伸展肌肉，可达到松弛腰关节。

（2）骨盆扭转运动：仰卧，左腿伸直，右腿向上屈膝，足后跟贴近臀部，然后，右膝缓缓倒向左腿，使腰扭转。接着，右膝再向外侧缓缓倒下，使右侧大腿贴近床面。如此左右交替练习，每晚临睡时各练习3～5分钟。

（3）振动骨盆运动：仰卧、屈膝，腰背缓缓向上呈反弓状，复原后停10秒钟再重复；然后，两手掌和膝部着地，头向下垂，背呈弓状，然后边抬头，边伸背，使头背在同一水平上，接着仰头，使腰背呈反弓状，最后头向下垂，反复。

（4）腹式呼吸练习：腹式呼吸应从卧位开始，分四步进行：第一步用口吸气，同时使腹部鼓起；第二步再用口呼气，同时收缩腹部；第三步用口呼吸熟练后：再用鼻吸气和呼气，使腹部鼓起和收缩；第四步在与呼吸节拍一致的音乐伴奏下做腹式呼吸练习。

第37天

5W+2D（5周又2天）

运动胎教的方法（二）

孕晚期运动方法

怀孕晚期是整个怀孕期最疲劳的时期，因此孕妇应以休息为主。此期的运动锻炼应视孕妇的自身条件而定。除坚持散步外可以进行以下几种方式的运动，每次以15～20分钟为宜，每周至少3次。

（1）**四肢运动**：站立，双手向两侧平伸，肢体与肩平，用整个上肢前后摇晃划圈，大小幅度交替进行；站立，用一条腿支撑全身，另一条腿尽量高抬（注意手最好能扶物支撑，以免跌倒），然后可反复几次。

（2）**伸展运动**：站立后，缓慢地蹲下，动作不宜过快，蹲的幅度尽你力所能及；双腿盘坐，上肢交替上下落。

（3）**腹肌活动**：进行半仰卧起坐。孕妇平卧，屈膝，身体缓慢抬起从平卧位到半坐，然后再回复到平卧。这节运动最好视本人的体力而定。

（4）**骨盆运动**：孕妇平卧在床，屈膝，抬起臀部，尽量抬高一些，然后徐徐下落。

（5）**增强骨盆底肌肉练习**：收缩肛门、阴道，再放松。

不宜运动的情况

适当的运动有益于孕妇和胎儿的健康，但孕妇在运动前一定要听取医生的意见，要清楚孕期的哪个阶段可以运动，哪些时候根本不能运动，以及适合孕妇的运动方式。孕妇适合做何种运动、运动量的大小，也都要根据个人的身体状况而定，不能一概而论。

第38天

5W+3D（5周又3天）

抚触胎教怎样做（一）

正常情况下，怀孕2个月开始，胎宝宝就在母体内活动了，这时的活动幅度很小。随着妊娠月份的增加，活动幅度会越来越大，从吞吐羊水、眯眼、咂手指、握拳，直到伸展四肢、转身、翻筋斗等。一般过了孕早期，抚摸胎教就可以开始实施，下面介绍几种抚摸胎教的方法。

方法1：来回抚摸法

实施月份：怀孕3个月以后，可以进行一些来回抚摸的练习。

具体做法：准妈妈在腹部完全松弛的情况下，用手从上至下、从左至右，来回抚摸。

要领：抚摸时动作宜轻，时间不宜过长。

方法2：触压拍打法

实施月份：怀孕4个月以后，在抚摸的基础上可以进行轻轻地触压拍打练习。

具体做法：准妈妈平卧，放松腹部，先用手在腹部从上至下、从左至右来回抚摸，并用手指轻轻按下再抬起，然后轻轻地做一些按压和拍打的动作，给胎宝宝以触觉的刺激。刚开始时，胎宝宝不会做出反应，准妈妈不要灰心，一定要坚持长久地有规律地去做。一般需要几个星期的时间，胎宝宝会有所反应，如身体轻轻蠕动、手脚转动等。

要领：开始时每次5分钟，等胎宝宝做出反应后，每次5～10分钟。在按压拍打胎宝宝时，动作一定要轻柔，准妈妈还应随时注意胎宝宝的反应，如果感觉到胎宝宝用力挣扎或蹬腿，表明他不喜欢，应立即停止。

方法3：推动散步法

实施月份：怀孕6、7个月以后，当准妈妈可以在腹部明显地触摸到胎宝宝的头、背和肢体时，就可以增加推动散步的练习。

具体做法：准妈妈平躺在床上，全身放松，轻轻地来回抚摸、按压、拍打腹部，同时也可用手轻轻地推动胎宝宝，让胎宝宝在宫内“散散步、做做操”。

要领：此种练习应在医生的指导下进行，以避免因用力不当或过度而造成腹部疼痛、子宫收缩，甚至引发早产。每次5～10分钟，动作要轻柔自然，用力均匀适当，切忌粗暴。如果胎宝宝用力来回扭动身体，准妈妈应立即停止推动，可用手轻轻抚摸腹部，胎宝宝就会慢慢地平静下来。

第39天 5W+4D（5周又4天）抚触胎教怎样做（二）

方法4：亲子游戏法

实施月份：怀孕5个月以后，有胎动了，就可以进行亲子游戏。

具体做法：每次游戏时，准妈妈先用手在腹部从上至下、从左至右轻轻地有节奏地抚摸和拍打，当胎宝宝用小手或小脚给予还击时，准妈妈可在被踢或被推的部位轻轻地拍两下，一会儿胎宝宝就会在里面再次还击，这时准妈妈应改变一下拍的位置，改拍的位置距离原拍打的位置不要太远，胎宝宝会很快向改变的位置再作还击。这样反复几次，别有一番情趣在其中。

要领：这种亲子游戏最好在每晚临睡前进行，此时胎宝宝的活动最多，时间不宜过长，一般每次10分钟即可，以免引起胎宝宝过于兴奋，导致准妈妈久久都不能安然入睡。

抚摸胎教的注意事项

1.怀孕晚期，临近产期不宜进行触摸动作。如果孕妇在怀孕中后期经常有一阵阵腹壁变硬，可能是不规则子宫收缩，就不能用抚摸胎教，以免引起早产。

2.孕妇有不良产史，如流产、早产、产

前出血等情况，则不宜使用抚摸胎教。

3.抚摸胎儿时，动作要轻柔，不宜过度用力，一般可用双手手指配合轻柔安抚。

4.抚摸从胎儿头部开始，然后沿背部到臀部至肢体，轻柔有序。每晚临睡前进行，抚摸可与数胎动及语言胎教进行结合，这样既落实了围产期的保健，又使父母及胎儿的生活妙趣横生。

5.每次抚摸以5～10分钟为宜。

6.孕妇本人或者丈夫用手在孕妇的腹壁轻轻地抚摸胎儿，引起胎儿触觉上的刺激，以促进胎儿感觉神经及大脑的发育。

第40天 5W+5D（5周又5天）环境胎教课：美化孕妈妈居室

布置居室、整理居室，其实也是很好的胎教课。孕妈妈指挥、准爸爸协助，一起做好这节胎教课。

美好的环境能对人的神经系统起到调节作用，也能对准妈妈的性格、心情起到改善、缓和的作用。一个干净整洁、安静舒适的居室还会使准妈妈从精神上感到愉快。

孕妈妈、准爸爸在居室环境方面，须按下面要求进行：

1.居室干净舒适。整理居室环境，做到干净整洁、安静舒适、不拥挤、通风透气。

2.温度适宜。温度以20℃～26℃最好。温度太高会使人感到精神不振、头昏脑涨、全身不适；温度太低使人寒冷难受、容易感冒。夏天可用风扇、空调降温，但不宜让风直吹孕妇；冬季可使用暖气升温，也可使用火炉，但需防止一氧化碳中毒。特别需要提示的是，孕妇不可直接睡在正在通电的电热毯上。

3.湿度适宜。湿度以50%为最理想。湿度太低易使人口干舌燥、鼻黏膜充血；湿度太高让人关节酸痛、难受。如果室内湿度太低，可使用加湿器或在床头上放水壶或在室内洒水；如果湿度太高，可开门通风。

4.室内设施安全方便。室内设施要便于孕妈妈使用，孕妈妈要避免爬高、踮脚等危险动作；将家中设施要摆放整齐，以免孕妈妈磕着碰着；光滑地板上要注意添上防滑设施。

5.良好的音响刺激。噪音不利于准妈妈的健康和胎儿的发育，它会使准妈妈心烦意乱，听力下降，会使胎儿不安、早产，甚至脑功能发育受损。但是，无声也不利于优生。过于寂静使准妈妈感到孤独、寂寞，使胎儿失去听觉刺激。所以，二者均不可取。家中可以经常播放一些有益的胎教音乐，经常对胎儿说话。

此外，还要注意在室内作适当的装饰，如摆放一两盆花卉，贴几张胖娃娃图像或风景画等，让准妈妈有个良好的心情。

第41~42天 每周胎教活动 益智小游戏（2月期）

6W（6周）

电动汽车

这辆汽车的插头是哪个？怎么找快呢？

填空

要求每行每列上均有字母A、B、C、D、E，同时，在用粗线条分割的图形里，也要有字母A、B、C、D、E，你能做到吗？

（答案见67页）

1月期答案

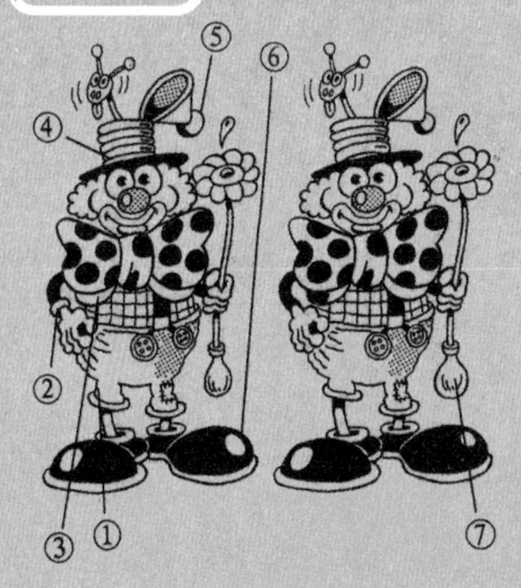

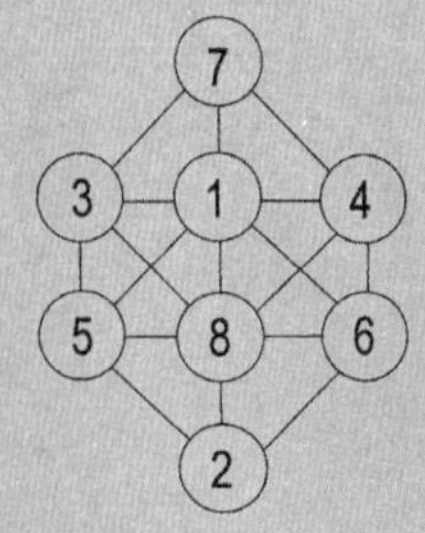

这只是答案之一，因为图形是对称的，所以可对称换位。

第43天

6W+1D（6周又1天）

意念胎教的方法

可以说，从怀孕开始一直到孩子分娩都适合进行意念胎教。尤其在怀孕初期，早孕反应给孕妇带来不舒服的感觉，很容易影响孕妇的情绪，意念胎教能帮助孕妇的心情平和，可使胎儿向理想的方面发展。

循序渐进

施行意念胎教必须循序渐进，由浅入深，由具体到抽象，从感性到理性。要培养胎儿思维的能力、独立的个性和顽强的性格，也要循序渐进，一遍又一遍不厌其烦地向胎儿“传达”相关的意念。不要怕麻烦，不断累积就会有效果。

持之以恒

意念胎教对于有些孕妈妈并非易事。如果练过气功或者瑜伽，就容易较快进入意念境界，并正确施行意念，发出的意识波强度也大，胎教效果好。刚开始时，孕妈妈往往会精力消耗明显，感到疲劳，而且效果又比较慢，这时就需要坚定的信心，去克服暂时的困难。

充满爱心

爱是自然界普遍存在的现象，是一种高级情感活动，也是人的本能。爱在意念胎教中，起着极其重要的作用，是加速开发胎儿智力的催化剂。时时对胎儿表示自己的爱，胎儿在爱的环境中，才有安全感，才放心，也才开心活跃。

夫妻感情和谐，意识健康

健康的意识，积极的进取精神，夫妻感情交融，培养、熏陶着胎儿潜在的意识。如果胎儿的父母亲常常想一些不健康的事情（私利、极端个人主义等），被潜在意识已经开发的胎儿不知不觉中探知、接纳，将打上不可磨灭的烙印，贻害无穷。我们感到：夫妻闹别扭，胎儿也不愉快，不象往常那样活跃、淘气可爱。

顺其自然

意念走神是一种常见现象，这时切忌急躁紧张，不要强迫自己集中注意力。一发觉自己走神，要顺其自然，不慌不忙，有意无意地将意念收回来。顺便对胎儿说：“对不起，妈妈开小差了，小宝宝不要学妈妈，要学会集中注意力。”这也很自然、很好。

第44天

6W+2D（6周又2天）

美学胎教如何做（一）

我们生活的这个世界到处充满了美，美感即是对美的感受与体会。强调孕妇注重美感熏染，这是“胎教”的重要内容。从丰富孕妇的精神生活来讲，主要说的是欣赏美、追求美，提高美学修养，获得审美享受，从而熏染腹内的胎儿。

美所包含的内容很广，从美学胎教的角度，它主要包括：自然美、艺术美和孕妈妈自身的形象美3大部分。

大自然的美育胎教

大自然的美育胎教包括欣赏大自然和走进大自然。

首先，在我们生存的这片土地上，不管是神奇辽阔的草原、挺拔峻峭的高山、幽静神秘的峡谷、惊涛拍岸的河海，无不开阔着我们的胸襟，启迪着我们的思考，给我们带来美的享受和精神的升华。孕妇在大自然中感受到这一切，将提炼过的感受传递给胎儿，就使得胎儿也能受到大自然的陶冶。大自然的色彩和风貌对促进胎儿大脑细胞和神经的发育也是十分重要的。

同时，母亲经常走进大自然，呼吸新鲜空气，也有利于胎儿的大脑发育。曾有人在动物身上做过这样的实验，把怀孕的老鼠和兔子分别放在空气不畅的箱子里，结果，这两种受试动物所生的幼崽出现无脑畸形的比例非常高，这说明大脑发育需要充足的氧气，而大自然是最好的供氧场所。

孕妇可在工作之余，尽可能地多到风景优美的公园及郊外领略大自然的美，把内心的感受描述给腹内的胎儿，如：蓝天白云、翩翩起舞的蝴蝶、歌声悦耳的小鸟，以及沁人肺腑的花香等等。宝宝都可以通过与妈妈的“心灵感应”体会这种美的感受。

艺术美不言而喻

艺术美不言而喻，艺术美学胎教方法很明确，就是多接受艺术美的熏陶，多欣赏一些具有美学感召力的艺术作品，如：绘画、书法、雕塑，以及戏剧、舞蹈、影视文艺等作品，从而使孕妈妈的心境和情绪达到最佳状态。

审美体验等信息，通过神经系统及神经递质传递给腹中的胎儿，使其同母体一起深受艺术的感染和熏陶。美妙的艺术欣赏体验，可以给胎儿创造一个和谐的环境，使躁动不安的胎儿安静下来，使胎儿意识到世界是多么的和谐，多么的美好。

小提示　整洁即美

仪容美的关键在于整洁，孕妇只要注意卫生，保持整齐，形象一定会大为改观的。尽管怀孕使以前的体态美消失了，但同时又产生了另一种美。

第45天

6W+3D（6周又3天）

美学胎教如何做（二）

爱美是很好的胎教

美容和穿衣的确是一种胎教。美丽是每一位女性所追求的，娇好的容颜、一身时尚得体的穿戴，会给女性带来更多欢乐和自信。

这种胎教方法的特殊之处是，每位孕妈妈都会有自己的见解和品位。我们能说的就是，在怀孕期间，孕妈妈应该比平时更加精心地打扮自己。这一方面是自娱的一种方式，对自己容颜、服装的关心会使你忘掉妊娠中不快的反应；另一方面，化妆会使你显得气色很好，自己看了心里会舒服，别人看了会对你称赞和羡慕，你心里也会很高兴。

由此可见，美容、打扮会使你保持自信、乐观、心情舒畅，无论对自己还是对胎儿都是很有意义的。自我感觉良好的审美感受，可以使胎儿在母体内受到美的感染而获得初步的审美能力。

另外，在美与不美这个话题上，孕妇本人的气质很关键，首先孕妇要有良好的道德修养和高雅的情趣，常识广博，举止文雅，具有内在的美。其次是颜色明快、合适得体的孕妇装束，一头干净利索的头发，再加上面部恰到好处的淡妆，便显得精神焕发。化妆的时候一定要注意，不要浓妆艳抹，那样对孕妇和胎儿都是不利的。

有些孕妇为失去美妙的身条而痛苦，其实大可不必这样。怀孕几乎是每一位女性都要经历的，况且大多数女性分娩后不久就会像以前一样体态轻盈、姿容美丽，而且还会增添几分女性的成熟美。

第46天

6W+4D（6周又4天）

情绪胎教课：给自己一个微笑

情绪变化影响内分泌。在情绪紧张或应激状态下，体内乙酰胆碱会增加释放，促使肾上腺皮质激素分泌增多。这种激素会经血液影响胎儿，有明显的不利作用。

孕期前3个月，正是胎儿各器官形成的重要时期，情绪波动严重，就可能造成胎儿畸形，所以，准妈妈们每天都开心一点吧，不要吝啬你的微笑。

微笑是一种效果良好的情绪胎教，从现在开始微笑胎教课吧！

1.每天清晨，可以对着镜子，先给自己一个微笑，在一瞬间，一脸惺忪转为光华润泽，沉睡的细胞苏醒了，新的一天在充满朝气与活力中开始。

2.保持良好的心态，发出快乐的微笑。微笑具有一种感染力，能改善心情和气氛，是工作顺利、生活美满的一个重要姿态。充满欢笑的孕期时光必然是幸福的，也是达到优孕、优生的重要因素。

3.孕妇切忌大悲大怒，更不要吵骂争斗。矛盾和分歧是难免的，孕妈妈一切以宝宝为重，一个微笑会化解一切不快。

孕妈妈要注意：妊娠1个多月时，如果受到惊吓、恐惧、忧伤、悲愤等严重刺激，或其他原因造成的精神过度紧张，会引起流产等不良反应。

在夫妻感情融洽、家庭气氛和谐、心态良好的情况下，受精卵就会“安然舒适”地在子宫内发育成长，生下的孩子就更健康、聪慧。

6W+5D（6周又5天）

美学胎教课：孕期美容（孕早期篇）

皮肤护理

怀孕初期皮肤会变得粗糙、敏感，这是因为皮脂腺分泌失调所致。所以，不必乱抹药或者更换化妆品。如果情况不是特别糟糕，不必求医。注意保持脸部清洁，充分休息，摄取适当的营养，到了怀孕中期，一切都会好转。

另外，孕妈妈不要浓妆艳抹，这样会损害你敏感的皮肤。晚上的皮肤护理也不能忽视，用不含去垢剂的中性乳液洗脸。然后，用凉水将皮肤洗净。用冷霜敷在脸上，轻轻按摩，最后用热毛巾擦掉，用乳液滋润。这样，可以使你不经化妆，便得到娇艳的脸庞。

经常清洗

怀孕初期，皮下脂肪日益丰腴，汗和皮脂也比以前增多，一定要经常清洗，否则皮肤发痒，很容易得皮肤病。因此，要经常洗澡。夏天因为出汗较多，最好每天都洗。沐浴时，水不要太热，太热易使人疲劳；水也不要太凉，太凉会引起子宫收缩和出现蛋白尿。同时，要注意洗的时间不要过长。洗的时间太长，会引起头晕，更易着凉感冒，还会使纤维组织变软。洗时动作要轻缓，注意身体平衡，千万不要跌跤。洗后，最好能有身心舒畅、食欲增大、夜间安睡的效果。另外每天早上要用温水清洗乳头，以保持乳房的清洁。

穿衣打扮

因为肚子刚刚隆起，看上去不是很突出，没有必要买孕妇装。好好整理一下现成的服装，选出较为宽大的，或把腰部放大就可以穿了。因为怀孕时对寒暑的抵抗力很差，一定要注意保暖，寒冷时要比平常多穿一件。热了，要穿吸汗、凉快的衣服。

另外，胸肌没有办法支撑日渐丰满的乳房，必须要选择合适的乳罩托住乳房，使其保持在原来的位置上。乳房下垂的原因是孕期没有佩戴合适的乳罩。胸肌不发达者更应注意乳罩的佩戴。晚上，为了使胸部肌肉不太紧张，依旧要戴上胸罩。

第48~49天 7W（7周）

每周胎教活动
雕塑《思想者》赏析

“思想者”原本是“地狱之门”横楣上的一个主雕坐像，是那巨大雕塑中最有代表性的一件。后来，罗丹又把它制成一件单独的雕塑，并且成为他最著名的代表作。罗丹用这一形象来象征伟大诗人——但丁，也象征他自己，象征全人类。

雕像《思想者》塑造了一个强有力的男子，弯腰屈膝，右手托着下颌，默视门的下方发生的悲剧。强壮的身体被弯压成一团，肌肉紧绷，全神贯注地思考，显示他沉浸在极度苦恼之中。他同情、爱惜人类，所以心情极其矛盾。

这深刻的沉思，映射了诗人但丁内心的苦闷。这种苦闷的内心情感，通过对面部表情和四肢肌肉起伏的艺术处理，生动地表现出来，例如那突出的前额和眉弓，使双目凹陷，隐没在暗影之中，增强了苦闷沉思的表情，又如那紧紧收屈的小腿肌腱和痉挛般弯曲的脚趾，有力地传达了这种痛苦的情感。这种表面沉静而隐藏于内的力量更加令人深思。

关于罗丹为什么要用这尊粗壮的裸体形象来创造《思想者》，并准备把它安放在他的大件浮雕门饰《地狱之门》的顶上，不妨用罗丹自己的话来解释：“一个人的形象和姿态必然显露出他心中的情感，形体表达内在精神。对于懂得这样看法的人，裸体是最具有丰富意义的。”

雕刻家在这件作品中，采用了现实主义的精确手法，也表达了与诗人但丁相一致的人文主义思想，他们对人类的苦难遭遇寄予了极大的同情和悲痛。

第50天 7W+1D（7周又1天）

其他胎教方式解读（一）

提到胎教，种类、方式非常多。但仔细分析一下，不外乎以上十种基本方法，下面就各种胎教方式作出分析归类。

日记胎教

日记胎教是孕妈妈将身边发生的事、对胎宝宝的期望等，通过写日记的形式，讲述给胎宝宝的胎教方法。日记胎教可以记载平淡的日常生活、孕期检查等情况，既可以疏导孕妈妈的心情，缓解紧张情绪，又可以成为记录宝宝成长的纪念册。

日记胎教是一种很好的情绪胎教的方法，也凝聚了爱的意念。

童话胎教

为胎宝宝阅读童话书的胎教就是童话胎教，要求准爸爸或孕妈妈保持温和的口吻和富于感情色彩的朗读语气。在进行童话胎教时，孕妈妈可以展开丰富的形象，让自己沉醉在童话的神奇王国里。

童话胎教其实就是语言胎教。

氧气胎教

氧气胎教就是孕妈妈通过适当的散步和森林浴使自己吸入充足的氧气，以便促进宝宝脑部的发育，调节孕妈妈忧郁的心情。

显然，氧气胎教其实属于环境胎教。

阅读胎教

阅读胎教是指阅读对胎宝宝生长发育和孕期保健有作用的书籍，对胎宝宝进行胎教的方法。在阅读的过程中，准爸爸也可以很好地参与进来，为孕妈妈和胎宝宝阅读图书，从而增强胎教全家总动员的效果，加深亲子关系和夫妻关系。

阅读胎教是一个综合运用情绪胎教、意念胎教、语言胎教的过程。

第51天 7W+2D（7周又2天）

其他胎教方式解读（二）

视觉胎教

视觉胎教是指孕妈妈通过欣赏视觉艺术使胎宝宝受到良好的艺术熏陶。孕妈妈可以通过名画鉴赏过程，为胎宝宝讲解绘画知识，也可以到博物馆或画展欣赏书法、绘画、陶艺等。视觉胎教还可以通过孕妈妈的审美感受缓解紧张情绪。

从视觉艺术欣赏的角度进行的视觉胎教，显然属于美学胎教。

瑜伽胎教

瑜伽源于古印度，现已受到全社会的广泛欢迎。瑜伽胎教是根据孕妈妈的身体调节而采取的、节奏舒缓、动作轻柔的瑜伽运动。瑜伽胎教讲究人与自然的和谐、共鸣，从而使孕妈妈情绪平稳、内心充实。瑜伽胎教也可以在很大程度上缓解孕期肌肉和情绪紧张，为分娩做充足的准备。

瑜伽胎教是运动胎教的一种。

清静胎教

清静胎教是通过呼吸、冥想等方法，调整孕妈妈状态和心情的胎教方法。充满期待的想象，对加深孕妈妈和胎宝宝的感情很有帮助。

清静胎教虽借用了气功、瑜伽冥想等方法，与运动和意念相关，但主要是为了调整心情状态，所以可归入情绪胎教。

BabyPlus胎教

“BabyPlus”是由美国BabyPlus公司发明出一种胎教工具。

“BabyPlus”由16种经科学设计的不同节奏的声音组成，这些音节模仿孕妇的心跳声并随着孕期的增加，节拍逐渐加快，胎儿可非常清晰地听到这些有节奏感的声音，同时，将听到的来自“BabyPlus”的声音与来自妈妈声音加以区别。

“BabyPlus”发出的声音尽管对成年人来说是单调乏味的，但它的节拍随着孕期不同而微妙的变化，却对胎儿的大脑发育非常有利。

显然，借助babyplus进行的胎教，是给予胎儿听觉信息。由于信息内容是各种节奏感的声音，所以可理解为一种特殊的音乐胎教。

第52天 7W+3D（7周又3天）运动胎教课：做好散步胎教

散步是非常适合孕妈妈的运动，不仅能够促进胎儿的大脑发育，而且还兼有胎教的功效。孕妈妈散步比坐着的时候，氧气的供给量要高出2～3倍，散步还能让心情变得愉悦和放松。观看大自然的景色、聊天，对于孕妈妈来说无疑是一种美的精神享受。而孕妈妈的心情愉快，头脑清醒，有利于消除疲劳，利于胎儿的健康成长。

医学研究表明，孕妈妈常保持精神愉快可促进大脑皮层兴奋，使孕妈妈血压、脉搏、呼吸、消化液的分泌都处于相互平稳、相互协调的状态。这有利于孕妈妈的身心健康，同时也能改善胎盘的供血量，从而促进胎儿的健康成长。

散步应选择在风和日丽的天气中进行，如果有雾、下雨、刮风及天气骤变时不宜外出，以免感冒。

散步还应选择在道路平坦、环境优美、空气清新的地方散步，有准爸爸或家人的陪同就更好了。

散步时，无论看到什么景象，都可以将其变成有趣的话题讲给胎儿听，这样，和语言胎教结合起来，效果更佳。

散步的时间是根据孕妇的生活规律和身体感受来安排的。一般从上午10点到下午2点左右这个时间段是一天之中母体子宫最放松的时间，选择这个时间比较好。

第53天 7W+4D（7周又4天）语言胎教课：故事《拇指姑娘》

从前，有一个女人种了一粒巫婆给她的麦子。不久以后，就开出了一朵美丽的大红花，花的正中央坐着一位只有拇指那么大的姑娘，人们都叫她拇指姑娘。拇指姑娘很漂亮，唱歌很动听，女人很喜欢她， 她们一起快乐地生活。

一天晚上，一只丑陋的癞蛤蟆看到拇指姑娘睡得正香，就从窗护爬进来，把拇指姑娘连同她的睡篮拖到自己的住所。癞蛤蟆要拇指姑娘嫁给自己丑陋的儿子。

拇指姑娘面对丑陋的蛤蟆母子，大声哭起来。水里的鱼儿听到哭声，都跑过来。鱼儿帮拇指姑娘咬断一片叶子，让她当作小船划走了。

冬天到了，拇指姑娘又冷又饿。一只善良的田鼠见到了她，田鼠请拇指姑娘住进他温暖的家里，并拿出美味的食物。

田鼠的朋友鼹鼠爱上了拇指姑娘，鼹鼠就挖了一条通往田鼠家的洞。拇指姑娘在洞中发现一只冻僵的小燕子。经过拇指姑娘的悉心照料，小燕子恢复了健康，又飞了起来。

不久，田鼠要拇指姑娘嫁给吃穿不愁却害怕阳光的鼹鼠。

拇指姑娘喜欢阳光，不喜欢鼹鼠，又大声哭起来。小燕子听到拇指姑娘的哭声，就飞回来，把拇指姑娘驮到背上飞走了。

小燕子把拇指姑娘带到了一个开满鲜花的小人国，小人国的国王请求美丽的拇指姑娘做他的王后，拇指姑娘接受了请求，在小人国过上了幸福的生活。

第54天

7W+5D（7周又5天）

美学胎教课：看一幅美丽图片

一幅美丽的图片，足以让人展开丰富的联想了。为了培养宝宝丰富的想象力、独创性以及进取精神，最好的教材莫过于幼儿画册。贴近儿童志趣的图画，更能激起童心。

你可以将画册中每一页所展示的幻想世界，用你富于想象力的大脑放大并传递给胎儿，从而促使胎儿的心灵健康成长。可以选那些色彩丰富、富于幻想的内容，可以是提倡勇敢、理想、幸福的。只要适合胎儿成长的主题都可以采用。利用图片做教材进行胎教时，一定要注意把感情倾注于故事的情节中去，通过语气声调的变化使胎儿了解故事是怎样展开的。

单调和毫无生气的声音是不能唤起胎儿的感受性的，一切喜怒哀乐都将通过富有感情的声调传递给胎儿。

第55~56天
8W（8周）

每周胎教活动 小提琴协奏曲《梁祝》赏析(一)

小提琴协奏曲《梁山伯与祝英台》（以下简称为《梁祝》）是陈钢与何占豪就读于上海音乐学院时的作品，作于1958年冬，翌年5月首演于上海获得好评，首演由俞丽拿担任小提琴独奏。如今已列为世界名曲：Butterfly—loves （《蝴蝶的爱情》）。

乐曲的结构为奏鸣曲式，由引子、呈示部、展开部、再现部组成。作品从故事中择取“草桥结拜”、“英台抗婚”和“坟前化蝶”三个主要情节，分别作为乐曲呈示部、展开部及再现部的内容。下面依结构欣赏作品。

引子 乐曲一开始由长笛奏出了华彩的旋律，呈现出一派春光明媚、鸟语花香的景象。由双簧管奏出的主题音调，取自越剧的过门音乐。

1.呈示部　主部主题：在竖琴的伴奏下，小提琴演绎出纯朴而美丽的“爱情主题。”（这段旋律在整部作品中起到了举足轻重的作用，令人陶醉，是全曲的核心的音调。）副部主题与柔美、抒情的主部主题形成鲜明的对比。音乐转入活泼、欢快的回旋曲。独奏与乐队交替出现，描写梁祝同窗共读时的生活情景。

在这段快板过后，音乐转入慢板，副部主题中的结束部。在弦乐颤音的衬托下，梁祝二人同窗三载就要分别，音乐表现十八相送、长亭惜别的依恋之情。低沉的音响预示出不详的事情就要发生。

2.展开部　由三部分构成：抗婚、楼台会、哭灵投坟。铜管乐表现残暴的封建势力的主题。紧接着小提琴采用戏曲的“散板”节奏，奏出英台惶惶不安和痛苦的心情。乐队以强烈的全奏，衬托着主奏小提琴猛烈的切分和弦奏出反抗主题。逐渐形成了矛盾冲突的高潮，越来越激化，但音乐突然停顿下来，又转入慢板乐段——“楼台会”这时大提琴与小提琴对答式的手法“一问一答”，如诉如泣的曲调。接下去音乐急转而下——哭灵投坟，乐曲运用戏曲中的紧拉慢唱的手法，将祝英台悲切的心情表现得淋漓尽致。锣、鼓、管、弦齐鸣表现祝英台纵身投坟，全曲达到了最高潮，乐队奏出赞颂的音调。

3.再现部　乐曲出现了引子的音乐素材，而这已不是人世间的美景，而把我们带入了神化的意境。“化蝶”，我们又再次听到了那段熟悉的“爱情主题”。许多艺术家用不同的艺术形式表现这一动人的情节。

第3个月
所有器官开始工作

8W+1D（8周又1天）

孕3月胎教指南

胎教重点

这段时间是最容易流产的时间，应停止剧烈的体育运动，体力劳动，旅行等，日常生活中避免劳动过度，注意休息。

胎教指导

·营养胎教，多吃健脑食品。胎宝宝大脑的日渐发育成长，孕妈妈要及时补充有利于脑部发育的营养，为胎宝宝打好大脑的物质基础，将来的小宝宝就会更聪明。鱼、核桃、鸡蛋都是很好的健脑食品，孕妈妈可根据情况适量地增加。

·运动胎教，放松腿部肌肉。孕妈妈从现在开始要加强对腿部的锻炼。放松腿部肌肉，以缓解腿部肌肉不适感，如下肢肿胀、双腿发沉、静脉曲张等。

·音乐胎教，培养胎宝宝的感受性。情绪稳定就是良好的胎教。可以听一些充满诗情画意的世界名曲，宁静舒缓或轻柔欢快的音乐将给胎宝宝以安宁感，使胎宝宝心律平稳，对大脑发育产生良性刺激，并培养胎宝宝良好的感受性。

·美育胎教，促进胎宝宝神经系统发育。通过美的欣赏，带动孕妈妈的思维运动和情感体验，让胎宝宝间接获得美的教益，对正在发育神经系统的胎宝宝来说，有利于神经元数量和体积的增大，细胞之间的联系增多。

第58天

8W+2D（8周又2天）

孕3月妈妈与宝宝

胎儿情况

子宫大小：拳头般大。

胎儿的情况：身长约9厘米，体重约20克。

胎儿的发育：胎芽在进入第3个月份后，被称做“胎儿”。头部约为整个身长的1/4，内脏器官更加发达。通过超声波仪器已能听到胎儿的心音。

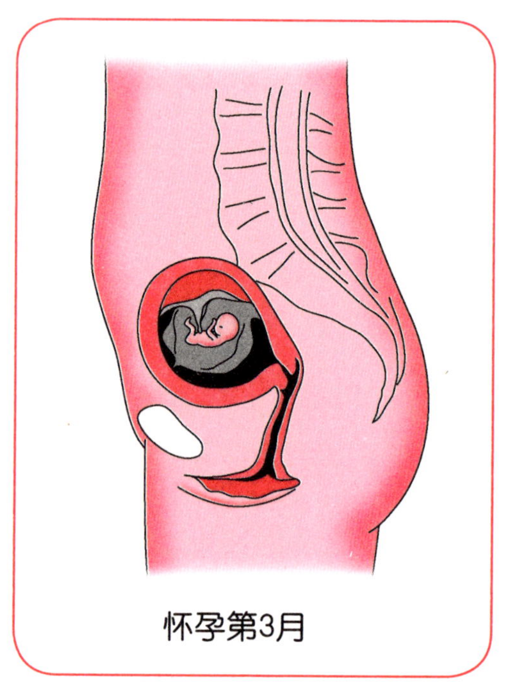

怀孕第3月

母体情况

母体的变化：孕吐达到最高潮，从本月的末期开始逐渐减轻，由于子宫压迫膀胱和直肠，排尿次数增多，并容易引起便秘。脚跟感到不适，腰部沉重。乳房更加膨胀，在乳晕、乳头上开始有色素沉着，颜色加重。阴道分泌物增多。

专家叮咛

容易出现的异常反应：最容易引起流产的时期，一定要备加小心，对于经历过流产的人而言，更需要慎重。如下腹疼痛或有出血现象，应立即去医院就诊。

注意事项：孕吐的时间和症状存在着个体差别。因孕吐而感到难以忍受时，可以分几次吃一些自己喜欢的东西。连续不断的孕吐能引起体内缺水，因此，孕期女性应注意保持体内水分充足。另外，孕吐严重时，可去医院就诊，但不要随意服用止吐药。

定期检查：做第一次产前检查。检查事项主要包括：体重、血压、血液（血型、贫血等妊娠初期检查）、超声波断层检查。

8W+3D（8周又3天）

孕3月营养与饮食

这个阶段，胎儿的身体结构已经发育完整，良好的营养更有助于他的发育。

主打营养素：镁和维生素A

作用：促进胎宝宝生长发育

这两种营养元素是构筑孩子健康的两块至关重要的基石。

镁不仅对胎儿的肌肉的健康至关重要，而且也有助于骨骼的正常发育。近期研究表明，怀孕头三个月摄取的镁的数量关系到新生儿的身高、体重和头围大小，幸运的是，在色拉油、绿叶蔬菜、坚果、大豆、南瓜、甜瓜、葵花籽和全麦食品中都含有镁。此外，镁对孕妈妈的子宫肌肉恢复也很有好处。怀孕后期，如果孕妈妈体内镁含量下降，有可能会导致阵痛。

维生素A在胎儿发育的整个过程都需要，它尤其能保证胎儿皮肤、胃肠道和肺部的健康。怀孕的头三个月，胎儿自己并不储存维生素A，因此一定要供应充足。甘薯、南瓜、菠菜和芒果都含有大量的维生素A。

应付最常见的不适——恶心

这一段时间，孕妈妈会感到恶心欲吐越来越重，一般第10周是最严重的阶段。恶心一般是在早上，不过一天中的任何时间也都可能发生。下面是一些帮助你缓解恶心的小窍门：

○恶心时喝点含姜饮料，如将姜汁加入饮料，或在一杯热水里放一片生姜。

○在床头放一些小零食，如饼干之类，起床前吃上一两块。

○两餐之间吃一些刺激性少的零食，如面包干或饼干。

○如果忍受不了炒菜的气味，让准爸爸下厨，或者在感觉好的时候多做点，吃剩下的放在冰箱里。

○如果真的不能吃不能喝，请教一下医生或者助产士，他们有办法帮助孕妈妈。注意防止脱水。

小提示 **营养早餐**

1.稀的东西：如果早上吃不下，可以带到办公室。

2.甜的东西：买几种不同的小包早餐麦片，每天带一包去上班，吃的时候搭配上一两块水果。

3.开胃的东西：可以自制一个小三明治，如果不喜欢奶酪，可以用酸奶代替，加一些清爽的菜叶、黄瓜、西红柿、火腿或者是煎鸡蛋。

第60天 8W+4D（8周又4天）
音乐胎教课：不同心境听不同音乐

许多人认为孕妈妈听的音乐应该以轻柔的为主。实际上，音乐应该更加多元化一些，因为，不同的旋律、不同的节奏会带给胎儿不一样的感受和影响。

以下列举孕妈妈孕期必选的十首乐曲，孕妈妈们，快去听听吧。

·普罗科菲耶夫的《彼得与狼》——童话交响曲，感受勇敢与沉着

·德沃夏克的e小调第九交响曲《自新大陆》第二乐章——抚平焦躁的心情

·约纳森的《杜鹃圆舞曲》——特别适合在早晨睡醒后倾听

·格里格的《培尔·金特》组曲中《在山魔王的宫殿里》——感受力度与节奏

·罗伯特·舒曼的《梦幻曲》——感受清新与自然

·约翰·施特劳斯的《维也纳森林的故事》——感受春天早晨的气息

·贝多芬的f大调第六号交响曲《田园》——在细腻的乐曲中享受宁静

·老约翰·施特劳斯的《拉德斯基进行曲》—— 激情澎湃中感受无限活力

·勃拉姆斯的《摇篮曲》—— 妈妈无尽的爱，在乐曲声中与小宝宝说说话

·维瓦尔第的小提琴协奏曲《四季·春》——体验春季盎然的感受

以上十首乐曲，每首的风格都是不一样的。孕妈妈们在一天当中的每个时刻都可以来听。

·烦躁的时候就听一听《自新大陆》；

·慵懒的时候听一听《杜鹃圆舞曲》；

·悲伤的时候听一听《维也纳森林的故事》；

·发脾气的时候听一听《田园》；

·睡醒的时候听一听《维也纳森林的故事》；

·激情澎湃的时候听一听《拉德斯基进行曲》；

·跟小宝宝讲话的时候听一听《摇篮曲》；

·运动的时候听一听《拉德斯基进行曲》；

·春天来临的时候听一听《春》。

让您的小宝宝接触多元的艺术，接触不同演奏形式，不同艺术风格的乐曲，不管是欢快的、悲伤的、沉静的、梦幻的、激情的、淳朴的，让小宝宝在音乐的海洋中汲取营养，培养小宝宝的艺术潜能。

第61天

8W+5D（8周又5天）

意念胎教课：脑呼吸操

怀孕的第2个月，正是胎儿各器官进行分化的关键时期，准妈妈可用意念胎教的方法使胎儿发育得更加完善，最常用的是脑呼吸操。

脑呼吸胎教是与简单的基本动作一起冥想的，即从脑运动开始。

刚开始做脑呼吸时，先在安静的气氛下简短做5分钟左右，在逐渐熟悉方法后，可增加时间。吃饭前，身体轻快的状态下更有效果。

先熟悉脑的各个部位的名称和位置，闭上眼睛，在心里按次序感觉脑、小脑、间脑的各个部位，想象脑的各个部位并叫出名字。集中意识到脑部，这样做可清楚地感觉到脑的各个部位。这是清除脑中杂念的良方，同时配合相应的呼吸效果更好。一般可进行下面三种呼吸方式。

全呼吸 不间断地吸气，直到吸到无法负荷时再吸最后一口气，冲至头顶一两秒，再由嘴巴用力吐气。重复做，直到脑部充满能量。

静呼吸 由鼻子吸气，深长缓慢地吸到下腹部，感觉腹部鼓胀；再慢慢由鼻子吐气。吸和吐的交接不要闭气，要连续平顺，直到感觉自然安静。

叹呼吸 嘴巴张开吸气至腹部，再由嘴巴吐出，如同叹息。速度可快可慢，可以释放内在的情绪和压力。

在清脑调息时，可逐步将意念转向胎儿，并尝试与胎儿对话。想象一下肚子里的胎儿，想象胎儿的各个身体部位，从内心感觉孩子及其样子。这时可开始对胎儿说话交流。这种方式，会使母亲和胎儿的交流更专心、更容易。

第62~63天
9W（9周）

每周胎教活动
小提琴协奏曲《梁祝》赏析（二）

音乐旋律同样也可以叙述一段故事。为了便于赏析理解，我们标出了每一情节的时间段，版本为：俞丽拿/英国广播音乐会管弦乐团/李坚：指挥，全曲时长：25'43

引子 钢琴引出秀丽的长笛声声（0'45）和弦乐的演奏，展现出一派春光明媚、鸟语花香的音画世界。

1.草桥结拜 小提琴奏出悠扬、柔情的音乐，（1'53）随着大提琴声的息息相通，（2'38）发展为大、小提琴的一段协奏，好似兄弟情投意合，（3'08）弦乐的齐奏将此情深意笃的情感推向了高潮，（3'59）音乐还续上了一段柔和而又令人陶醉的乐章。与其是从"草桥结拜"的故事情节中去理解音乐，还不如从爱情主题来理解为好。独奏小提琴那纯朴而又含蓄的爱情主题，确实使人如醉如痴。

2.同窗三载 （4'51）以欢快、跳跃和激情的三分钟时间的音乐分别讲述了三年的同窗学习情景和如胶似漆的友情。

3.长亭惜别 （7'33）梁山伯与祝英台两人在长亭惜别时的依依不舍的乐句，很有情感，令人缠绵悱徊。

4.逼嫁 （10'18）不安的音乐带出铜管乐器那凶暴的主题，显示以祝员外为代表的封建势力的威逼。（11'21）小提琴以散板形式奏出的音调，揭示出祝英台的痛苦心情。强烈的切分和弦构成的反抗音调，与凶暴的主题交替出现，（12'20）导致英台抗婚的乐曲高潮，隆隆的鼓点以示汹涌澎湃的心潮和愤怒的对抗以结束此乐章。

5.楼台会 （14'07）小提琴与大提琴那对话般的乐章，是梁山伯与祝英台两人在楼台相会时的互诉衷情，难依难舍、委婉动情。

6.投坟 （16'32）急转直下的音乐，从戏曲借鉴来的散板和快板乐章，是英台在山伯坟前向苍天的控诉。在一片寂静中，（19'33）唯有一个小提琴独奏出悲愤的绝句，（19'46）凄惨和悲壮的钹和锣声令人心碎……（20'09）随之是管弦齐鸣，讴歌英台反封建精神。

7.化蝶 （20'18）晶莹的竖琴、（20'38）清脆的长笛，将人们引入了秀丽的意境，（21'25）装有弱音器的独奏小提琴再现了爱情主题，使之成为带有神奇色彩的终曲。音乐展现了人们对梁、祝两人化蝶的美好遐想和祝愿。

第64天

9W+1D（9周又1天）

中外胎教的发展历史（一）

自20世纪50年代起，科学技术突飞猛进，先进医学仪器的发明和使用，使人们越来越了解胎儿在子宫内的生长发育和活动情况，人们能观察到胎儿对各种刺激的反应。随着人们对"优生"工作的日益重视，20世纪70年代，胎教研究的热潮在不少国家蓬勃兴起。

中国

我国自20世纪80年代中期以来，各地先后开展了胎教的研究和实践，从而更加有力地证实了胎教的作用。

北京天坛医院自1985年以来研究胎儿对音响应答反应，结果发现：孕16～20周的胎儿对音响无应答反应；孕21～32周的胎儿对音响有不同程度的应答反应，主要表现为胎心增快、胎动次数增加；中期妊娠（13～27周末）的胎儿接受光照后胎心变化不大，但胎动频繁，并可出现膈肌痉挛。对曾接受胎教的儿童进行随访发现，孩子们爱唱爱跳的比例与对照组儿童有明显差异，智商均值虽与对照组无显著差异，但高分组中胎教儿童占绝大多数。至于胎儿对光照的反应并无可靠的结论。

1985年广东计划生育研究所报道了噪音对子代的影响：生活在高噪音（>90分贝）与低噪音（<90分贝）两种不同环境中的孕妇，高噪音组子代的智力低下与先天性缺陷明显高于低噪音组。

1991年重庆市新桥医院妇产科对113例足月单胎的孕妇使用人工电子喉紧贴孕妇腹壁胎动处刺激。结果表明：原来用胎儿监护仪作非应激试验（NST），需要20分钟胎儿才有反应，而使用人工电子喉紧贴孕妇腹壁刺激胎动，93.8%孕妇在第一次声音刺激后，10秒钟即感到有胎动。声音刺激会引起胎儿全身阵发性运动，包括眨眼、转头、屈臂等，较自发的胎动强而有力。研究者认为，由声音引起的胎动感觉是有效的，说明胎儿听得见外界的声音。

北京医科大学医学心理教研室、内蒙古医学院心理卫生研究室都进行了胎儿早期教育的研究。结果表明：20周的胎儿即可形成条件反射，具有一定的学习能力。因此，经过早期干预可以提高胎儿身心素质水平，促进多种心理潜能的发展，胎儿期的听觉训练对胎儿出生后的早期语言训练具有积极的先导作用。

深圳市儿童医院对接受过胎教的婴儿分别于出生后43～120天做智能测试，与对照组相比，其智商（IQ）值、能力（包括粗动作、细动作和生活能力）及智力（包括反应、理解和说话能力）的评分均明显高于对照组。

9W+2D（9周又2天）

中外胎教的发展历史（二）

日本

重视胎教的国家首推日本。日本的胎教可追溯到江户时代（1603～1867）。

到了20世纪70年代，随着经济和科学技术的飞速发展，日本一些医学专家、教育学专家借助现代技术和先进仪器设备，从胎儿医学和教育心理学、超前教育学几方面，重新探索了胎教的科学根据和施教方法。目前日本已成为世界上宣传实施胎教最为积极的国家。日本有许多专家学者都投入到胎教科学研究活动中，特别是一些著名的产科教授、小儿科教授，他们做了一系列的实验，从孕妇的体内传声到强光照射，从通过母亲腹壁对胎儿的刺激，到用胎儿镜直接碰触胎儿的手脚等，并利用B超设备从直接观察和记录胎儿的听觉、视觉与触觉反应。

科学实验证明：5个月以后的正常胎儿可以听到外界传入子宫的声音；可以看见外面透入子宫和经羊膜镜直接进入子宫的光线，从而引起胎儿闭眼等动作。这些科学实验与记录让人们大开眼界，使科学家们进一步产生了设法观测、判断胎儿有无学习能力和记忆认知表现的兴趣。

日本医学专家室冈一先生证明了母体外的声音确实能传到胎儿耳朵。他把子宫内胎儿听到的声音——母亲的心音和血液流动声用录音机录下来，让刚出生的婴儿听，婴儿会感到安心而停止哭泣。这种现象不仅表明了声音能传到胎儿的耳朵，而且胎儿在母体内有了一定的学习和记忆能力。

日本厚生省（相当我国的卫生部）的母子相互作用研究班对出生3天的婴儿进行分辨母亲声音的实验。结果证实，出生3天的婴儿能够分辨母亲的声音。

归纳起来，日本的胎教研究主要分三路。第一路是专门实验和记录母腹内的胎儿在受到外界各种刺激（包括声、光和碰触刺激）后的反应，如胎心、胎动的变化及眨眼和握手反应等，证明了胎儿在母腹内是一个有感知、有反应的生命体，为胎教提供了出生前的胎儿已经是一个完整的活人施教对象的理论依据。第二路是研究外界声音传入子宫内的实验，为胎教中将语音和音乐传给胎儿提供了直接可靠的实验根据。第三路则是推广与开发的实践活动，参加这方面工作的不仅有科学家、医学家、教育学家，而且还有遍布日本全国的热心于幼儿智力开发的各种专业人才。

日本国内的一些专家不但参与科学胎教的实验研究，而且还奔赴世界各国观摩学习，接触那些国家的智力超常儿，观察和测试他们的智力水平，这对促进世界性的胎教研究工作起到了很大的推动作用。

第66天

9W+3D（9周又3天）

中外胎教的发展历史（三）

美国

美国加州大学医学院的妇产科专家凡德卡教授于1977年创办了一所专门对孕妇进行胎教指导的学校。他设计了一套胎教方案，通过系统地对胎儿讲话、播放音乐,适当地抚摸、拍打孕妇腹部的一定部位等，促进胎儿听觉和触觉神经发育。他还主张丈夫参加胎教活动，这样既可以密切夫妻间的关系，又可以促使胎儿出生后变得聪明，能较快地认识父母，更易于理解语言和数字。

美国费城一生理研究所，通过对200多名受过胎教的4～7岁儿童的调查发现，受胎教的儿童比没受胎教的对照组儿童智商要高20%～45%。

英国

英国研究人员发现，妊娠30周后，胎儿对外界声音有明显反应，一听到音乐，胎儿心率就会加快，而且随着妊娠月数的增加，胎儿趋于成熟时（35周以后），其对80分贝或更高的声音反应较大（人的一般讲话声音为70分贝）。当音频在2000～3500赫兹时，也能使胎儿产生这种反应（正常人的听觉范围是20～2000赫兹）。

这说明胎儿的听觉优于正常人。胎儿能听到超过2000赫兹的高频音，很可能是由于周围的环境即羊水和生物膜吸收了部分声音。

西班牙

西班牙萨拉戈萨省胎儿教育研究中心以“腹中胎儿的大脑功能会被强化吗”为中心课题进行试验和研究。他们成立了一个西班牙超智儿童协会，孕妇在协会的具体指导下，给胎儿播放优美动听的乐曲，增强胎儿的听觉识别能力，改善其大脑功能水平，促进其感官发育。孩子出生后至3岁，专家们继续对他们施以相应的激励措施。经过该所培养的儿童，有一些智力超常儿脱颖而出。

瑞士

瑞士著名心理学家皮亚杰认为，胎儿生理和心理深受环境的影响。胎儿在母体内是动态机体的一部分，母体与环境的关系所产生的各种作用，不管同化作用还是调节作用，都直接影响胎儿的发育和成熟。胎儿具有感受能力并接受胎教，实际上是同化作用和调节作用的综合结果。当胎儿的听觉功能接触音乐和语言环境时，音乐和语言的生理功能得到强化，音乐和语言成为胎儿的心理素质。

9W+4D（9周又4天）

意念胎教课：构想宝宝的样子

常常怀着美好的心愿，想象宝宝健康的形象，有助于将来生出一个漂亮的宝宝。作为胎教的一课，孕妈咪立即着手尝试吧。

画出宝宝的样子

宝宝将会是什么样子呢？头发是直的还是卷的？是单眼皮还是双眼皮？鼻子是坚挺还是小巧？皮肤是白还是黑？身材会不会很高挑？这些直接的形象勾勒，有助于想像过程的真切动人。

想宝宝的时候，孕妈咪就把心里宝宝的样子画出来吧！准爸爸也可以配合，在孕妈妈肚子上画出宝宝的样子。怀着美好的心愿，想象健康的形象，一定有助于将来生出一个漂亮的宝宝！

贴几张漂亮的宝宝图

能够拥有一个健健康康、漂漂亮亮的宝宝，是所有爸爸妈妈的心愿。为了更好地实现这个心愿，孕妈妈可以在家贴几张自己喜爱的宝宝图，每天多看一看，借助这张宝宝图进行联想，想象自己胎宝宝的样子。

这种联想会使孕妈妈的情绪达到最佳状态，从而促进体内有利于美容作用的激素增多，使胎宝宝面部器官的结构组合及皮肤的发育良好，从而塑造出自己理想的胎宝宝。

第68天

9W+5D（9周又5天）

意念胎教课：展开想象之旅

想象宝宝面容

孕妈妈可以在入睡前或者坐下休息时来一次小小的想象之旅，想象的对象就是你可爱健康的胎宝宝。

孕妈妈可以一边用手轻轻地抚摸肚皮，一边想象这是宝宝的小手，这双手将来会变得修长，而且非常的灵巧，想象着这双灵巧的手能够演奏出优美的音乐或者是画出美丽的图画……

还可以想象宝宝将来会有一头浓密乌黑的头发，会有一双明亮清澈的眼睛，一个挺拔英俊的鼻子，一张总是喜欢微笑的嘴……

孕妈妈可以尽情想象，没准这种想象真能够变成事实。

写下对宝宝的期待

你可以一边想象宝宝的可爱面容，一边联想宝宝的成长。你希望自己的宝宝成长为一个怎样的人？这种时候，是不是满怀期待，涌起很多话想和宝宝说？那么就提起笔，写下对宝宝的期待、写下想说的话吧！既是对自己的提醒，也是对宝宝的祝愿，还能作为一份成长礼物，送给将来长大了的宝宝。

第69~70天 10W（10周）

每周胎教活动
益智小游戏（3月期）

老师找学生

根据题目所给的条件，你能否说出下面的小孩分别是上面哪个老师的学生？

（答案见93页）

火柴游戏

移动2根火柴使图中得到11个正方形。

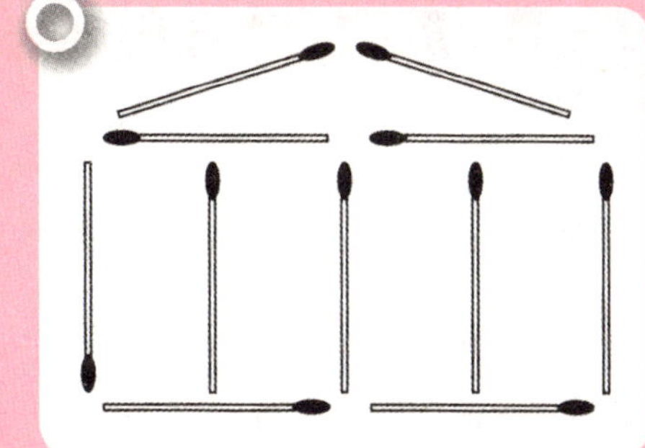

2月期答案

由车出发找插头一次即可。如果从插头开始找，那就笨了。

D	A	B	E	C
C	E	D	B	A
E	B	C	A	D
B	C	A	D	E
A	D	E	C	B

D	B	A	E	C
C	E	B	D	A
E	A	C	B	D
B	C	D	A	E
A	D	E	C	B

不只一个答案。

10W+1D（10周又1天）

实施胎教的基本要求

生活起居方面

准妈妈在怀孕期间，生活要有规律，要讲卫生，注重保健，饮食要均衡，忌烟戒酒，行动要安稳舒畅，注重科学的生活方式，常到郊外游玩，欣赏自然风景，保持充足的睡眠。

生理方面

准妈妈在怀孕期间，要常请医生检查身体及胎儿方位、指导调养，了解孕期的生理变化，注重身体健康，预防疾病，谨慎用药，节制性生活。

心理方面

准妈妈在怀孕期间，心理要平和，情绪要愉快，要尽量避免抑郁、悲伤、烦躁、惊恐和愤怒等不良情绪。

认识方面

准妈妈在怀孕期间，对胎儿进行胎教时要充满爱心，尊重科学，掌握必要的胎教知识，和准爸爸密切配合，循序渐进，避免急躁情绪，努力和胎儿沟通。耐心而满怀爱心地陪伴胎儿成长。

第72天

10W+2D（10周又2天）

成功胎教的十条守则

1.**充分准备。**男、女双方来自不同的家庭环境和背景，两人一定要对“新生命”的来临有共识和周全的准备。

2.**大家关爱。**了解双方家庭中每位成员的态度，争取大家的支持，因为婚育不是个人的事，需要大家的关心爱护。

3.**均衡营养。**饮食营养的关键是均衡、杂食。

4.**舒适环境。**环境要适宜静养的需要，能让孕妈妈放松，灯光要柔和些，充满幸福的氛围。

5.**生活规律。**有规律地生活，注重保健，要防止感冒。

6.**适度运动。**运动可促进血液循环，提供胎儿适当的营养和健康成长的气氛，对脑部发育成长十分有效。

7.**心情愉快。**在家人的祝福和关怀中，享受将成为母亲的幸福，工作中也要注意保持平稳的情绪和愉快的心情。

8.**多听音乐。**听轻柔的音乐，能改善孕妈妈的情绪，5～7个月的胎儿听觉逐步发育，音乐有助于宝宝心智发展。

9.积极胎谈。用爱关心胎儿，和他谈话、打招呼、看树、看花，诸如告诉胎儿今天是几月几日，等等。

10.用心交流。把胎儿时刻留在意识中，带着胎儿一同活动、一同欣赏美的事物，如：养殖花卉、学习陶艺，都想到是与宝宝共同进行的，甚至绘画或者捏塑一个想象中的宝宝脸庞，等等。

第73天

10W+3D（10周又3天）

语言胎教课：故事《小绿灯》

不要觉得隔着肚皮与胎儿说话是件莫名其妙的事，只要你用“爱”来看待腹中的胎儿，经常对胎儿说话，讲故事，就可以刺激胎儿脑部发展，有助于胎儿的成长。书中的胎教故事，不仅是很好的语言胎教素材，而且很适合孕妈妈阅读，积累早教知识。

这就开始我们的故事胎教课。

小绿灯，是一只小萤火虫的名字。

天早黑了，萤火虫妈妈还不见小绿灯飞出来，就在草丛上飞来飞去，喊着“小绿灯，小绿灯！”这时，小绿灯藏在一片牵牛花的叶子下，声音抖抖地说：“我怕……怕月亮笑话我！”

皎洁的月亮又圆又亮，挂在黑蓝黑蓝的天上。萤火虫妈妈很奇怪：“月亮为什么要笑话你？”

小绿灯飞到妈妈身边说：“那还用说吗？我的小灯那么小，月亮却把半个地球都照亮了，月亮能不笑话我吗？”

小绿灯说话的声音很轻，可还是被月亮听见了。她微笑着说：“小绿灯，你真的很小，但你的光是自己发出来的呀！”

小绿灯高兴了。他飞起来，仔细地瞧着自己点的小绿灯，对妈妈说：“可不，我的小灯虽然小，到底是自己发出的光啊！可不像月亮靠人家的光……”

萤火虫妈妈听了，皱起眉头：“孩子，刚才你瞧不起自己，是不对的；可现在，你怎么又瞧不起月亮了？”

小绿灯还是不服气：“月亮不是靠太阳才亮的吗？”

萤火虫妈妈摇摇头，说：“孩子，你的小绿灯虽小，是自己发的光，你不必在月亮面前抬不起头；可月亮呢，虽然反射的是太阳的光，可她本身也发挥了‘反射’的作用啊！要是没有她，夜晚不也是一片漆黑吗？”小绿灯听着妈妈的话，越想越对，于是就同妈妈一起朝浓密的树林里飞去了。

皎洁的月亮照着小绿灯，小绿灯也向月亮闪着绿莹莹的光。

第74天 10W+4D（10周又4天）

语言胎教课：童话《爱生气的小天使》

很久很久以前，有一个小天使，名叫生气。她的脾气很坏，一点小事就暴跳如雷。可是她每生一次气，身体就矮一截。尽管如此，她还是天天生气。

生气平常很孤单，因为她不喜欢和别人在一起，她看见人家比她高大，会生气；看见人家比她快乐，也生气；当然，她看见人家得意，就更生气。

生气住在一间高大而空荡的房子里。这房子本来住起来恰恰好，可是因为她不停地生气，身体越变越小，房子自然显得大拉！

有一天，生气觉得很闷，就跑出去溜达溜达。外头刚下过雨，生气一个不留神，摔了个四脚朝天。她非常生气，忍不住大声咒骂老天爷，捡起地上的石头就往天空扔。扔了几块，怎么石头越来越大，越来越重了？她几乎搬不动了！

这时有人走过来，生气小天使抬头一看，啊！眼前的人都是一个个的巨人！

生气必须左躲右闪，才能躲过巨人的踩踏。她非常惊慌，赶紧跑回家。还是家里安全！

现在生气偶尔还会出来逛街，不过小朋友已经看不见她了，因为她不停的生气，身体已经小得像一粒灰尘了。如果碰上一个晴天，在透过窗户的光束中，你说不定可以看到她。你看，她还在皱着眉头生气呢。

生气会让天使变得渺小。人的智慧不就像这个小天使吗？越生气越弱智。

第75天 10W+5D（10周又5天）

意念胎教课：将意念传导给胎儿

孕妈妈逐步放松身体，慢慢进入静、空、自然的心境及思维状态中。然后集中注意力，大脑意想胎儿，好似胎儿的形象浮现在脑海里（如没有这种感觉，可继续进行）。

这时孕妈妈可以通过意识波沟通与胎儿的联系，将信息逐一的、若有若无地通过意念并可以配合语言传导给胎儿，逐步激发胎儿的脑细胞活力，挖掘并强化胎儿的潜意识功能，使胎儿具有接受外界信息的功能。

比如，你想让胎儿知道什么是花，可以轻轻闭上双眼，先在头脑中想一下胎儿的形象，接着在头脑中想象一种或多种花的样子，并强调说：这就是花。最后，可以用意念并配合语言告诉胎儿，花的种类、颜色、香味等。

你想培养胎儿勤劳的品德，在你做家务活时，大脑时时意想小宝宝，并将自己的动作像放电影一样，时时在头脑中过一过，同时对胎儿讲，人为什么应该勤劳。

逐渐地，你可以将各种期望以及科学知识有浅入深、有感性到理性灌输给胎儿。在这一阶段，每次以10分钟的时间为宜，一天1～2次，根据大人的精力情况及胎儿的反应情况决定是否逐步延长胎教时间。

第76~77天
11W(11周)

每周胎教活动
摄影欣赏·帝企鹅物语(中篇)

童年总是快乐的，而大人总是操心的

这个时候，它们已经有能力四处走动，如果天气好的话，它们就会在雪地里快乐地嬉戏，当然，大人们难免不跟着它们，随时照看着它们，以免闹出点什么事来。我看不管是人类还是企鹅，童年总是快乐的，而大人总是操心的。

摄影、博文 罗红（摄影家、环保人、好利来总裁）

第78天 11W+1D（11周又1天）

孕妇应如何提高胎教效果

胎儿的接受能力取决于母亲的用心程度，胎教的最大障碍是母亲心情杂乱、不安。这里介绍一种呼吸法，在胎教训练开始之前进行，对稳定情绪和集中注意力是行之有效的。

进行呼吸法时，场所可以任意选择，可以在床上，也可以在沙发上，坐在地板上，这时要尽量使腰背舒展，全身放松，微闭双目，手可以放在身体两侧，也可以放在腹部。衣服尽可能穿宽松点。

准备好以后，用鼻子慢慢地吸气，以5秒钟为标准，在心里一边数 1.2.3.4.5……一边吸气。肺活量大的人可以6秒钟，感到困难时可以4秒钟。吸气时，要让自己感到气体被储存在腹中，然后慢慢地将气呼出来，用嘴或鼻子都可以。总之，要缓慢、平静地呼出来。

呼气的时间是吸气时间的两倍。也就是说，如果吸时是5秒钟的话，呼时就是10秒。就这样，反复呼吸1～3分钟，你就会感到心情平静，头脑清醒。实施呼吸法的时候，尽量不去想其他事情，要把注意力集中在吸气和呼气上。一旦习惯了，注意力就会自然集中了。

孕妇在每天早上起床时，中午休息前，晚上临睡时，各进行一次这样的呼吸法，这样，妊娠期间动辄焦躁的精神状态可以得到改善。

掌握呼吸法有利于胎教前集中注意力，能进一步提高胎教效果。

第79天 11W+2D（11周又2天）

胎教怎样作用于胎儿(一)

沟通的三条不同途径

国内外不少学者认为胎儿生长发育和信息密切相关。

美国学者托马斯·伯尼认为，母亲和胎儿之间的沟通，有三条不同的途径：一是生理信息的传递，二是行为信息的传递，三是感情信息的传递。这三条途径中，都有母亲和胎儿之间互相传递信息的现象。

近年来我国有的学者认为，母亲由视、听、嗅等接受的外界信息所转化的思维活动，可无意识或有意识地传递给胎儿，特别是母亲的情绪波动，对胎儿的影响更明显。如孕妇不安或情绪激动时，胎儿的血氧量就降低，其发育会出现多方面的混乱。胎儿能对音乐或噪音做出不同的反应，更是人所共知的事实。

有的学者还认为，胎儿在母体内所获得的信息，也部分地决定了儿童个性的形成。

母子信息沟通的渠道

那么，母亲是如何把自身的信息传递给胎儿的呢?

有人通过实验研究证实，乙酰胆碱之类的神经递质能够通过胎盘，进入胎体，到达胎儿，这说明神经递质具有传递信息的功能。

现代医学还表明，羊水和胎盘是母子信息沟通的渠道，母体产生的各种激素都带有某种信息，能够通过母血到达胎盘，再通过胎儿血到达羊水，再由羊水到达母血，这一循环过程，也就是信息传递过程，这也验证了上面所提的母亲与胎儿之间的信息传递是相互的。因此，母亲的任何信息，都可以通过胎盘传递给胎儿，胎儿的反应也通过胎盘传递给母亲。

信息的传递与储存

信息可以是物质性的，如激素、神经递质，也可以是精神性的，如情感、情绪。

信息或者通过母体间接传递给胎儿，或者直接传递给胎儿（怀孕五六个月后）。

接着是信息储存阶段，五六个月后的胎儿已经具有一定的感受能力、记忆能力，接收到的信息会印记在大脑里，也就是进行信息的储存。

11W+3D（11周又3天）

胎教怎样作用于胎儿（二）

信息的处理

胎儿不仅储存信息，还会对各种信息产生反应。良好的信息使胎儿安宁，促进身心发育，恶劣的信息对胎儿的身心发育不利。

胎儿如感到信息良好，则会通过胎盘分泌促进母体维持妊娠的激素，或者通过安宁的状态和正常的胎动表示自己的好感；如感到信息恶劣，则会停止分泌促进母体维持妊娠的激素，或者通过剧烈的胎动表示自己的反感。这是信息输出阶段和信息输入阶段之间存在着的信息反馈现象，把信息反馈给发送者，不断调节信息控制系统，起调节未来行为的作用。

这种信息反馈现象，能使胎教实施者知道什么信息对胎儿有利，什么信息对胎儿有害，从而更好地调整信息源的质量，更好地选择和发送信息，使胎教获得预定的效果，达到胎儿身心发育健康的目的。

胎儿各阶段的反应

胎儿大约3个月左右就有了感觉。起初，当胎儿碰到子宫中的一些软组织，如子宫壁、脐带或胎盘时，会像胆小的兔子一样立即避开。但随着胎儿的逐渐长大，特别是到了孕中后期，胎儿变得“胆大”起来，不但不避开，反而会对刺激做出一定反应，如有时母亲抚摸腹壁时，胎儿会用脚踢作为回应。

胎儿在4个月大时，即可对外界的声音有所感知，凡是能透过身体的声音，胎儿都可以感知到。这些声音信息不断刺激胎儿的听觉器官，并促进其发育。

胎儿在4个半月时，就能分辨出甜和苦的味道，孕后期胎儿味蕾已经发育得很好，而且喜甘甜味。

胎儿发育到5～6个月时，其大脑皮质结构已经形成，此时胎儿已经有了能够接受外界信息的物质基础。

胎儿在6个多月时就有了开闭眼睑的动作。当一束光照在母亲的腹部时，睁开双眼的胎儿会将脸转向亮处。

由此可见，胎儿尤其是妊娠中后期的胎儿，其触、视、听、味觉等都发育到了相当的程度，能够感受到一些外界活动，这时以一定方式进行胎教，可以促进胎儿身心健康发展。

第81天 11W+4D（11周又4天）

抚触胎教课：抚触是最直接的交流

抚触胎教课建议安排在妊娠20周后，与胎动出现的时间吻合。并注意胎儿的反应类型和反应速度。

孕妇先排空小便，仰卧在床上，全身放松，双手轻放在胎儿头上，也可将上身垫高，采取半仰卧姿势，不论采取什么姿势自己一定要感到很舒适。

孕妇可先轻轻呼唤胎儿的名字，并将双手手指放在腹部，从上到下、从左到右轻轻触摸胎儿。也可用一手指轻按一下腹部后马上抬起，胎儿会作出反应，但反应速度有快有慢。

在抚摸胎儿时，随时要注意胎儿的反应，如果胎儿对抚摸刺激不高兴，就有可能用力挣扎或者蹬腿，这时应马上停止抚摸。若胎儿受到抚摸后，过一会就轻轻蠕动作出反应，这种情况可以继续抚摸，一直持续几分钟再停止，或改用语言、音乐的方法。

抚摸胎儿的时间，以5～10分钟为宜，一般早晚各一次，要选择在胎儿精神状态良好时进行，如傍晚胎动频繁时。做丈夫的也可以协助妻子来完成。

第82天

11W+5D（11周又5天）

语言胎教课：故事《小猫的新房子》

小猫要盖新房子了，朋友们都来帮忙。

“哼唷咳哟！”大象到树林里，运来一根又一根圆木。

“哧啦哧啦！”山羊和小花狗把圆木锯成一样厚的木板。

“叮当叮当！”小熊和小公鸡，一会儿就用木板钉成了一座漂亮的小房子。

汗水湿透了朋友们的衣衫，小花猫真感谢大家。他说：“等我把房子装饰好，请大家来做客。”

小花猫在墙上贴了一层奶白色壁纸，屋里亮堂多了；小花猫给玻璃窗挂了一层鹅黄色窗帘，屋里光线变得真柔和；小花猫在地上铺了花地毯，呀，走在上面真舒服。

好多天过去了，朋友们问小花猫：“小花猫，今天可以到你家做客吗？”

小花猫说：“不行，不行，现在正下雨，你们会把新房子弄脏的。”

又过了几天，朋友们又说：“小花猫，今天不下雨了，可以到你家做客吗？”

小猫说：“不行，不行，你们没看见天正在刮风，你们来会把新房子弄脏的。”

又过了几天，不下雨，也不刮风，太阳红红的，天气暖暖的，小猫说：“朋友们，请到我家来做客吧！”

朋友们高兴极了，可是，大象想了想，却对朋友们说：“小猫家铺了地毯，我们带着干净鞋子去吧！”

于是，有的夹着新鞋，有的包着刚刷过的干净鞋，笑嘻嘻地向小猫家走去。

到了小猫家门口，大家都换上了自己带来的干净鞋，刚要进门，小猫却端来一盆水说：“穿鞋会踩坏地毯的。大家脱了鞋，洗洗脚再进去吧！”

大象和小熊看看自己的脚，又看看那个小脸盆，摇了摇头：“算了，我们不进去了！”小山羊、小花狗、小公鸡见大象和小熊走了，说：“我们也不进去了！”，

从此，谁也再没到小猫家做过客，谁也不愿再找小花猫玩，每天和小猫做伴的，只有他的那座新房子。

第83~84天 12W（12周）

每周胎教活动
天下第一行书《兰亭序》欣赏

《兰亭序》是东晋右军将军王羲之51岁时的得意之笔，记述了他与当朝众多达官显贵、文人墨客雅集兰亭的壮观景象，抒发了他对人之生死、修短随化的感叹。崇山峻岭之下，茂林修竹之边，乘带酒意，挥毫泼墨，为众人诗赋草成序文，文章清新优美，书法遒健飘逸，被历代书界奉为极品。

宋代书法大家米芾称其为“中国行书第一帖”。王羲之因此也被后世尊为“书圣”。后人在研究其书法艺术时赞誉颇多：“点画秀美,行气流畅”，“清风出袖,明月入怀”，“遒媚劲健，绝代所无”，“贵越群品，古今莫二”。

传说王羲之本人也曾再书《兰亭序》，但均逊色于原作，所以《兰亭序》原稿一直为王羲之视为传家之宝，为王氏后代收藏，后被唐太宗李世民所得。唐太宗得《兰亭序》后，曾诏名手赵模、冯承素、虞世南、褚遂良等人钩摹数个乱真副本，分赐亲贵近臣，之后民间也广为临摹，但无一胜过王的原作，所以《兰亭序》真迹被唐太宗视为稀世珍品而最终殉葬，这更让后世对《兰亭序》原作崇敬不已，冠以中国书法第一帖的美名实在无可争议。

第 4 个月 神经元迅速增多

第85天 12W+1D（12 周又 1 天）孕4月胎教指南

胎教重点

胎儿进入了急速生长时期，因此需要充分的营养，要多摄取蛋白质、植物性脂肪、钙、维生素等营养物质；听音乐或哼唱自己喜欢的歌曲，做胎儿体操。

胎教指导

· 营养胎教，保证能量摄入。这个月是胎宝宝大脑高速发育的时期。虽然孕妈妈的胃口变化不定，但一定要保证足够的能量摄入，这对胎宝宝来说非常关键，切不可因为体态的改变而有意无意地节食减肥，既要吃得好，还要吃得够。

· 语言胎教，输入最初的语言印记。胎宝宝开始对外界的声音有所感觉了。这个时候是胎宝宝感受语言的最初阶段，孕妈妈和准爸爸可以给胎宝宝讲一些自己熟悉的故事，比如《渔夫和金鱼》《快乐王子》《神笔马良》《灰姑娘》等。

· 情绪胎教，多一些耐心。对胎宝宝多些耐心。其实孕妈妈所做的一切，胎宝宝都是可以感受得到的。在闲暇的时候，可以搜集一些好看的树叶或者花瓣，把它们放在日记本的夹层里，做成简单的书签。当然你也可以根据自己的喜好，搜集一些其他的小玩意，搜集的过程可以锻炼一个人的耐心。

· 音乐胎教，促进大脑成长。音乐能刺激胎宝宝的大脑神经细胞，促进脑神经细胞的发育和脑功能的发展。在大脑发育的高峰期，可以听一些古典音乐。

第86天 12W+2D（12周又2天）孕4月妈妈与宝宝

胎儿情况

子宫大小：与新生儿的头部大小相当。

胎儿的情形：身长约18厘米，体重约120克。

胎儿的发育：心脏的搏动更加活跃，内脏几乎形成。胎盘也形成了，与母体的连结更加紧密。胎儿的手足开始活动。外生殖器可确定胎儿性别。

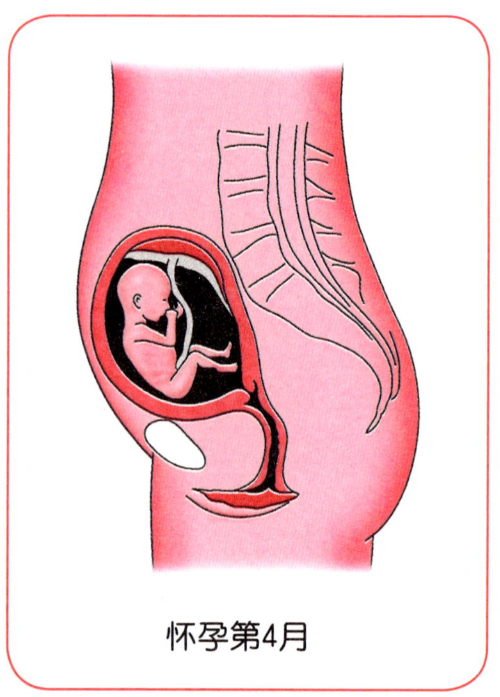

怀孕第4月

母体情况

母体的变化：基础体温逐渐呈现低温状态。由于早孕反应的结束，身、心都很舒服，食欲因此大增。子宫持续增大，尿频、腰部沉重感、脚跟扎痛现象依然存在。母体的下腹部稍稍隆起，还感觉不到胎儿的活动，乳房开始变大。

专家叮咛

容易出现的异常反应：虽然母体内的环境已比较安定，但仍有流产的危险。一定不要疏忽大意。如果孕吐仍然持续不止，或者饮水也能引起强烈的呕吐时，请立即去医院就诊。

注意事项：妊娠期间，受激素分泌的影响，阴道分泌物逐渐增多，造成外阴不清洁，容易使孕妇感染阴道炎。因此，孕期女性应经常换洗内衣，坚持每日洗浴，保持身体清洁。如果分泌物微带黄色，有异味，或者外阴瘙痒时，便有可能患了阴道炎，应及时去医院就诊。

定期检查：每4周一次。检查事项主要包括：体重、血压、尿检、子宫底、腹围测定、胎儿心音、超声波断层检查。

第87天

12W+3D（12周又3天）

孕4月营养与饮食

本月会感到恶心减轻有胃口了,也精神多了。好好享受美味吧，买一些和往常不一样的蔬菜和水果，来拓宽你的营养来源。食物要多样，这很重要，因为胎儿需要一系列营养以便充分发育。这期间最重要的营养包括维生素D、Omega-3（ω-3）脂肪酸EPA和DHA，这些对胎儿的大脑和眼睛的发育很重要。鱼类和海鲜是这些营养最好的来源。如果你不喜欢吃鱼，医生会建议你吃一些替代品。

主打营养素：碘和锌

作用：碘促进胎宝宝发育，增进智力；锌防止胎宝宝发育不良

14周左右，胎儿的甲状腺开始起作用，制造自己的激素。而甲状腺需要碘才能发挥正常的作用。

鱼类、贝类和海藻等海鲜是碘最丰富的食物来源。所以下面这些食物每周至少要吃两次：鳕鱼、紫菜、鲭鱼、大虾、鲑鱼、沙丁鱼、海藻、鳟鱼、海带等。但尽量不要吃鱼罐头和生鱼片。

本月，孕妈妈需要增加锌的摄入量。缺锌会影响胎宝宝在宫内的生长，会使胎儿的脑、心脏、等重要器官发育不良。缺锌会造成孕妈咪味觉、嗅觉异常，食欲减退，消化和吸收功能不良，免疫力降低，这样势必造成胎儿宫内发育迟缓。

富含锌的食物有生蚝、牡蛎、肝脏、口蘑、芝麻等，生蚝中含量尤其丰富。

小提示　孕期补锌推荐食谱

【桃仁炖乌鸡】

原料：乌鸡半只、核桃仁75克、枸杞、葱姜、花椒、绍酒等。

制作：①乌鸡洗净切块，汆水，去浮沫；②加桃仁、枸杞、花椒、绍酒、盐、葱姜等，同煮；③再开后转小火炖，至肉烂。

营养小秘诀：配合桃仁，能大大提升妇科圣品——乌鸡的补锌功效。

【银丝羹】

原料：蛋黄豆腐（又名日本豆腐）、干贝、木耳、香菜、上汤、葱姜等调料。

制作：①把蛋黄豆腐及洗净去蒂的黑木耳切丝，用冷水泡着，葱姜切丝备用；②干贝蒸软，凉后搓碎，上汤烧开后下入各种配料；③烧开调味、勾芡，最后撒入香菜末。

营养小秘诀：蛋黄、干贝和木耳是食物中补锌的高手，清淡鲜香的口味，也肯定能讨得孕妈咪的欢心。

第88天

12W+4D（12周又4天）

语言胎教课：童话《神笔马良》

从前，有个孩子叫马良。他天生聪明，从小喜欢画画。但他家太穷了，连一只笔都买不起。于是，他每天用树枝在地上画。

马良坚持不懈地画画，从没间断过一天。他常常想，如果自己有一只笔该多好啊！

一天晚上，马良躺在窑洞里，恍惚中感觉窑洞里亮起了一阵五彩的光芒。有一个老人来到他身边，送给他一只金灿灿的笔。

马良高兴的坐起来，原来这是个梦！可是，他的手上确实有一只笔。他高兴得跳起来，随手画了一只小鸟，小鸟扑扑翅膀，飞了起来。他又画了一条鱼，鱼跃到水盆里，游了起来。

马良有了这只神笔后，天天替村里的穷人画画，谁家缺什么，他就画什么。

这件事很快传到了皇上那里，他派人把马良找到皇宫里。皇上要马良给他画一棵摇钱树。马良知道这是一个贪婪残暴的皇上，不肯给他画。皇上就下令要杀了马良。

马良只好拿起神笔，画了一个无边的大海，大海中有一个小岛，岛上有一株高大的摇钱树。然后，马良又在水边画了一艘小船，皇上高兴地带人坐到小船上。

这时，贪婪的皇上想要尽快拿到钱，就叫马良画点风，这样船就划得快。只见马良拿起神笔，“刷、刷、刷”几笔，风就吹起来了。马良继续画，风越来越大。海风卷起了一个巨浪，把船掀翻了，皇上沉到了海底。

当卫士们惊恐过后想抓马良，马良早已不见了。

此后，再也没有人知道马良去哪里了。

第89天 12W+5D（12周又5天）语言胎教课：童话《杰克与魔豆》

杰克和妈妈生活在一起，家里很贫穷，只有一头奶牛。生活也没有一点乐趣。一天，妈妈叫杰克把奶牛牵到镇上去卖。杰克在路上碰到一位老爷爷，老爷爷说："我有一些魔豆，一晚上就可以长到天空那么高，我用这些豆子换你那头奶牛好不好？"杰克爽快地答应了。

回到家里，妈妈听说杰克用一头牛换回一些豆子，非常生气，顺手把豆子从窗户扔出去了。

第二天早上，杰克发现豆杆已长得很高很高了。杰克跳到豆杆上，一直往上爬，爬到了云里的一座城堡上。杰克发现城堡里有一位巨人，还有一只母鸡和一台竖琴。贪婪的巨人逼母鸡每天下金鸡蛋，逼竖琴一刻不停地弹奏音乐。

杰克和母鸡、竖琴成为了好朋友，他决定帮助两位好朋友获得自由。这一天，巨人在竖琴优美的旋律下睡着了，杰克决定带他的朋友离开这个地方。杰克将母鸡放在他的一个胳膊下，将竖琴放在他的另一个胳膊上，飞快地向豆杆跑去。

巨人突然醒了，发现杰克带走了母鸡和竖琴，便起身朝豆杆追去。

杰克飞快地顺着豆杆下滑，到达了地面后小心地放下母鸡和竖琴，并迅速地拿出斧头砍断了豆杆。豆杆轰然倒了，巨人摔死了。

杰克高兴地对母鸡和竖琴说："朋友，你们自由了！"

母鸡和竖琴决定不离开杰克家。有了母鸡和竖琴的帮助，杰克和妈妈过上了富裕而快乐的生活！

第90~91天 13W（13周）

每周胎教活动 圆舞曲《蓝色多瑙河》赏析

此曲始作于1866年。小约翰·施特劳斯虽创作出数百首圆舞曲，但还没有创作过声乐作品，这首合唱曲的歌词是他请诗人哥涅尔特创作的。1867年首演。当时维也纳在普鲁士围攻下，人们处于张惶之中，首演失败。直到1868年2月，小约翰·施特劳斯住在维也纳郊区离多瑙河不远的布勒泰街54号时，把这部合唱曲改为管弦乐曲，在其中又增添了许多新的内容。同年，这部乐曲在巴黎公演时获得了极大的成功。顷刻间，这首圆舞曲传遍了世界各大城市，后来竟成为作者最重要的代表作品。直至今日，这首乐曲仍然深受世界人民喜爱。在每年元旦维也纳举行的“新年音乐会”上，本曲甚至成了保留曲目。

乐曲由序奏、五个圆舞曲和尾声组成：

序奏开始时，小提琴在A大调上奏出徐缓的震音，好像是多瑙河的水波在轻柔地翻动。在这个背景上，圆号吹奏出这首乐曲最重要的一个动机，它象征着黎明的到来。

第一圆舞曲描写了在多瑙河畔，陶醉在大自然中的人们翩翩起舞时的情景。

第二圆舞曲首先在D大调上出现，巧妙而富于变化的第二圆舞曲描写了南阿尔卑斯山下的小姑娘们，穿着鹅绒舞裙在欢快地跳舞；突然乐曲转为降B大调，富于变化的色彩显得格外动人。

第三圆舞曲属歌唱性旋律，这段音乐采用了切分节奏，给人以亲切新颖的感觉。

第四圆舞曲在开始时节奏比较自由，琶音上行的旋律美妙得连作曲家本人也很得意，仿佛春意盎然，沁人心脾。

第五圆舞曲是第四圆舞曲音乐情绪的继续和发展，只是转到A大调上。起伏、波浪式的旋律使人联想到在多瑙河上无忧无虑地荡舟时的情景。接下去的部分，是全曲的高潮和结尾。乐曲的结尾有两种，一种是合唱型结尾，接在第五圆舞曲之后，很短。另一种是管弦乐曲结尾，较长，依次再现了第三圆舞曲、第四圆舞曲及第一圆舞曲的主题，最后结束在疾风骤雨式的狂欢气氛之中。

第92天 13W+1D（13周又1天）

母胎间生理信息的传递

母胎本为一体，胎儿在准妈妈的子宫中孕育长大，并经常发送信息给妈妈，使妈妈的生理心理产生相应的变化，妈妈则把胎儿所需养料、氧气通过血液循环及时供给他，并把胎教信息传送给他。因此，妈妈与胎儿在十月怀胎期间血肉相连、息息相关，他们之间不仅有着肉体的联系，而且还存在着各种诸如生理信息、行为信息、情感信息的传递和沟通。那么其中的生理信息是如何传递的呢?

胎儿的存在和发育促进妈妈分泌维持妊娠所需要的各种激素，并使母体发生孕育胎儿所必需的生理上的变化，如子宫增大、变软，乳腺增殖、乳房增大，基础代谢加快，激素活动增加，以及全身各器官的生理功能增强等等，胎盘分泌的一系列激素可以维护妊娠的正常进行。总而言之，胎儿在积极地促使身体分泌一些物质，协助妈妈维持自己的生命，就是说，胎儿已经能够对自己的生命产生一定的影响。

母体也在积极地向胎儿传递生理信息。如妈妈遭受精神刺激，情绪不安时，分泌出来的激素使血液中化学成分发生变化，从而通过胎盘对胎儿的生长发育产生影响。当妈妈有嗜烟、酗酒、滥用药物、暴饮暴食以及遭受外伤等情况时，可使胎儿的生长环境发生有害的变化，进而使胎儿产生恐惧心理，表现为胎动异常、心动过速等。

就这样，从胎儿到妈妈，又从妈妈到胎儿，彼此间完全对等地传递交流着生理信息，相互影响，相互作用。例如，当一个妈妈生活在极为恶劣的环境中，怀孕显得十分困难时，身体分泌的有害激素通过生理途径传递给胎儿，而胎儿接收到这种有害的信息后，意识到生命安全受到影响，从而反过来停止促进母体分泌维持妊娠所必需的激素。这种有害信息使胎儿发生身心障碍，甚至终止生命。

第93天 13W+2D（13周又2天）

母胎间行为信息的传递

行为是一种心理现象，也是一种语言，是一种不说话的语言。由于胎儿尚不具备语言表达的能力，所以发生在妈妈与胎儿之间的这种行为信息的传递就显得十分重要，成为互相提示、通告情况的途径之一。

通过观察发现，每当胎儿感到不适、不安或意识到危险临近时，就会拳打脚踢，向妈妈报警。据报道，一位妊娠7个月的孕妇突然感到腹中的胎儿猛烈地冲撞自己，并且持续时间较长。经医生仔细检查诊断，结果是属于前置胎盘。这是一种很可能导致胎盘与子宫分离，引起大出血的妊娠。可见，胎儿已感到即将降临的危险，于是不得不竭尽全力通知他的妈妈。

另一方面，当孕妇因重体力劳动，跌打损伤，或者因种种原因造成巨大的烦恼、气愤和不安时，也会自然而然地传递给胎儿，使胎儿得到妈妈行为的暗示，从而波及胎儿的健康和发育。此外，妈妈吸烟、酗酒、通宵打麻将等不良的行为方式也会影响胎儿的健康，严重时甚至使胎儿感到无法忍受，从而发生流产、死产等意外事故。因此，未来的妈妈应重视孕期保健，注意分析来自胎儿的行为信息，以保证胎儿健康成长，同时也要注意自己的行为应端庄温和，以良好的行为方式影响胎儿。

第94天

13W+3D（13周又3天）

母胎间情感信息的传递

人非草木，孰能无情，外界的各类事件和信息会使人的情绪产生多种变化。人类情感的产生除了要接受有关的外界刺激外，大量的研究结果表明，早在胎儿时期，母子之间不但有血脉相连的关系，而且还具有心灵情感相通的关系，妈妈与胎儿分别通过不同的途径彼此传递情感信息。

胎儿能够通过妈妈的梦向妈妈传递信息。这种说法看上去似乎荒诞可笑，但是在大量的医学文献中都曾记载过孕妇的梦成为事实的例子。虽然这种现象并不一定带有普遍性，有些也许只是巧合，但是其中的道理是否有理，尚待研究加以验证。然而，有些孕妇的梦恰恰是她在清醒状态下的情绪和思维的反应，所谓“日有所思，夜有所梦”。这种“思”与“梦”之间的联系是通过何种途径实现的，值得进一步研究。

妈妈的情感诸如怜爱胎儿、欢迎胎儿、拒绝胎儿，以及恐惧、不安等信息也将通过有关途径传递给胎儿，进而发生潜移默化的影响。比如说，当妈妈在绿树成荫的小路上散步，心情愉快舒畅时，这种信息便很快地传递给胎儿，使他体察妈妈恬静的心情，随之安静下来；而正当妈妈盛怒之时，胎儿则迅速捕捉来自妈妈的情感信息，变得躁动不安。

据报道，一些毫无医学原因的自然流产正是由于妈妈极度恐惧和不安造成的。

总之，妈妈与胎儿之间是存在情感沟通渠道的。至于这条渠道是怎样建立的，这些影响又是如何发生的，目前还是一个令人费解的谜。但是充分的事实已经证明，凡是生活幸福美满、心情愉快的妈妈所生的孩子大都聪明伶俐，性格外向；而生活不幸福，心情躁郁的妈妈，生的孩子往往反应迟钝，存在自卑、怯弱等心理缺陷。

在我国古代的《内经》上曾经这样记载：“人生而有癫疾者，病名曰何?曰名为胎病。此得之在母腹中时，其母有所大惊，气上而不下，精气并居，故令子发为癫疾也。”这种观察妈妈受到惊恐的刺激而生下的孩子会得癫痫的结果，是有一定科学道理的。可见，妈妈所传递的情感信息对胎儿是至关重要的，影响也是极其深远的。因此，请不要忽视妈妈与胎儿之间这条情感传递途径，要随时想到腹中的小生命是个善解人意的宝宝，多给他一些温暖，多给他一些关爱，使他对妈妈及外面的世界充满美好的想象，让他在爱的情感氛围中健康成长。

第95天 13W+4D（13周又4天）美学胎教课：孕期美容（孕中期篇）

皮肤护理

怀孕中期，孕妇的脸上会出现黄棕色斑点。这是正常现象，这些斑点在分娩后会渐渐消失的。但有些孕妇脸上的斑点不再褪去。所以，孕妈妈不要让脸在阳光下暴晒，外出活动时，一定要在脸上涂一些防晒霜，或戴上一顶大沿帽子遮光。

多数孕妇的皮肤在怀孕期间越来越干燥。这时，可以沿用怀孕初期的化妆方法，同时，还要保证充分的休息和睡眠。为了使皮肤保持柔软和良好的弹性，应经常涂上一层优质的护肤香脂以润滑皮肤。

怀孕中期，在乳房、腹部和臀部都可能会出现妊娠纹，有些孕妇还会出现色素沉着。一般这些印迹在分娩后会自行消失，但有时很难消退，需要很长的一段时间。预防的办法和防止妊娠黄褐斑一样，要尽量避免阳光。

保持清洁

孕妇在夏天非常容易长湿疹和痱子，因此要讲究卫生，出汗后要马上擦干。应该多换内衣，内衣的料子要选吸汗性良好的。最好每天洗澡，以保持身体的清洁。如果你已经长了湿疹和痱子，要悉心调养，注意不要让疙瘩破溃和感染。

穿衣打扮

怀孕中期，孕妇肚子明显地突出，腰围、臀围也跟着加大，一般的衣服已不合身。这时要开始准备适合季节的孕妇装了。

孕妇装的式样、花色繁多，购买时要讲求实用，以穿脱方便的为好。

这时要注意鞋子的式样。市面上卖的高跟鞋、拖鞋式的凉鞋、胶底鞋容易摔跤，对孕妇都不合适。最好买专为孕妇设计的后跟低、底部有凹凸纹路、穿来平稳的鞋子。

为了不使乳房下垂，孕妇必须戴上乳罩，要选择不妨碍乳房发育的尺寸。最好买前开的乳罩，这样产后哺乳就方便了。

第96天 13W+5D（13周又5天）

运动胎教课：做孕妈妈减压操

孕中期的孕妈妈随着腹部和胸部的变大，会经常出现酸痛的感觉，特别是颈部和背部。然而一些轻柔的伸展运动则能够缓解这种不适，促进血液循环。

锻炼臀部、大腿和小腿肌肉

站立离椅背大约一臂远的距离，用手抓住椅背。左脚在前右脚在后，成弓步姿势，脚趾向前，弯曲左膝，右膝保持伸直。向前缩紧臀部，直到感觉臀部、大腿和小腿后侧肌肉出现舒服的拉伸感为宜。保持这个姿势30秒，然后换方向练习。

锻炼前胸和肩部肌肉

坐在椅子上，双脚平放在地面上，两肩向后放平，将两手交叉放到头部后面，手肘弯曲手掌向前，挺胸。这个动作可以伸展脊椎和腹部的肌肉。保持30秒。

锻炼上身灵活性

将椅背靠墙，坐在椅子上，上身左转90°，左手扶着椅背，然后将右手向后贴着墙壁，上身挺直，眼睛保持向前，该动作保持30秒，同时要轻轻呼吸。另一边做同样的练习。

锻炼手臂、臀部和背部肌肉

面向椅背，保持一臂的距离，然后用手扶着椅背，手肘伸直，两腿张开比臀部稍宽，用腿部和臀部力量向前倾侧，弯曲双膝，千万不要弯曲腰部，保持30秒。

锻炼后背和颈部肌肉

背部和臀部靠墙站立，膝盖弯曲，两腿张开稍比臀部宽，上身向前稍倾，将两手放在大腿上，头抬起，保持30秒。然后站直，头部和肩部靠墙，左手用力轻轻将头部转向左边，右手将头部转向右边，每一侧各 保持30秒。

第97~98天
14W（14周）

每周胎教活动
名画欣赏·《蒙娜丽莎》

《蒙娜丽莎》是一幅享有盛誉的肖像画杰作，代表达·芬奇的最高艺术成就。背景山水幽深茫茫，画中人物坐姿优雅，笑容微妙，具有神秘莫测之感，被不少美术史家称为"神秘的微笑"。

达·芬奇在人文主义思想影响下，着力表现人的感情。构图呈金字塔形，人物显得更加端庄、稳重。蒙娜丽莎的一双手，柔嫩、丰腴，展示了她的温情及身份地位，显示出观察的敏锐，画技的精湛。

[赏析]

微笑并不神秘

在不同角度不同光线下欣赏这幅画，人们都会得到不同的感受。那微笑时而温文尔雅，时而安详严肃，时而略带哀伤，时而又有几分讽嘲与揶揄，神秘莫测的微笑显露出人物神秘莫测的心灵活动。

视觉神经活动方面的权威哈佛大学神经科专家玛格丽特·利文斯通博士认为：蒙娜丽莎的微笑时隐时现，与人体视觉系统有关，而不是因为画中人表情神秘莫测。利文斯通说："如果看着她的嘴巴，便永远无法捕捉她的笑容。"蒙娜丽莎的笑容若隐若现，源于人们的目光不断转移。

【名称】《蒙娜丽莎》Mona Lisa
【作者】列奥纳多·达·芬奇（意大利）
【类型】油画 （木板）
【尺寸】77X53厘米
【收藏】现藏于法国卢浮宫

第99天

14W+1D（14周又1天）

胎教的心理基础

心理学研究证明，胎儿并不是闭目塞耳的混沌一团，他的感觉器官和神经系统对母体内外的各种刺激可作出反应，能敏锐地感知妈妈的思考，并感知妈妈的心情、情绪以及对自己的态度。

胎儿医学测知，妊娠3个月时胎儿已具有逃避反射、防御反射、吸吮反射、刺激性呼吸反射等动作。例如，当妈妈猛然饮水时，胎儿有剧烈的踢蹬运动；若用一闪一灭的电光照射孕妇腹部，4个月的胎儿心搏次数会出现剧烈变化。又如，当妈妈进入灯光柔和房间，胎儿十分安静，表示适应；而妈妈进入噪声和阴冷的地方，胎儿则用激烈的胎动来表示厌恶和不满……

临床观察证实。孕妇不安时，胎儿的血氧量就降低；孕妇情绪激动时，胎儿就出现多方面的混乱运动；妊娠晚期，孕妇在做梦时，胎儿的眼睛会随着梦情而转动……科学家们还做过这样的试验：在婴儿室内播放妈妈心脏跳动的录音，婴儿就会变得安静，容易入睡，食欲改善，体重增加，健康少病。这是因为胎儿期不仅受到妈妈体内外环境的作用，也深受妈妈精神活动的巨大影响。

由此可见孕妇的精神情绪会给未来的孩子带来极大的影响，为了确保您的孩子健康聪明，正常生长发育，并且有较强的社会适应性，夫妻双方应满怀信心顺利地渡过这10个月的妊娠期。

我国古代医学家很早就提出了妇女怀孕以后“见物而变”的胎教理论，后世将其发扬光大。如隋代的巢原方在《诸病源候论》一书中写道：“妊娠三月名始胎，当此之时，血不流行，形象始化，未有定仪，因感而变。”大体意思是，妇女怀孕3个月时，胚胎已渐次发育成胎儿，这时虽然已从形体上初步成形，但是还没有定型，即所谓“未有定仪”，其可塑性很大，当孕妇见到带有什么特征的东西，她所怀胎儿的形象，包括胎儿的形体和精神，也就会随之产生变化，这就是“见物而变”的本意。

故此给那些想生一个长相漂亮、体力过人、才华出众的孩子的孕妇提出了要求，在孕期内要多想美好的事情，多做善事，多看美好的事物，以期感化腹内的胎儿。通过母亲美与善的良好“见物”刺激，而使胎儿向更加聪明、善良、健康、漂亮的方面“变化”。当然，古人“见物而变”胎教理论的提出，会受当时文化背景的影响，有时代的局限性，但还是有一定的科学价值和实际指导意义。

14W+2D（14周又2天）

胎教与孕期心理的关系

宁静祥和是最重要的

“宁静即胎教。”孕妇始终保持愉悦的心情，将有助于胎儿的生长发育。

母亲的精神和情绪，通过神经——体液的变化，直接影响胎儿的血液供养、胎儿的呼吸、胎动等方面的变化。宁静祥和的情绪有助于孕妇分泌健康激素和酶，起到调节血液量和兴奋神经细胞的作用，可以改善胎盘的供血状况，增强血液中有益成分，使胎儿向着理想的方向发育成长，而孕妇情绪过度紧张、悲痛、忧虑，大脑皮层的高级神经活动和内分泌代谢功能就会发生改变，造成胎儿发育缺陷。

在怀孕早期（最初三个月），孕妇均感到将做母亲的喜悦、幸福和自豪，这种有益的心理反应对胎教有利，但一部分孕妇由于内分泌的变化，会产生紧张心理，尤其是有早孕反应的妇女，由于恶心、呕吐、眩晕、食欲不振等因素而产生种种烦恼：担心妊娠失败甚至厌恶妊娠、害怕胎儿畸形，担心胎儿流产及恐惧分娩的痛苦。这些紧张情绪都对胎教不利。

到了怀孕中期（3~7个月），孕妇对生理及心理变化产生了适应能力，情绪渐趋稳定，妊娠初期的种种不适症状等早孕反应减轻或消失了，食欲和睡眠也恢复正常，尤其是胎动的出现对准妈妈来说是一种极大的安慰。

在怀孕末期（最后三个月），由于胎儿生长发育加快，母体会感到十分疲劳，行动不便，她们会为分娩和胎儿的健康担忧，这些对胎教是不利的。

保持祥和心境的方法

丈夫要理解、关怀、体贴妻子，使她情绪始终保持积极、愉快、心情舒畅。不要为腹中的孩子是男是女自扰不息、忧虑重重，因为这是不以我们的意志为转移的。为了孕育一个聪明、健康活泼的孩子，务必以对腹内胎儿的博大爱心，加强自身修养，学会自我心理调节，善于控制和缓解不健康情绪，不要去回忆以往那些不愉快的往事和想那些办不到的事，而多去想想好事、开心事。

面对逆境和困难，而处之泰然，处变不惊。丈夫要多给妻子美的熏陶，为妻子创造一个安静、舒适、清洁的生活环境，听听轻快、柔和、平缓的音乐，到郊外或公园去欣赏大自然的美景，呼吸新鲜空气，多看一些优美、素雅的图画和活泼、烂漫、欢乐的影视。多给孕妇一些良性的心理刺激，尽可能避免逆性刺激，这样对胎儿有利。

第101天

14W+3D（14周又3天）

快乐是最好的胎教

孕妈妈的精神情绪，不仅影响到本人的身心健康，还对胎儿的发育产生影响。所以，快乐和微笑是你给予宝宝最好的胎教。

妈妈快乐宝宝也快乐

从受孕的那一时刻起，那个即将长成人儿的受精卵就接受母亲的生理和心理变化的影响。良好的心态，融洽的感情，是幸福美满家庭的一个重要条件，也是达到优孕、优生的重要因素。

妈妈快乐，会传递给胎儿，让宝宝也快乐，有利于生理、心理各方面健康发育。

1.在妊娠期间要多听悦耳轻快的音乐，多欣赏美术作品，多看美丽的景色，多读有利于身心健康的书刊，保持心情愉快，情绪稳定。

2.加强道德修养，多行善事，心胸宽广，不讲恶语，学会控制愤怒情绪。

3.家庭成员，特别是丈夫，更应注意自己的言行，给妻子以更多的体贴和关怀，做好饮食调理，加强孕期营养，以满足胎儿生长发育的需要；还要承担起全部家务，激发妻子的爱子之情，引导她爱护胎儿、关心胎儿、期盼胎儿的情感。

4.如果你以前是爱较真的，对生活中的一些看不惯的小事儿容易动气，现在大可以睁一只眼、闭一只眼，让自己保持平和的心态。

妈妈的笑声能启迪胎儿智力

平时，胎儿在子宫内只能听到低沉而单调的心跳声和沙沙的血液流动声。

孕妇爽朗的笑声，愉快的谈话声或歌唱声，会引起胎儿的特别注意和精神兴奋。久而久之，胎儿不仅记住了母亲的声音，而且对胎儿的智力发育与心理健康发展有良好的启迪作用。

可见，那些性格或者状态不够开朗的孕妈妈，须要加强心理调整，保持积极心态，正确对待怀孕过程中出现的生理变化。平时，可多听一些轻音乐，以愉悦身心。

第102天

14W+4D（14周又4天）

语言胎教课：故事《快乐晚会》

森林里贴出通知：订于月亮很圆很圆的晚上，举办快乐晚会，欢迎大家参加。

大象看见了："噢，开快乐晚会，唱歌很快乐，跳舞很快乐。唱歌跳舞是小动物的事，我可不参加。这样吧，我去帮他们布置会场吧。"大象想到这里，就去为晚会做准备了。

大象把河边的草地打扫得干干净净，拔去杂草，搭起架子，挂上彩纸，还在四周种上了鲜花。他整整忙了两天，看看布置一新的草地，很满意，同时也感到很疲劳，便打了一个呵欠，躺下来睡着了。

晚上，月亮出来了，很圆很圆。噢！快乐晚会要在今夜举行。小动物们穿着漂亮的服装，纷纷来到小河边。呀！他们发现大象睡着了。

"得让大象醒来，否则他就不能参加晚会了。"小白兔着急地说。

"大象还没换衣服，他身上多脏。"松鼠说。

小动物们急坏了，现在到哪儿去为大象找一件特别大的服装呢。

"动动脑筋，我们会有办法的。"小狐狸边说边用他那毛茸茸的大尾巴，掸去大象身上的泥土。大象呼噜噜地睡得正香。

"我们为大象准备帽子。"小鸭们嘎嘎叫着，下河摘荷叶，扎一扎，把它戴在大象头上，大象还是睡得很香。

"我们为大象准备衣服。"小鸟飞进森林，衔来一片片绿叶，把它贴在大象身上，大象仍然没有醒。

小动物们决定喊醒他，就齐声大喊："大象大象快醒来，晚会就要开始啦！"

大象扇扇大耳朵，醒了。看看四周，是一群小动物；瞧瞧天上，圆圆的月亮正挂在当空。噢，今晚要开快乐晚会的呀。

"大象，你穿得这么漂亮，一定准备了很精彩的节目。"小动物们调皮地问。

大象看看自己身上，果然穿戴得很漂亮。啊，一定是小动物们帮他准备的。

"我不会演节目。"大象不安地说。

"没关系，和我们一起跳舞吧。"小动物们说，"只要你跳得开心，感到快乐就行，谁也不会笑话你的。"

大象和小动物们跳起来了，他扭着粗笨的身子，感到很别扭，可心里却很快乐。

第103天

14W+5D（14周又5天）

语言胎教课：故事《小猴尿床》

小猴正在树上摘果子，忽然看见树下的小溪上漂来一只小纸船。

"多好玩的小纸船，快把它捞上来。"小猴说着从树上往下一跳。哎哟，一屁股坐到了水里。

不好了，不好了，裤子湿啦。不好了，不好了，褥子也湿啦。

"没羞，没羞，小猴尿床啦！"午睡起床时，睡在小猴旁边的小狗喊起来。小猴不好意思地说："我想把纸船捞上来，没想到就坐在水里了。"

小猴在河边走着走着,忽然看见一条帆船,这回,可是一条真正的船。"我要乘船。"小猴说着，就哗啦哗啦向水里走去。这时，一个浪头打过来。

哎哟：不好了,不好了,裤子湿啦。不好了，不好了，褥子也湿啦，被子也湿啦。

"没羞，没羞，小猴又尿床啦。"小狗又嚷起来，小朋友们都围过来看。

"可是，可是，我是想去乘帆船的，没想到，裤子就被打湿了。"小猴不好意思地说。

袋鼠阿姨走过来，说："大家别笑小猴子，告诉你们吧，阿姨小时候也尿过床呢。"

"啊，阿姨也尿过床？"小朋友们都瞪大了眼睛。

"是呀，阿姨小的时候，也梦见过小河，河里漂着一个大红苹果，阿姨高兴地下河去捞苹果，弄得浑身湿淋淋，醒来一看，原来是尿床了。"

"我也尿过床。我梦见大灰狼追我，我一着急，就尿床了。"小白兔说。"我也尿过，我梦见拿着水龙头去救火，结果……"小狐狸说。"我梦见想小便，到处找厕所，后来就尿床了。"最后，连嘲笑人的小狗也承认说。

袋鼠阿姨微笑着拍拍小猴说："好啦！下次再遇见要下水的时候，就揪揪耳朵，要是做梦，一揪耳朵就醒啦。"

小猴在海边玩耍，一艘轮船向他开来。啊，轮船！这不是做梦吧。小猴赶紧揪揪耳朵。

好大的轮船呀，船上挂满彩色的旗帜，甲板上有人在向小猴挥手，响亮的汽笛声仿佛在召唤小猴说："来和我们一起去旅行。"

"我要到海上去旅行，我要到海上去旅行。"小猴不顾一切地迎着轮船向海里跑去。

结果呢？小猴又尿床了吗？

第104~105天 15W（15周）

每周胎教活动 益智小游戏（4月期）

找父亲

根据题目所给的条件，你能否判断出下面的孩子分别是属于上面的哪个爸爸的吗？

正方花园

用4根火柴摆出1间房子（小正方形），外面用16根火柴摆成1个正方形花园。请再用10根火柴，将这个花园分成5部分，并且每个部分的大小和形状均相同。

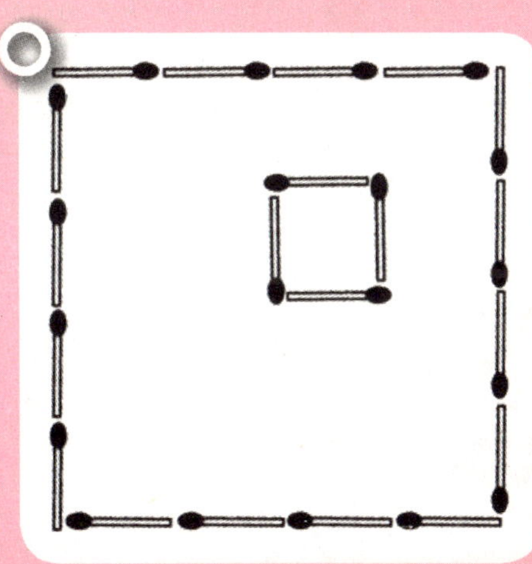

3月期答案

学生1约翰，是格林老师的学生；
学生2劳埃德，是布罗德老师的学生；
学生3马特，是肯特老师的学生；
学生4韦斯，是威廉老师的学生；

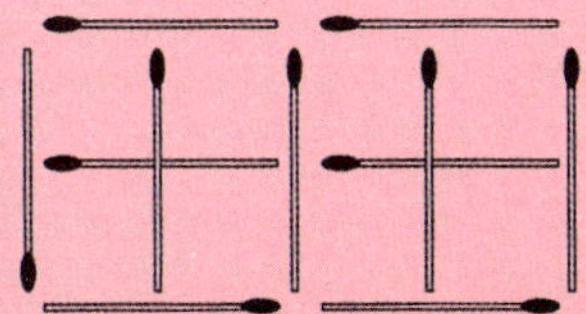

（答案见114页）

第106天

15W+1D（15周又1天）

10月胎教胜过10年教育

10个月的胎教比10年的教育更加重要吗？其实这两者是无法比较的，但可以这样理解：地下的10米地基比地上的10层楼重要。

科学理论不断证实着胎教的效果

以前，人们只是认为“良好的胎教能生出更健康的孩子”这一点已经被证实。

最近还有一些研究成果显示了胎教和孩子出生后的健康水平之间存在着直接的关系，既证实了“科学胎教有利于孩子的健康”。另外，如果孕妇在怀孕期间承受过巨大的精神压力常常会给孩子带来一定的精神问题，也得到了科学论证。因此，要想生出身心健康的孩子，就一定要进行良好胎教。

10个月的胎教比10年的教育更加重要

比起出生后进行10年的教育，10个月的胎教往往更加重要。也就是说，比起孩子出生之后接受的智力开发，腹中10个月胎教所收到的效果可能更加重要。

如今，很多父母都相信胎教作用，并把此当作进行胎教的核心理由。各种研究成果都说明了这样的事实是有理论根据的。

一直以来，人们都认为“人类智力有80%受到遗传因素的影响”。但最近美国的一个研究小组，通过长期的观察和实验得出了“人类智力只有48%受遗传因素影响，剩余52%与胎内环境有关”的论断。

此外，英国著名生物医学博士诺塔尼茨也指出肥胖症、糖尿病、癌症和心脏病等各种疾病，与胎内环境有关。由此我们可以得出结论，没任何东西可以取代胎儿时期对人一生的健康所起到的重大的、决定性影响。

错过胎教的时机将成为毕生的遗憾

我们应当清楚地意识到，一旦错过胎教的好机会就再没有挽回的可能了，毕竟孩子出生以后就不会再回去。

从制定怀孕计划时就做出科学的胎教计划，是理想的情况。其实，只要对宝宝充满爱心，从现在就开始胎教，同样能获得真切的、明显的效果。

第107天

15W+2D（15周又2天）

胎教活动月历（1～5月）

胎教活动多种多样，孕妈妈有时可能会感觉不知做什么好。为了便于明确胎教怎么做，下面专门将胎教活动要点按月份简明列举一下，以供参考。

孕1月

胎教重点：经常散步，听舒心乐曲，调节早孕反应，避免繁重劳动和不良环境，丈夫应体贴妻子主动承担家务，常陪妻子，居室环境收拾干净，无吵闹现象，做到不过量饮酒，不在妻子面前吸烟，节制性生活。

孕2月

散步、听音乐，做孕妇体操，避免剧烈运动，不与狗猫接触，美化净化环境，排除噪音，情绪调节稳定，制怒节哀，无忧无虑，停止房事，以防流产，丈夫主动清理妻子的呕吐物，关心妻子饮食状况，及时为其配制可口的饭菜。

孕3月

做胎儿体操：早晚平躺在床上，腹部放松，手指轻按腹部后拿起，让胎儿感觉每次5～10分钟即可。听欢快的音乐或儿歌，这段时间是最容易流产的时间，应停止激烈的体育运动，体力劳动，旅行等，日常生活中避免劳动过度，注意安静。

孕4月

做胎儿体操，听音乐或哼唱自己喜欢的歌曲，丈夫可将报纸卷成筒状，与胎儿轻声说话或念一些诗文。同时，丈夫和孕妇应多看一些家庭幽默书籍，以活跃家庭气氛，增进夫妻情趣。这个时期孕妇心身愉快，胎内的环境安定，食欲变得旺盛，胎儿进入了急速生长时期，因此需要充分的营养，要多摄取蛋白质、植物性脂肪、钙、维生素等营养物质。

孕5月

做胎儿体操：主动轻抚腹部，将耳机调到适度在孕妇腹上放几分钟左右欢快乐曲。每天早、晚与胎儿打招呼："宝宝，早上好！宝宝，晚安！"如此等等。这个期间要少量多餐，多吃些含铁多的，猪、牛、鸡等的肝脏及海藻等绿色蔬菜。注意不要贫血。从这时起，做授乳准备，开始乳头的保养。开始作一些育儿用品和产妇用品的计划安排。

第108天 15W+3D（15周又3天）胎教活动月历（6～10月）

孕6月

帮助胎儿运动：晚8时左右孕妇仰卧在床上放松，双手轻轻抚摸腹部，10分钟左右，增加和胎儿的谈话次数，给胎儿讲故事，念诗、唱歌、哼曲等。每次开始前，叫胎儿的乳名，时间1分钟，这时是非常时期，孕妇要充分休息，睡眠要足，中午最好睡1～2小时。

孕7月

帮助胎儿运动，给胎儿讲解画册（画册中动物的形象、活动和性格特点）。丈夫应多陪妻子散步、做操、听音乐、看电视（不要看刺激性太强，情节太激烈的）、会朋友、看书画展、玩轻松活泼的游戏等。以松弛压力、增加愉快。

孕8月

帮助胎儿运动，丈夫、孕妇多与宝宝沟通，依旧可以做上月的活动，也可以随时告诉宝宝一些身边的有趣的事情，还可以告诉宝宝，你快要出生了，你将降生在一个和谐、幸福的家庭，一个文明、昌盛的时代。

孕9月

帮助胎儿运动和胎儿一起欣赏音乐，较前几个月胎教时间可适当延长。胎教内容可适当增加，孕妇应少吃多餐，以多营养，高蛋白为主，限制动物脂肪和盐的过量摄入，多吃富含微量元素和维生素的食物，少饮水。

孕10月

在各种胎教活动正常进行的同时，孕妇应适当了解一些分娩知识，消除害怕心里，保持企盼，愉快的心态。要养精蓄锐，避免劳累，早晚仰卧，练习用力，松弛方法，为分娩作准备。

第109天 15W+4D（15周又4天）音乐胎教课：挑选适宜的曲目（一）

满足胎教条件的乐曲很多，孕妈妈可多试听再选出适宜的曲子，不一定完全按照专家的指定而一成不变。可上互联网搜索试听后再找高质量的CD盘。下面推荐一些曲目以供试听。

《蓝色的多瑙河》

“圆舞曲之王”、奥地利的约翰·施特劳斯创作于1867年的名曲，合唱曲与管弦乐曲的版本并存，乐曲描写了多瑙河的秀丽景色，被誉为是奥地利的“第二国歌”，每年维也纳新年音乐会的必演曲目。

《晨曲》

英国作曲家埃尔加写于1901年的小品，与另一首《黄昏之歌》相对应，原曲是为小提琴及钢琴所作。

《印度之歌》

由俄国作曲家里姆斯基·柯萨科夫1896的发表的歌剧《萨特阔》中第四场印度商人的唱段改编而来，因其充满异国情调的旋律而让人难以忘怀。

《船歌》

选自《霍夫曼的故事》，法国著名的喜歌剧作曲家奥芬巴赫所作，原为歌剧《霍夫曼的故事》中的二重唱曲，后被改为多种音乐演奏形式，“船歌”又称“威尼斯船歌”，它也是一种音乐体裁的名称。门德尔松及肖邦亦有类似体裁的作品。

《闲聊波尔卡》

奥地利作曲家约翰·施特劳斯的波尔卡代表作之一，1858年为其在俄罗斯的演出而专门创作，乐曲生动地描绘了妇女们愉快生活的场景。

《伦敦德里小调》

爱尔兰民谣中流传最广的一首，后由奥地利作曲家克莱斯勒改编成小提琴曲。伦敦德里又叫德里，是爱尔兰岛北部的一座小城。乐曲纯朴动人，充满温馨情调。

《那不勒斯的塔兰泰拉舞曲》

意大利著名歌剧作曲家罗西尼于1830年至1835年间创作的音乐曲集《音乐夜宴》中的第八曲，原为女高音独唱曲。

第110天

15W+5D（15周又5天）

音乐胎教课：挑选适宜的曲目（二）

《罗马之恋》

这是一首以罗马名胜为题材的乐曲，那低缓而略带伤感的旋律表达了游人们对风景名胜依依不舍的心情。乐曲有着意大利通俗歌曲的韵律，使去过罗马的人们对美丽的往事流连不已。

《意大利随想曲》

曼陀凡尼乐队的保留曲目，由《塔兰泰拉舞曲》、《我的太阳》、《弗朗西斯卡》、《桑塔露齐亚》、《玛丽亚·玛丽》、《富尼古利·富尼古拉》等六首曲子的主旋律组成，是其演奏会中最受欢迎的曲目之一。在中国献演时，也受到热烈欢迎。

《探戈》

西班牙作曲家阿尔贝尼斯所作钢琴曲集《西班牙》中的第二首，因其旋律优美流畅，有如一首抒情歌曲，脍炙人口，广为流传。探戈是由西班牙所特有的民族舞曲探戈·弗拉明哥演变而来的一种在现代社会广为流传的舞曲，曼陀凡尼本人对这一体裁尤为喜爱。

《月光奏鸣曲》第一乐章

贝多芬《月光奏鸣曲》的这个乐章，以不间断的三连音缓慢展开，犹如水波的荡漾，蕴含着幻想的气息，宁静的感觉，适合胎儿聆听。

《G大调无言歌》

门德尔松的这支《无言歌》是精致简短的小品，门德尔松把人类的温馨情感寄托于旋律，显现出幸福的特质。

《降E大调夜曲·作品9第2号》

这首《降E大调夜曲》是萧邦所有的夜曲中，知名度最高的一首，其甜美动人的音色仿佛水晶灯般的晶莹剔透，令人爱不释手。

《木管小夜曲》

理查·史特劳斯的《木管小夜曲》偏向古典乐派的曲风，再加上理查·史特劳斯所特有的优美旋律，足以讨好每一双挑剔的耳朵，对于母亲腹中的胎儿来说，也具有安定的作用。

第111~112天 16W（16周）

每周胎教活动

书法赏析·《难得糊涂》

郑燮（1693～1765），字克柔，号板桥，江苏兴化人，乾隆元年进士。曾任山东范县、潍县县令，为人疏放不羁。因为饥民请赈得罪官吏，罢归后返扬州，有“三绝诗书画，一官归去来”之誉。1746年，山东潍县县令郑板桥在县署中画了一幅墨竹送给巡抚，题诗就是那首著名的“衙斋卧听萧萧竹，疑是民间疾苦声，些小吾曹州县吏，一枝一叶总关情”。郑板桥更加声誉卓著。著有《板桥全集》,为“扬州八怪”之一。

[板桥书法] 郑板桥善画兰竹，笔致飘逸。他以兰草画法入笔，极其潇洒自然，参以篆、隶、草、行、楷五体的字形，穷极变化，从而形成了独特的个人风貌。板桥对其别具一格的新书体，自称为“六分半书”，开创了书法历史的先河。

[“难得糊涂”的来历] 郑板桥题过几副著名的匾额，其中最为脍炙人口的是“难得糊涂”与“吃亏是福”这两副。题写“难得糊涂”还有一段传说。

有一年，郑板桥专程至山东莱州的云峰山去观赏郑文公碑，流连忘返，天黑后不得已借宿于山间茅屋。屋主为一儒雅老翁，自命“糊涂老人”，出语不俗。他的室中陈列了一块方桌般大小的砚台，石质细腻，镂刻精良，郑板桥十分叹赏。老人请郑板桥题字以便刻于砚背。板桥认为老人必有来历，便题写了“难得糊涂”四字。

因砚台尚有许多空白，板桥说老先生应该写一段跋语。老人便写了“得美石难，得顽石尤难，由美石而转入顽石更难。美于中，顽于外，藏野人之庐，不入宝贵之门也。”他用了一块方印，印上的字是“院试第一，乡试第二，殿试第三。”

板桥看后一惊，原来老人是一位隐退的官员。有感于糊涂老人的文词，见砚背空处较大，便也在题写的“难得糊涂”下应和了一段：“聪明难，糊涂难，由聪明而转入糊涂更难。放一著，退一步，当下安心，非图后来福报也。”

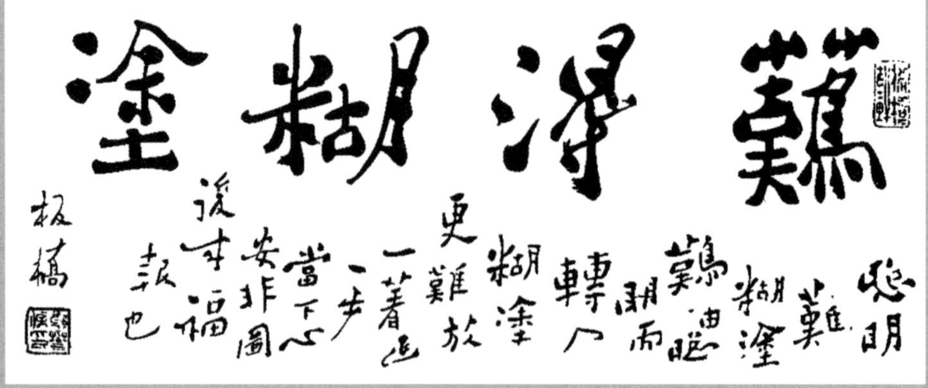

第 5 个月
大脑有了记忆力

第113天

16W+1D（16 周又 1 天）

孕5月胎教指南

胎教重点

做胎儿体操，抚摸胎儿，听轻柔的音乐，每天早、晚与胎儿打招呼，这个期间要少量多餐，多吃含铁的食品，注意尽量避免贫血。

胎教指导

·营养胎教，预防妊娠贫血。饮食结构单一、过于精细或偏食、过度补钙等，就容易引发缺铁性贫血或巨幼红细胞性贫血。通过合理膳食，可以有效预防这两类营养性贫血。多吃富含维生素C的果蔬，有助于铁的吸收。

·情绪胎教，学会主动放松。休息充足，主动放松是孕妈妈现阶段的任务。工作之余可以试试坐姿放松法——背挺直，肩下垂，闭上双眼，自由联想，如孩子的笑脸、蔚蓝天空白云朵朵、空中遨游、泛舟采莲等，都会使你感到安详。

·语言胎教，让胎宝宝熟悉你的声音。现在胎宝宝可以真切地听到声音，孕妈妈更要多和胎宝宝聊天，给胎宝宝读读报纸、诗歌、散文作品，还可以念念自己小时候听过的童谣，不但有利于胎宝宝的稳定成长，更能增进母子情感。

·美学胎教，欣赏名人画作。美学胎教里面自然少不了欣赏名画，如拉斐尔的“西斯廷圣母”、梵高的“向日葵”、齐白石的“虾”、徐悲鸿的“马”等书画名作，都是美育胎教的好题材。如能亲自临摹或者自己创作，则更能旷性怡情。

16W+2D（16周又2天）

孕5月妈妈与宝宝

胎儿情况

子宫大小：子宫大小像成年人的头部，子宫底长为15～18厘米。

胎儿的情形：身长约25厘米，体重约250克。

胎儿的发育：全身长出细毛（毳毛），头发、眉毛、指甲等已齐备。头部占整个身长的1/4，已比较匀称。心脏的活动也活跃起来，可以听到强有力的心音。

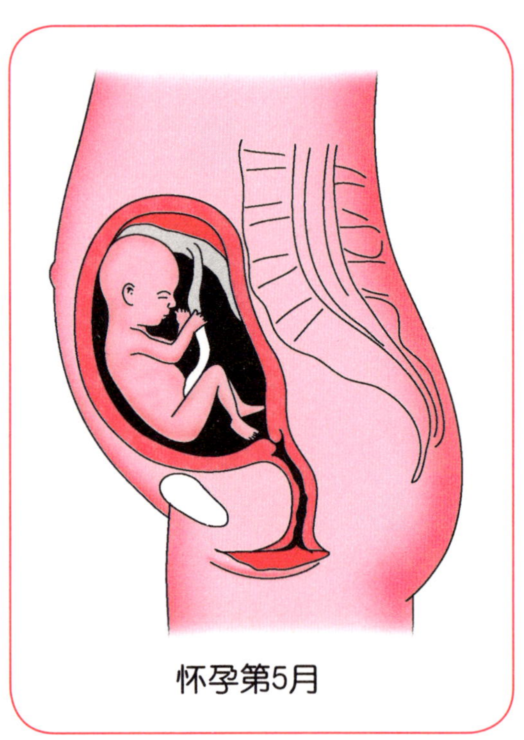
怀孕第5月

母体情况

母体变化：体重增加，下腹部的隆起开始明显。由于子宫向上推挤内脏，饭后易出现胃中饱满的感觉。孕吐消失。由于皮下脂肪开始生长，身体突然发胖，乳房也由于乳腺的发达而变大。已能感觉到胎动。由于激素分泌变化，面部开始出现色斑。

专家叮咛

容易出现的异常反应：虽然母体内的环境已经安定，但仍需小心谨慎，以防意外发生。

注意事项：为了保持体温，同时也为了安定胎位，可使用腹带或穿孕妇装。如无异常反应，可参加一些准妈妈培训班。第一次感觉到胎动时，请在《母子健康手册》上做记录。

定期检查：每4周做一次健康检查。检查事项主要包括：体重、血压、尿检、子宫底、腹围测定、胎儿心音、血液（没有异常时可不做）。

16W+3D（16周又3天）

孕5月营养与饮食

怀孕过了四个月以后，可能不会觉得那么累了，甚至又会觉得状态如孕前一般，精神抖擞。

主打营养素：维生素D、钙

作用：促进胎宝宝骨骼和牙齿的发育

怀孕第5个月后，胎宝宝的骨骼和牙齿生长得特别快，是迅速钙化时期，对钙质的需求简直是剧增。

因此从本月起，牛奶、孕妇奶粉或酸奶是准妈妈每天必不可少的补钙饮品。此外，还应该多吃以下这些容易摄取到钙的食物，如干乳酪、豆腐、鸡蛋或鸭蛋、虾、鱼类、海带等。另外，准妈妈应每天服用钙剂。需要注意的是，钙的补充要贯穿于整个孕期始终。

当然，单纯补钙还是不够的，维生素D可以促进钙的有效吸收，孕妈妈要多吃鱼类、鸡蛋，另外晒太阳也能制造维生素D，孕妈妈可以适当晒晒太阳，但是首先要做好防晒工作。

这段时间你需要充分的维生素D和钙来帮助胎儿的骨骼生长。

鱼类是维生素D的主要来源。如果不能吃鱼，鸡蛋里也含有维生素D，晒太阳也能制造维生素D，每天晒半个小时就足够了。别忘了做好防晒的工作。

应付最常见的不适——妊娠高血压

研究表明，容易患有高血压的孕妇补充钙质以后，患有妊娠高血压疾病的可能性比那些没有补钙的孕妇要低。选择补钙产品之前需要咨询一下医生，不同种类的钙所需的剂量各有不同。

小提示　食物补钙更加有效

在有些国家，医生并不建议孕妇补充额外的钙质，因为他们认为从食物中吸收钙更加有效。不过，一定要吃足够的含钙多的食品，这很重要。含钙多的食物包括杏仁、豆类、奶制品、带骨鱼类、牛奶豆奶、芝麻酱、豆腐和菠菜等。

第116天 16W+4D（16周又4天）

语言胎教课：故事《阿凡提智慧何来》

国王听说阿凡提非常有智慧，便把他叫来问道："阿凡提，你的智慧是从哪儿找来的？"

"通过艰苦的劳动找到的！"阿凡提回答说。

"智慧也能通过劳动找到吗？"国王问。

"对，通过艰苦的劳动定能找到智慧！"阿凡提回答。

"我现在就想多找一点智慧。"国王说。

"这个好办，请您拿上坎土曼［注］跟我走，我会帮助您找到智慧的。"阿凡提胸有成竹他说。

国王心想：别人都说我缺少智慧，这回我一定得多找一些智慧把脑子装满，有可能的话再装上两箱子智慧带回王宫，留着给孩子们用。然后，他拿上一把坎土曼跟着阿凡提就走。

他们走了很长时间，来到一片戈壁滩上，阿凡提对国王说："好了，国王陛下，请您脱下皇袍开始劳动吧！"

国王只好跟着阿凡提抡起坎土曼来。干了一会儿，国王的手打起了血泡。国王受不了了，他说："阿凡提，你说的智慧在哪儿？我们怎能找到它？"

"请别急，国王陛下，"阿凡提笑了笑说："我们就这样艰苦地把坎土曼抡到秋天，待把这片土地开垦出来，到了春天我们再把智慧种上，等到了秋天我们就可以收获到一麻袋一麻袋的智慧。不然，我们上哪儿去寻找智慧呀？"

"你说的这个智慧是粮食吧！"国王问。

阿凡提说："对，陛下，这只是寻找智慧的第一步。"

国王无奈，跟着阿凡提整整苦干了一年。到了秋天收完了丰收的粮食后，国王对阿凡提说："阿凡提，我感觉到粮食吃起来容易，可种起来就难了，你说我说的对吗？"

"非常正确，您现在找到了一条最重要的智慧。"阿凡提回答说。

［注］坎土曼：维吾尔族地区用于锄地、挖土的农具，用铁制成。

第117天

16W+5D（16周又5天）

语言胎教课：故事《阿凡提说谎》

一天，国王觉得太无聊了，就对阿凡提说："如果你能给我讲一个我从未听说过的荒唐事，我会赏给你一百枚金币。"

"好吧，一言为定！"阿凡提说完，就开始编故事。

"从前，我家有一头骡子。一天，它挣断绳子逃了出去。我四处寻找，哪儿都没有找到。过了几天，我从集市上买来一个大西瓜，拿回家切开一看，我那只逃出去的骡子躲在西瓜里正在给王后补破鞋子呢。"

国王听后，嬉笑着说道："这类我听得多了，并不新鲜。"

阿凡提又开始编新的故事："一天，我和父亲乘坐的船在大海上航行。突然，遇到了一只海盗船。海盗眼看追上了我们的船，我赶紧抢过了舵轮，把船开进了一条大鲸鱼的肚子里。海盗船也跟着追进了鲸鱼的肚子里。我悄悄对鲸鱼说：'我们这条船大，你消化不了，那条海盗船小，你完全可以消化。'鲸鱼听了我的话觉得有理，就把海盗船吃掉，把我们的船给吐出来了。"

"这种吹牛的故事我也听过不少，一点新鲜感都没有。要想得到奖赏你还是讲一个我从未听过的吧！"国王说道。

"好吧，那我就认认真真给您讲一个事。有一天，我在先父留下的一本书里发现了一张字据。那张字据是您的已亡故的父亲亲笔写的。您的亡父曾经向我的先父借了一万枚银币。您的父亲还没来得及把借的一万枚银币还给我的父亲就死了"阿凡提一本正经地说。

"阿凡提，你给我打住，你这是胡说八道！我可从来没听说过有这种事。"国王恼怒地喊道。

"对了，我讲的就是您从来未听到过的，请您赏给我一百枚金币吧！"阿凡提笑了笑说道。

第118~119天

17W（17周）

每周胎教活动 贝多芬《命运交响曲》（一）

《命运交响曲》是世界著名作曲大师贝多芬的作品，这首曲子也叫《第五交响曲C小调》。贝多芬的创作继承和发展了德国音乐的优良传统，他用毕生的精力为世界音乐文化的发展做出了卓越的贡献，对19世纪以后的欧洲音乐发展具有深远的影响。

贝多芬的《命运交响曲》原名《第五交响曲》，它是一部哲理性很强的作品，也是最能代表贝多芬艺术风格的作品。《命运交响曲》结构严谨，手法简练，形象生动，各乐章之间具有十分清晰的内在联系。整部作品情绪激昂、气魄宏大，富有强烈的艺术感染力。

全曲共有四个乐章。

第一乐章

明亮的快板、奏鸣曲式。乐曲一开始就出现了命运敲门式的动机。

这一动机发展出惊惶不安的第一主题，它贯穿着第一乐章，推动音乐不断向前发展。第一主题激昂有力，具有勇往直前的气势，表达了贝多芬充满愤慨和向封建势力挑战的坚强意志。接着，圆号吹出了由命运动机变化而来的号角音调，引出充满温柔、抒情、优美的第二主题。

它抒发着贝多芬对幸福、美好生活的渴望和追求。

命运动机再次闯入，引出了展开部，威风凛凛的命运再次占了上风。展开部中，转调非常频繁，这更增加了原有的不稳定性，使音乐显得更加丰富。

再现部与呈示部相同。但在这一乐章的庞大结尾处，两个主题再次汇合，音乐的气势不可阻挡，进一步显示出人民战胜黑暗的坚强意志和必胜信念。

第二乐章

稍快的行板、双重主题变奏曲式。第一主题抒情、安详、沉思，是由中提琴、大提琴拉出。富有弹性的节奏和起伏的旋律，使这个主题具有内在的热情和力量。第二主题先是由木管奏出，然后由铜管乐器吹出英雄豪迈的凯旋进行曲。

在尾声中，第一主题作了简单的展开，表现出英雄的乐观情绪，以及从沉思中获得进一步斗争的信心和力量。

第120天

17W+1D（17周又1天）

当代的“胎儿大学”

胎儿上“大学”在国外已有20余年的历史了。最早的“胎儿大学”，是20世纪70年代初法国里昂卫生研究所和美国精神生理研究所、休斯顿保健中心等优生优育技术咨询机构创办的。至今已有许多国家，如英国、德国、俄罗斯、加拿大、日本等，设有“胎儿大学”或类似的对孕妇与胎儿的培训场所。

1979年美国加州妇产科专家范德卡尔创办了一所奇特的“胎儿大学”，至今“学生”已超过数千名。担任教师的有产科医生、心理学家和家庭教育学家，入学的新生是妊娠5个月的胎儿。大学的课程主要是语言、音乐和运动。

学校会要求，每一个学生都取一个动听的乳名。这些受过胎儿教育的学生一出世，便可获得一张文凭和一顶学士帽。

下面简要地把这所独特的大学的课程设置和教授方法介绍给读者。

1.语言课

教准妈妈用特制的扩音器向腹内胎儿反复朗读词句，让胎儿加强记忆，使得胎儿对这些语句产生很深的印象。比如，孕妈妈用一个喇叭筒或者借助一个特殊的麦克风同胎儿讲话，一字一句不断地重复，同时用手在腹部作各种示范动作。

2.音乐课

教准妈妈把一个玩具乐器放在腹部，奏出乐音，让胎儿经常聆听一些曲子。比如，孕妈妈把一个玩具大琴放在肚子上，演奏一连串的音符，甚至一段曲调。

3.运动课

教会准妈妈让胎儿练习“踢肚游戏”的运动项目，使胎儿有意识地和准妈妈进行游戏锻炼。

以上“胎儿大学”所开的课程，只是胎教内容的一部分。怀孕5个月以后，还可以陆续进行其他教育，如：心理素质的教育、艺术美的教育、音乐训练、抚摩训练，以及良好习惯养成等。

范德卡尔认为，这些胎教方法能使婴儿出生后学习进度加速并认为此法使胎儿智力高超及发育更好，也使他们精神发育方面得以顺利进行。同时，该学院也鼓励孕妇的丈夫参与育婴活动，并且在胎儿出生后和妻子怀孕期间都要参与。

目前一些大城市也出现了胎儿“大学”，这种教育概念会被一些人接受。随着人生的第一教育——胎教的广泛普及，最终定能有助于优生的目的。

第121天 17W+2D（17周又2天）

斯瑟蒂克胎教法

美国的斯瑟蒂克夫妇用“子宫对话”的方法，把爱传递给胎儿，先后培养出4个天才的儿女，四个孩子的智商均在160以上，究其原因，他们把这样的成果归功于他们从受孕就开始认真进行的胎教。根据这对夫妇的名字，此胎教法被称为斯瑟蒂克胎教法。

斯瑟蒂克胎教法的中心思想是，只要以父母对孩子的爱为基础制订完全的怀孕计划，并积极地将其付诸实践，无论是谁都可以生下聪明伶俐的小孩。

胎教成功的秘诀是爱和耐心

斯瑟蒂克在《胎儿都是天才》一书中写道：“胎教成功的秘诀就是爱和耐心”。他们总结出了“斯瑟蒂克”胎教法：即“母亲在妊娠中把听到的、看到的、想到的事情，通过自己的声音、身体变化、心理状态等传递给胎儿，而接受了这一切的胎儿在出生时就会具有某种素质，这就是“天才儿童”诞生于寻常百姓家的全部谜底。”

不要为了生一个“天才”而胎教

四个孩子的母亲——实子·斯瑟蒂克在书中反复强调，他们并不是为了要生一个“天才儿童”才进行胎教的，而是想让孩子今后的人生过得更加幸福和有意义。因此，在孩子未出世时，就让她们对某些事物感兴趣，并培养她们理解这些事物的能力。提醒读者在胎教时绝不能忘记对孩子的爱和对孩子的祝福。如果以生一个“天才”为目的而进行胎教的话，就会使腹中的胎儿感到是被迫的，并由此不愿倾听父母对他讲述的一切。

第122天 17W+3D（17周又3天）

斯瑟蒂克胎教要领

夫妇密切配合

胎教实施需要夫妇密切配合，需要夫妇对胎教有一致的认识、共同的兴趣和坚持不懈的毅力。

注重智力开发

实子夫妇的胎教，可以说是纯人性化的。他们将胎儿作为一个人对待，对胎儿进行各种知识的讲解，其中包括英文字母、平假名、数数方法、加法、减法，一直到自然界的万物及社会常识。

强调子宫对话

胎教方法很多，实子夫妇也采用了听音乐、讲故事、学习知识、涵养性情等方法，但这些方法在具体操作过程中，他们用的则主要是子宫对话这一方式。听音乐时要对话、讲故事、学习知识、涵养性情。因此，实子夫妇十分强调子宫对话的重要性。

从学术角度来看，斯瑟蒂克式胎教法不仅有丰富的优生学内容，在教育学、生理心理学、社会学等方面都有深刻的思想、精辟的见解，特别在美学和美育方面，能给人以一定的启示。但它并不深奥，只是积极主观，相信胎教者不管懂不懂美学和美育，只要他实施胎教，就自然会运用到美学和美育的观点、方法。斯瑟蒂克式胎教法有助于胎教的美育原理和方法的研究，也有助于现代胎教学的丰富和发展。

第123天 17W+4D（17周又4天）运动胎教课：孕妈妈游泳好处多

专家认为，游泳对孕妈妈来说是相当好的有氧运动，但孕妈妈游泳要根据自身情况而定。游泳前最好能征得医生的同意。

孕妈妈游泳的好处

1.水的浮力能够减轻身体的负担，从而缓解或消除孕期常有的腰背痛症状，并促进骨盆内血液回流，消除淤血现象，有利于减少便秘、痔疮、四肢浮肿和静脉曲张等问题发生。

2.增加肺活量，并让孕妈妈在分娩时能长时间憋气用力，缩短产程。

3.经常游泳，可逐渐消耗体内过剩热量，从而防止妊娠中毒症。

4.孕妈妈在水中体位的变化，有利于纠正胎位，促进顺产。

5.游泳时，全身肌肉都参加了活动；再加上水对皮肤血管的“按摩”，可促使血液循环旺盛，既增强孕妈妈体质，又有利于胎儿发育。

6.游泳可改善情绪，减轻妊娠反应，减少孕期头痛，对胎儿神经系统的发育也有良好的影响。

孕妈妈游泳的注意事项

1.游泳时间以1小时为宜。最好在上午10～12时进行，通常这个时间内不易发生子宫收缩；而傍晚到夜里是一天中阵痛发作最多的时候，所以要回避这个时间。游泳次数每周不应少于2次，间隔太长会减弱效果。

2.当室温和水的温度低于30℃时，孕妈妈不能下水游泳。据有关报道，游泳后出现的流产大多是由于受凉感冒而引起，所以，注意保暖很重要。

3.游泳时动作要稳健和缓。入水时千万不可纵身跳水，要防止池内人多拥挤腹部受碰撞。在妊娠9～10个月期间，蛙泳易使髋骨松动，因此要慎用此姿势游泳。

4.一定要根据自身情况因人而异地掌握，不可勉强去游泳。国外有不少孕妇坚持游泳到妊娠后期甚至临产前，大多是妊娠前就早已从事这项运动，有游泳锻炼的基础，并非怀孕后才开始。因此，怀孕前不会游泳的人更要慎重。

5.妊娠未满4个月，或者有过流产、早产、死胎史、阴道出血以及腹部疼痛者，或者患有心脏病、妊娠中毒症、慢性高血压、癫痫症，以及患有耳鼻喉方面疾病的孕妇，都禁忌游泳。

第124天

17W+5D（17周又5天）

情绪胎教课：用倾诉改善心情

孕期可把倾诉作为一项胎教课程。只要觉得心情不畅，就去找找家人或者好朋友，作一番交谈和倾诉，你必定会获得对方的帮助和启发，从而调节好自己的心情。

对于孕妈妈来说，其精神状态和心理情绪不好，不仅对自己的身体有害，而且影响胎儿的健康发育，因此，孕妈妈应学会通过各种途径来排除不良情绪。

孕妈妈可以通过诉说的方式，来排解内心焦虑与急躁的情绪，诉说也是一种很好的宣泄渠道，是调节心理情绪的一种好方法。

当然，孕妈妈倾诉心中的担忧、顾虑，进行心理调整，则需要家人耐心地“洗耳恭听”，来配合默契地作好心理因素调整。

一旦孕妈妈把心里憋着的话全都倾诉出来，精神状态就能够有所放松，至少，能改善失眠或晚上睡不踏实的情况。与其让自己的心里憋着、闷着，把自己弄得成天心神不宁、坐卧不安、吃不下、睡不着地难受，不如找到父母、家人或者闺密好友，干干脆脆地全部倾诉出来。一旦说出来，就会发现自己的思想负担减轻了，情绪也改善了。困扰自己睡不好觉的心理暗结，会通过倾诉而淡化掉，生理上的不适感也不至于那么难以忍受了。

此外，孕期主动改善心情、排解不良情绪，会拥有较高的睡眠质量，是确保母子健康平安的良方。

第125~126天
18W（18周）

每周胎教活动
贝多芬《命运交响曲》（二）

第三乐章

快板、诙谐曲，是决战前夕各种力量的对比。

大提琴和低音提琴发出了跃跃欲试的音调，小提琴却是无可奈何的叹息。命运主题依然凶险逼人，决战的第一阶段仍由命运取胜。但是，黑暗必将过去，曙光就在眼前，伴随着低音弦乐奏出的舞蹈主题，引出了振奋人心的乐段，它象征着人民群众在黑暗势力下的斗争信心和乐观情绪。

最后，第一主题在第一小提琴的演奏下，自由地向上伸展，乐队的音域在增大，音响在增强，一种不可抑制的力量把音乐直接导入那光辉灿烂的终曲。

第四乐章

快板、奏鸣曲式。开始是雄伟壮丽的凯旋进行曲，先是由乐队全奏辉煌的第一主题，后是由弦乐拉出欢乐的第二主题，表现人民获得胜利的无比欢乐。到发展部的高潮时，狂欢突然中断，远远地又响起了命运的威吓声，但已是苟延残喘，再也阻挡不住历史前进的潮流了。

于是，辉煌、明亮的第一主题再次响起，以排山倒海的气势，表现出人民经过斗争终于获得胜利的无比的欢乐。这场与命运的决战，终于以光明的彻底胜利而告终。

作者简介

贝多芬（1770—1827）是德国著名的作曲家，他出生于一个贫寒的音乐家庭。贝多芬4岁就随父亲学习小提琴和钢琴，父亲曾梦想把他培养成为莫扎特式的神童，但因环境不佳，未能实现。

贝多芬幼年的教师聂耶菲为他的艺术成就奠定了基础。在老师的帮助下，1787年贝多芬到维也纳向莫扎特学习作曲。贝多芬还向许多音乐名家学习，艺术上进步很快。1795年，他曾获得卓越钢琴演奏家和作曲家的声誉。

贝多芬的作品著名的有《c小调奏鸣曲》（“悲怆”）、《第三交响曲》（“英雄”）、《第五交响曲》（“命运”）、《第六交响曲》（“田园”）、歌剧《费德里奥》、《第九交响曲》（“合唱”）等。

18W+1D（18周又1天）

生活习惯与胎教

胎儿会继承妈妈的生活习惯

国外有关专家曾做过一个试验，他把参加试验的准妈妈分成晚睡和早起两组，然后对这两组准妈妈进行跟踪调查，结果发现，晚睡组准妈妈所生的宝宝同他（她）们的准妈妈一样都喜欢晚睡，而早起组准妈妈所生的宝宝也同他（她）们的妈妈一样具有早起的习惯。这个试验表明，新生儿的睡眠习惯是受到准妈妈的睡眠习惯影响的。这种现象如果用生理方面的知识解释的话，是否可以得出这样一个结论：胎儿在母体中发育成长的几个月内，可能和准妈妈在某些方面有着共同的节律，从而使准妈妈的习惯直接影响到胎儿的习惯。

饮食偏好也会继承

美国科学家们在实验中发现，胎宝宝能通过子宫“品尝”到食物的味道。孕妈妈偏爱某种食物，那么胎儿可能通过子宫“品尝”到该食物的味道，这种首次的味觉体验会对孩子将来的饮食喜好产生直接的影响。

不仅如此，科学家们还发现，胎宝宝除了能“品尝”到食物的味道外，还有超强的记忆力。为此，科学家们做了一个有趣的实验，他们让一些孕妇在妊娠的最后3个月，定时服用胡萝卜汁；另外一些孕妇分娩后服用。结果发现：那些在出生前就“接触”过胡萝卜汁的宝宝，不仅能顺利接受这种食物，并且表现出喜欢的倾向；但对于那些出生前没有“接触”过胡萝卜汁的婴儿来说，显然他们对这种食物不太喜欢。

从实验当中科学家们推出这样一个结论：宝宝熟悉母亲曾吃过的食物味道，宝宝由此获得了这样的信息什么食物是安全的，什么食物是可食用的。

看来，这是一个非常奇妙的体系。婴儿在出生前首先在羊水中“认识”这种味道，然后在母乳中得到，最后在餐桌前首次食用。在羊水或母乳中对食物味道的体验，可能有助于孩子断奶后对这种食品的接受程度。

科学家们的发现，对偏食的孩子有了新的解释，当然，也不可忽视遗传在其中所起到的作用。这个发现同时也带给我们新的启示：最为本质的胎教，不是语言，不是音乐，或许就是准妈妈日常生活的习惯，这种习惯对胎儿有着潜移默化的影响。

良好的生活习惯对胎儿的发展很重要，因此，孕妈妈要以身作则，在生活中严格要求自己，提升品位，为将来的胎宝宝树立好的榜样。

第128天

18W+2D（18周又2天）

胎教与胎儿的性格

人的性格不一，其个体差异早在胎儿时期就已表露出来：有的安详文静，有的活泼好动，有的"淘气"调皮。这既和先天神经类型有关，也和怀孕时胎儿所处的内外环境有关。

人的性格的形成有着先天和后天两种因素，就先天而言，与父母性格的遗传基因有关，同时也与出生前胎儿在子宫内所受的影响有关；后天因素则是在其出生后的社会实践过程中逐步形成的。然而，胎儿在子宫内，即"人之初"的心理体验为日后的性格形成打下基础的事实，还没被人们广泛重视。

妈妈的子宫是胎儿所接触的第一个环境，小生命在这个环境里的感受将直接影响到胎儿性格的形成和发展。如果妈妈怀孕期间充满和谐、温暖、慈爱的气氛，那么胎儿幼小的心灵将受到同化，意识到等待自己的那个世界是美好的，进而可逐步形成热爱生活、果断自信、活泼外向等优良性格的基础。

反之，倘若夫妻生活不和谐、不美满，经常吵架、打骂，甚至充满了敌意的怨恨，闹到要离婚的程度；或者妈妈不欢迎这个孩子，从心理上排斥、厌恶，那么胎儿就会痛苦地体验到周围这种冷漠、仇视的氛围，不能会形成孤寂、自卑、多疑、怯懦、内向等性格。显然，这对胎儿的未来会产生不利的影响。

此外，妈妈的极度疲劳，情绪的过分紧张，腹部的过重压力及外界的强烈、持久的噪声，均可使胎儿躁动不安。这种强烈的运动反应并不是好征兆，它不但会引起流产、早产，而且能对出生后的孩子的性格行为带来不良影响。

"江山易改，本性难移"，一旦不良性格形成，要想改变是很困难的。与其后天费力纠正，不如在娘胎里就给胎儿提供一个形成良好性格的环境氛围。未来的父母应把握这一关键时期，为孩子一生幸福着想，从现在起，尽力为腹内的小生命创造一个充满温暖、慈爱、宽松、积极的生活环境，努力减少各种有害刺激，使胎儿拥有一个健康美好的精神世界，使其良好性格的形成有一个理想的开端。

第129天

18W+3D（18周又3天）

摆脱消极情绪五招

孕期身体不适、对分娩的恐惧、对孩子健康的忧虑，以及工作中的矛盾、生活中的烦恼、家人观念上的碰撞等因素，常常左右着孕妇的情绪，使孕妇忧虑不安，郁郁寡欢，甚至变得急躁易怒，爱发脾气，易于冲动。显然，这些都是胎教的不利因素。

要做好胎教任务，必须摆脱消极情绪。这里介绍几种招数。

1.告诫提醒法 明白了消极情绪对人的负面影响，因此在漫长的孕期生活中，要时时告诫提醒自己不要生气，不要着急，不要烦恼，不要悲伤，为了宝宝，为了自己，想开点儿，尽量提高心理承受能力，遇到挫折要有思想准备，从而防患于未然。

2.摆脱转移法 有时消除烦恼的最好办法就是努力摆脱那些使人烦恼的人和事，离开那种使人不愉快的场合，转移自己的注意力，参加一些平时喜欢的活动，如听音乐、相声，看电视小品，欣赏山水风景画册，出去郊游，上街逛商店、购物等等，使不良情绪转移到别处去。

3.宣泄释放法 不良情绪要疏导而不能堵塞，疏导的方法之一就是要让它有个宣泄释放的途径，这是相当有效的调剂方法。可向知心好友或日记本倾叙自己的处境和困惑，让烦恼通过宣泄有个出口。

4.外向社交法 那些内向性格的人一旦有了不良情绪，常常闭门独居，郁郁寡欢，心中的结久久难解。所以有了烦恼应走出去，向亲友倾诉，广交朋友，将自己置身于乐观向上的人群中。充分享受友情的欢乐，从而使情绪得到积极的感染，从中得到满足和快慰。

5.情绪放松法 每天应抽出不少于30分钟的时间与准爸爸到住处附近草木茂盛的宁静小路上散散步，看看街景，逛逛商场，使自己脑子放松一下，心情会变得非常舒畅；尤其是美妙的鸟鸣声、清新的空气、悦目的花草树木，更能帮助您消除紧张情绪，使您深受感染而自得其乐。

话又说回来，人非草木，谁能无情，即使有些情绪波动，频度和强度不大，孕妇自己又能合理控制在一定的限度内，则不会对胎儿产生太大的伤害。

小提示 有些食物会干扰情绪

除以上的方法，还应注意不要过多地食用肉、鱼、巧克力、甜食等，因为过量地食用这些食物，可使您体液酸性化，血中儿茶酚胺水平增高，从而出现烦躁不安、爱发脾气、容易伤感等消极情绪。

第130天 18W+4D（18周又4天）

语言胎教课：给宝宝读儿歌(一)

1.做早操

早上空气真叫好，
我们都来做早操。
伸伸臂，弯弯腰，
踢踢腿，蹦蹦跳，
天天锻炼身体好。

2.小手绢

小手绢，四方方，
天天带在我身上。
又擦鼻涕又擦汗，
干干净净真好看。

3.饭前要洗手

小脸盆，水清清，
小朋友们笑盈盈，
小手儿，伸出来，
洗一洗，白又净，
吃饭前，先洗手，
讲卫生，不得病。

4.搬鸡蛋

小老鼠，搬鸡蛋，
鸡蛋太大怎么办？
一只老鼠地上躺，
紧紧抱住大鸡蛋。
一只老鼠拉尾巴，
拉呀拉呀拉回家。

第131天 18W+5D（18周又5天）语言胎教课：给宝宝读儿歌（二）

5.螳螂

螳螂哥，螳螂哥，
肚儿大，吃得多。
飞飞能把粉蝶捕，
跳跳能把蝗虫捉。
两把大刀舞起来，
一只害虫不放过。

6.小鸭子

小鸭子，一身黄，
扁扁嘴巴红脚掌。
嘎嘎嘎嘎高声唱，
一摇一摆下池塘。

7.大蜻蜓

大蜻蜓，绿眼睛，
一对眼睛亮晶晶，
飞一飞，停一停，
飞来飞去捉蚊蝇。

8.猫咪的胡子

我笑猫咪不像话，
生来就想当爸爸；
猫咪趴到我耳边，
跟我说句悄悄话；
没有胡子像娃娃，
老鼠见了都不怕!

9.骆驼志气大

骆驼骆驼志气大，
风吹日晒都不怕。
走沙漠，运盐巴，
再苦再累不讲话。

10.月亮歌

初一一条线，
初二看得见，
初三初四像娥眉，
十五十六圆又圆。

11.月亮和星星

月亮月亮是妈妈，
星星星星是娃娃。
月亮嘴巴笑一笑，
星星眼睛眨一眨。
月亮好，好妈妈，
星星好，好娃娃。

12.多吃蔬菜身体好

大萝卜，水灵灵，
小白菜，绿莹莹，
西红柿，像灯笼，
黄瓜一咬脆生生，
多吃蔬菜身体好，
壮壮实实少生病。

第132~133天 19W（19周）

每周胎教活动 益智小游戏(5月期)

祖孙相认

根据题目所给的条件，你能否将孙子、孙女跟爷爷、奶奶正确配对呢？

填表格

填表格，使得每行每列均包含字母A、B、C和两个空格。表格外的字母表示箭头所指方向的第1或者第2个出现的字母，如B1代表箭头所指方向出现的第1个字母为B，你能完成要求吗？

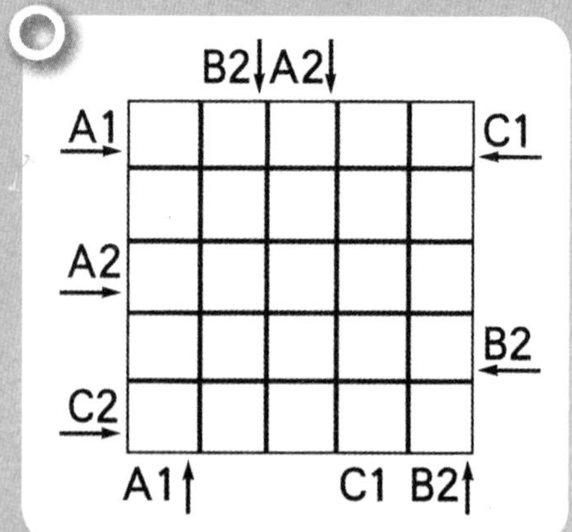

（答案见133页）

4月期答案

小孩1，罗宾，她是詹姆士的女儿；
小孩2，吉米，她是戈登的女儿；
小孩3，阿什利，他是马克的儿子；
小孩4，布莱尔，他是史蒂夫的儿子。

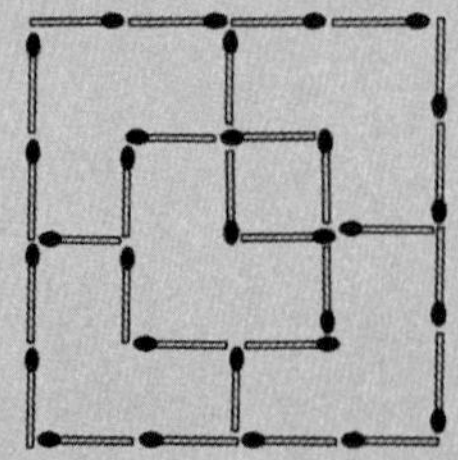

第134天

19W+1D（19周又1天）

动手动脑宝宝更聪明

在怀孕期间，很多准妈妈都容易犯懒，这是孕激素造成的自然反应——容易疲劳，什么也不想干，甚至多动一下脑子都觉得累。其实，准妈妈只要稍加克服，就可以让自己活跃起来。

多动手多动脑，胎儿会更聪明

经验告诉人们，准妈妈的思想活动对胎儿大脑发育的影响至关重要。若准妈妈始终保持旺盛的求知欲，经常进行动脑筋的游戏活动，就可以使胎儿不断接受刺激，有利于胎儿大脑神经和细胞的发育。因此，准妈妈勤于动脑，宝宝就会更加聪明伶俐。

适合准妈妈的游戏

如果你的工作需要不停地动脑，这有意无意间会对胎儿形成很好的影响。但也有些准妈妈，早早就放下工作回家休息了，身上犯懒，脑子更懒。

我建议那些懒惰的准妈妈，要有意识地多动脑子，这不仅会让你神清气爽，也会让生活变得格外有趣。市面上有不少智力游戏的书，不妨选几本回来，闲暇时研究研究，让日子过得既充实又有趣，对宝宝的健康还有好处，何乐而不为呢？

儿童玩具拿来Happy

另外，儿童玩具不只是孩子们的专利，你也可以拿来Happy一下，挑选些自己感兴趣的玩具——拼图、拼板、九连环、积木、跳棋等，只要是安全、不太刺激的玩具，你都可以搬回家，兴致勃勃地进行“胎教”。

第135天

19W+2D（19周又2天）

编织让宝宝手巧心灵

经胎教实践证明，孕期勤于编织的孕妈妈，所生的孩子都会比在孕期不喜欢动手动脑的孕妈妈所生的孩子在日后的教育培养上更“手巧、心灵”一些。

运动医学研究证明，在进行编织时，会牵动肩膀、上臂、小臂、手腕、手指等部位的30多个关节和50多块肌肉。

这些关节和肌肉的伸屈活动，只有在中枢神经系统的协调配合下才能完成。管理和支配手指活动的神经中枢在大脑皮层上所占面积最大。手指的动作精细、灵敏，可以促进大脑皮层相应部位的功能发展，通过信息传递的方式，可以促进胎儿大脑发育和手指的精细动作。

编织的物品

① 设计图案，给宝宝织毛衣、毛裤、毛袜或线衣、线裤、线袜。

② 钩针钩织宝宝生活用品等。

③ 绣花，在家可以做点十字绣，给宝宝绣条方巾也可以。

④ 编织其他美术品，如壁挂（各种娃娃等）或贴花等。

不管编织的东西样式是否好看，只要是用心去做，带着好心情去做，那么胎教的目的也就达到了。

第136天 19W+3D（19周又3天）美感会潜移默化地塑造宝宝

美术欣赏与胎教

人要保持身心健康，就要适当丰富自己的精神活动。例如听音乐、看书、读诗、旅游或欣赏美术作品等，这些美好的情趣有利于调节情绪，增进健康，陶冶人的情操，而且对下一代也是非常重要的。

准爸爸和准妈妈可以一起去看美术展览，边欣赏边谈论自己的观点。有些美术作品要反复揣摩，才能品味出艺术的醇美，步入艺术的境界，才能油然而生美的感受和遐想。通过对这些美术作品的欣赏，潜移默化中也让你的宝宝受到了熏陶。

另外，准妈妈要提高自己的艺术鉴赏力，因为对美术作品欣赏能力的程度，直接关系到孕妈妈传递给胎儿信息的丰富程度，它是每一个孕妈妈都应该不断学习和提高的一种文化艺术修养。它要求准妈妈在理解美术作品的基础上，用心去体会，引起情感上的共鸣，产生美的感受，从而达成对胎儿的美育胎教。

绘画与胎教

由于胎儿生长在子宫这个特殊的环境里，胎教就必须通过母体来施行，并通过神经来传递到胎儿未成熟的大脑中，对其发育成熟起到良性的刺激，而且一些刺激可以长久地保存在大脑的某个功能区，一旦遇到合适的机会，惊人的才能就会发挥出来。因此，除了听音乐外，孕妈妈还应当多接触美丽的图画，还可以抽出时间学习绘画。

心理学家认为，画画不仅能提高人的审美能力，产生美的感受，还能通过笔画和线条释放内心情感，调节心绪平衡。画画具有和音乐治疗一样的效果，即使不会画画，你在涂涂抹抹之中也会自得其乐。

画画的时候，不要在意自己是否画得好，孕妈妈可以持笔临摹美术作品，也可以随心所欲地涂抹，只要孕妈妈感到是在从事艺术创作，感到快乐和满足就可以了。孕妈妈还可以向胎宝宝解释自己所画的内容。当然能临摹一些儿童画就更好了。

第137天 19W+4D（19周又4天）

抚触胎教课：怎样和胎儿做游戏

一位美国育儿专家提出一种与胎儿"踢肚游戏"的胎教法，即通过母亲与胎儿游戏，达到胎教的目的。

踢肚游戏方法其实很简单。怀孕5个月的孕妇，可开始与胎儿玩"踢肚游戏"。

当胎儿踢肚时，母亲轻轻拍打被踢部位，然后等待第2次踢肚。一般在1～2分钟后，胎儿会再踢，这时再轻拍几下，接着停下来。如果你拍的地方改变了，胎儿会向你改变的地方再踢，注意改拍的位置与原胎动的位置不要太远。每天进行2次，每次数分钟。

这种方法经150名孕妇用来施行胎教，结果生下来的婴儿在听、说和使用语言技巧方面都获得最高分，有助于孩子的智能发展。经过这种刺激胎教训练的胎儿，出生后学站、学走都快，身体健壮，手脚灵活，出生时婴儿大多数拳头松弛，啼哭不多。与未经过训练的同龄婴儿比，显得活泼可爱。

第138天 19W+5D（19周又5天）

语言胎教课：故事《做好自己应该做的事》

一只小毛虫趴在一片叶子上，用新奇的目光观察着周围的一切：各种昆虫欢歌曼舞，飞的飞，跑的跑，又是唱，又是跳

到处生机勃勃，只有它，可怜的小毛虫，被抛弃在旁，既不会跑，也不会飞。

小毛虫费了九牛二虎之力，才能挪动一点点。当它笨拙地从一片叶子爬到另一片叶子上时，觉得就像周游了整个世界。

尽管如此，它并不悲观失望，也不羡慕任何人，它懂得：每个人都有各自该做的事情。它，一只小小的毛虫，应该学会吐纤细的银丝，为自己编织一间牢固的茧房。

小毛虫一刻也没有迟疑，尽心竭力地做着工作，临近期限的时候，把自己从头到脚裹进了温暖的茧子里。

"以后会怎么样？"与世隔绝的小毛虫问。

"一切都将按自己的规律发展。"小毛虫听到一个声音在回答，"要耐心些，以后你会明白的。"

时辰到了，它清醒过来，但它已不再是以前那只笨手笨脚的小毛虫，它灵巧地从茧子里挣脱出来，惊奇地发现自己身上生出一对轻盈的翅膀，上面布满色彩斑斓的花纹。它高兴地舞动了一下双翅，竟像一团绒毛，从叶子上飘然而起，它飞啊飞，渐渐地消失在蓝色的雾霭之中。

大道理：顺其自然，一切都将按自己的规律发展。做好自己应该做的事情，不悲观失望，不羡慕任何人，以一种平静的心态来对待自己的职业。这样最好不过了——既收获充实，又不失精彩。

第139~140天 每周胎教活动 摄影欣赏·帝企鹅物语（下篇）

20W（20周）

大自然的事，人类不能干预

看着它们，心中的幸福感真是难以言说，在这茫茫的冰天雪地里，这温馨甜蜜的场景，尤其让人感动。然而，照片的背后，却有一个凄惨的故事。

在南极，帝企鹅的天敌有3个：一是南极的坏天气，二是豹海豹，三是杀手鲸。企鹅妈妈在生出小企鹅后，去海边捕食，经常会受到豹海豹和杀手鲸的攻击，有去无回；如果她回不来，家里的孩子就会饿死；而坏天气也会经常让孵化中的企鹅蛋发生意外。所以，小企鹅的存活率非常低，只有10%，也就是说，有90%的小企鹅没法存活到成年。

而企鹅是一种非常有爱心，非常喜欢孩子的动物，有那么多企鹅爸爸失去了孩子，看到别人家的孩子，他们就会嫉妒，就会去抢。小企鹅经常会在这种激烈的争夺中丧命。

下面第三张照片，那只钻出爸爸肚皮，朝外面探头探脑的小家伙，可爱极了，但这是在它生命的最后10分钟拍的。

拍完照片10分钟后，一群大企鹅就来争抢它，在激烈的撕扯中，我急得要上前去帮它，但旁边的鸟类专家阻止了我，他说，这是大自然的事，我们人类不能干预的。我只有在一旁流着泪，眼睁睁地看着小企鹅在撕扯中惨死去……。

摄影、博文　罗红（摄影家、环保人、好利来总裁）

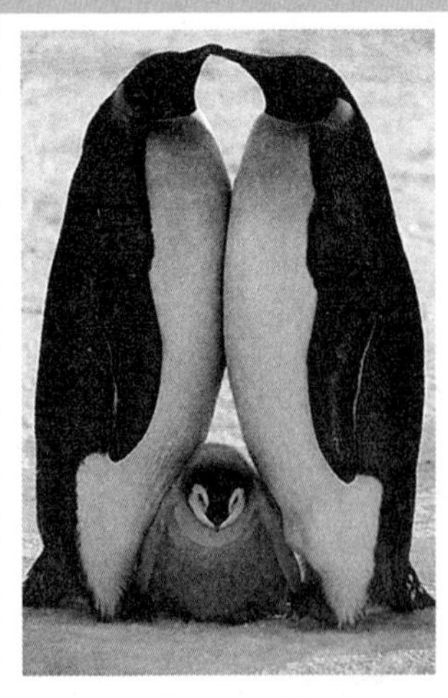

第 6 个月
大脑皮质发育完全

第141天

20W+1D（20 周又 1 天）

孕6月胎教指南

胎教重点

帮助胎儿运动，增加和胎儿谈话次数，给胎儿讲故事，念诗、唱歌、哼曲等，给胎儿起个乳名，每次开始前，叫胎儿的乳名。孕妈妈要充分休息，睡眠充足。

胎教指导

· 营养胎教，适度摄入脂肪。必要的脂肪，可保证胎宝宝正常的生长发育，尤其一些不饱和脂肪酸有益于智力发育，更是合成胎宝宝神经髓鞘的重要物质。海鱼、海虾、核桃、奶酪、三文鱼、杏仁、开心果、花生等，可以多吃一些。

· 语言胎教，用故事培养想象力。色彩丰富、富于幻想的儿童图书是绝好教材，孕妈妈根据内容、运用想象在自己脑海里编排出故事情节，传递给胎宝宝，这些有利于宝宝将来拥有丰富的想象力和创造力。

· 美育胎教，培养胎宝宝的创造力。美的作品，能够开拓人的思维和视野。选修插花或者布艺等手工艺班，对胎宝宝来说就是一个非常好的美育胎教，缝纫、画画、剪纸、陶艺……亲自动手，让胎宝宝和你一起感受美、创造美吧!

· 情绪胎教，不要患得患失。因为重视腹中的宝宝，孕妈妈容易出现患得患失的心理，这时可以看一些温情电影，如《阿甘正传》《天使爱美丽》《音乐之声》等，你会发现生活原来隐藏着那么多的美好，心情也随之开朗起来。

· 运动胎教，缓解下肢浮肿。大多数孕妈妈在怀孕期间都会出现下肢浮肿，为减轻症状，孕妈妈每天卧床休息至少9～10小时，中午最好平卧休息1小时，左侧卧位利于水肿消退。已发生水肿的，睡觉时把下肢稍垫高可以缓解症状。

第142天

20W+2D（20周又2天）

孕6月妈妈与宝宝

胎儿情况

子宫大小：子宫底长为18～21厘米。

胎儿的情形：身长约30厘米，体重约600～700克。

胎儿的发育：头发变浓，眉毛和睫毛开始生长。羊水增多，胎儿能自由地变换位置，活动更加频繁。

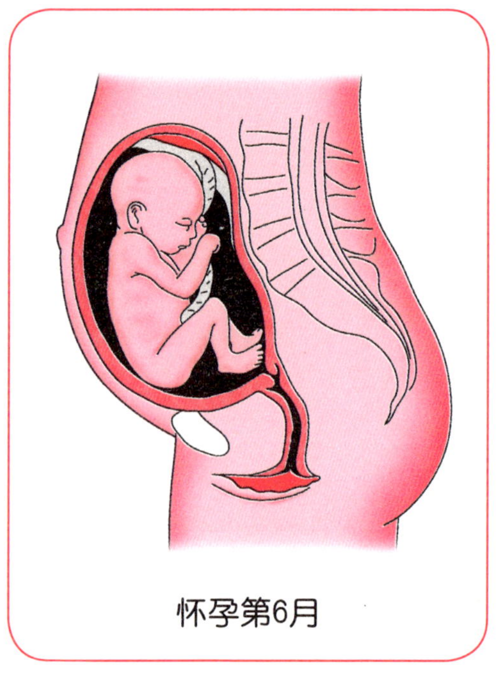

怀孕第6月

母体情况

母体的变化：腹部越来越大，已接近典型孕妇的体型。体重急剧增加。膨大的腹部破坏了整体的平衡，使人易感疲劳，同时伴有腰痛。睡眠中有时出现腿部痉挛。在腿肚以及膝盖内侧，容易出现静脉瘤。已能明显地感觉到胎动。

专家叮咛

容易出现的异常反应：由于胎儿在发育过程中需从母体吸收大量的铁分，从而使母体血红蛋白浓度降低，引起贫血。激素的分泌使小肠作用减退，同时，直肠受子宫的压迫会出现顽固性便秘。有时直肠或肛门处会出现淤血，形成痔疮。如果一整天都感觉不到胎动时，请立即到医院就诊。

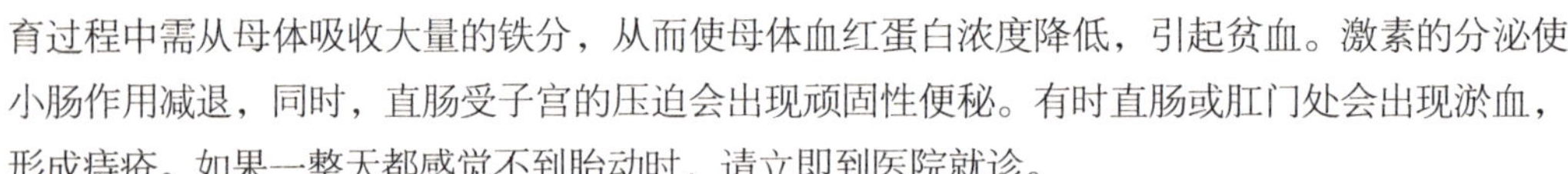

注意事项：饮食上要多摄取铁分，在保持营养均衡的同时，要防止身体发胖。为防止腰、背部的疼痛，可做一些孕期体操。高龄孕妇更容易患静脉瘤，一定要多运动或做一下按摩，以防下身变冷。

定期检查：每4周做一次健康检查。检查事项主要包括：体重、血压、尿检、子宫底、腹围测定、胎儿心音、血液、心电图、超声波检查、血糖浓度。

第143天

20W+3D（20周又3天）

孕6月营养与饮食

现在的你孕味开始凸显了，食欲也不错，你的身体能更有效地从食物中吸收营养，因此与往常相比，你不必吃得太多。重要的是应该摄取多种多样的食物，保证蔬菜、水果、面包、坚果、果实的供应。

尽量别喝茶或喝咖啡，它们会减少你的身体从食物中吸收的铁的数量。这是因为茶和咖啡中含有丹宁酸，阻碍对铁的吸收。

吃大量的全麦食品（如糙米、全麦面包等）对大多数孕妇来说问题不大，但如果吃得过量就会影响身体对钙、铁、锌的吸收。

豆类应该多吃。豆类不仅能提供能量和纤维，还含有一定量的铁，因此每个人的日常饮食都应该包括豆类。尽量多吃豆类。橙子、西红柿等富含维生素C的食品有助于铁的吸收。

主打营养素：铁

作用：防止缺铁性贫血

此时的准妈妈和胎宝宝的营养需要量都在猛增。许多准妈妈开始出现贫血症状。铁是组成红细胞的重要元素之一，所以，本月尤其要注意铁元素的摄入。

为避免发生缺铁性贫血，准妈妈应该注意膳食的调配，有意识地吃一些含铁质丰富的蔬菜、动物肝脏、瘦肉、鸡蛋等。还可以从这个月开始每天口服0.3～0.6克硫酸亚铁。

小提示　孕期补铁食谱推荐

【鸭血青菜汤】

原料：鸭血、时令蔬菜。

做法：将鸭血和青菜洗净切小块。水烧开加入少量虾皮、盐，再加入鸭血和青菜。勾芡成糊状，煮3分钟即可。

【黑枣桂圆糖水】

原料：黑枣20克、桂圆肉10克、红糖25克。

做法：将黑枣、桂圆肉洗净，加清水500毫升，再加入红糖，煮熟或隔水炖40分钟即可。

用法：每日1剂，1次吃完，可长期食用。

第144天

20W+4D（20周又4天）

抚摸胎教课：踢肚游戏

外国育儿专家提出了一种“胎儿体操与踢肚游戏”胎教法，从怀孕5～6个月母亲能感觉到胎儿形体的时候开始，通过母亲与胎儿进行游戏，达到胎教的目的。

现再尝试这一课，正是时候吧。

准备姿势

孕妇全身放松，呼吸匀称，心平气和，仰卧在床上，头不要垫得太高，面部呈微笑状，双手轻放在胎儿位上。也可将上半身垫高，采取半仰姿势。一定要感到舒适。

具体方法

胎儿踢肚子时，孕妇轻轻拍打被踢部位几下；一两分钟后，胎儿会在拍打部位再踢；改变部位，孕妇轻轻拍打腹部几下。改变部位离上一次被踢部位不要太远；1～2分钟后，胎儿会在改变后的部位再次踢。如此循环，每天进行2次，每次3～5分钟。

第145天

20W+5D（20周又5天）

语言胎教课：故事《南瓜星上的孩子》

宇宙中有一颗星，叫南瓜星。

南瓜星上的孩子们舒服极了，他们连一丁点儿活都不用干。爸爸妈妈都说：“你们只要好好学习就行！”

为了不耽误儿子看书，儿子的鞋带总是由爸爸来系。

为了让女儿多练一会儿钢琴，妈妈拿着小勺亲自给女儿喂饭。

南瓜星上的孩子们真有出息：在这里，两岁的小孩儿会书法，会画画，会打算盘；三岁的小孩儿会唱歌，会跳舞，还会下围棋；四岁的小孩儿能演奏九十九种乐器。

地球上的小孩儿到六岁半才上学。可是，在南瓜星上，六岁半的孩子都已经大学毕业了。这些大学生们学到了许多知识，偏偏没有学会干活。

日子一年一年过去了。终于有一天，南瓜星上的爸爸妈妈们都老了，都去世了。从此，这个星球上再也没人会系鞋带，会使小勺了。

不会系鞋带怎么走路呀？不会使小勺怎么吃饭呀？没办法，总统只好派飞碟去地球上请老师。

飞碟飞得真快：不几天，地球上的老师请来了。这些老师是谁？是幼儿园的小朋友！有大班的、中班的，也有小班的。

幼儿园的小朋友开始给他们上课了。小班的孩子教南瓜星上的人用小勺吃饭；中班的教他们系鞋带、扣纽扣；大班的教他们叠被子、扫地、洗碗。

南瓜星上的人跟地球上的小朋友学会了本领，也明白了一个道理，那就是：孩子们从小要学会“自己的事情自己做”。

第146~147天
21W（21周）

每周胎教活动

书法《吃亏是福》及其故事

不计得失，是郑板桥养生之道。他一生当中，为人处世，不为名利，不计得失，言行一致，表里如一。板桥先生写过两条最著名的字幅，除前面介绍过的“难得糊涂”外，就是这幅“吃亏是福”。这两幅字蕴含了深刻的哲理，不计得失，求于心安，是他一生中为人处世的准则。“吃亏是福”耐人寻味，值得借鉴。

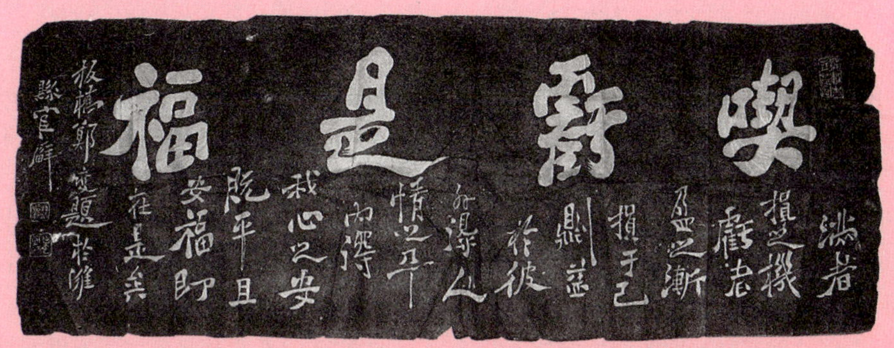

[故事：“吃亏是福”的由来]

郑板桥在署潍县知县期间，接到堂弟郑墨的信，为了祖传房屋一段墙基与邻居诉讼，要他函告兴化知县相托，以便赢得这场官司。郑看完信后，立即赋诗回书：“千里捎书为一墙，让他几尺又何妨？万里长城今犹在，不见当年秦始皇！”

稍后，他又写下“吃亏是福”这幅大字。并在“吃亏是福”大字下加注：

“满者损之机，亏者盈之渐，损于己则盈於彼，外得心情之平，内得我心之安，既平且安福即在是矣。”

能吃亏是做人的一种境界，会吃亏是处事的一种睿智。

吃亏未必亏，惜福才有福！

“吃亏”不光是一种境界，更是一种睿智。

吃得亏中亏，方得福外福。贪看无边月，失落手中珠。

“吃亏”不光是一种境界，更是一种睿智。能够吃亏的人，往往是一生平安，幸福坦然。不能吃亏的人，在是非纷争中斤斤计较，他只看局限在“不亏”的狭隘的自我思维中，这种心理会蒙蔽他的双眼，势必要遭受更大的灾难，最终失去的反而更多。

吃亏不但是一种胸怀、一种品质、一种风度，更是一种坦然，一种达观，一种超越。

第148天 21W+2D（21周又1天）孕妇瑜伽练习要领

练习瑜伽可以让人充满自信、身心和谐，对身体健康和人生态度产生巨大的影响。孕妇瑜伽是一项很好的孕期运动。特别提醒：孕妈妈练习瑜伽前要征求医生的意见和认可。

练习注意事项

（1）在练习的过程中，可以选择不同的动作。但是必须依据个人的需要，以练习舒适为度，如有任何的不适应立即停止，或选择适合自己的动作。

（2）动作要配合好呼吸。妊娠期间练习不要练习悬息。

（3）向两侧的动作应先练习右侧再练习左侧。

（4）怀孕腹部隆起后要避免面朝下的练习。

（5）每做完一个姿势都要安排放松，直到呼吸和心跳恢复正常。

（6）做左右扭转的动作，重点是扭转上部脊柱。

（7）做完后弯腰的动作后不可进行左右扭转练习，相反也是。否则易伤脊柱。

（8）如果有高血压，练习时不要将手臂上举过头。

（9）饭后3～4个小时之后才可以练习。

（10）妊娠第三个阶段仰卧会引起血压降低，因此可以采用侧卧。

（11）练习中如有任何的不适，应立即停止。

瑜伽的正确呼吸法

练习瑜伽，首先要掌握正确的呼吸法。

（1）平躺好，仰卧在垫子上，屈膝，两膝靠拢，双脚分开，略比臀宽。

（2）待感觉呼吸平稳时，放松手臂、手、肩膀，双手轻放于腹部，鼻子吸气并有意识地让空气到达体内手下方的位置，手臂不动，让气流带动两手自然分开，进行10次有控制的深呼吸。

（3）将双手移至乳房下方以及乳房上方锁骨以下的位置，各重复10次深呼吸，默记空气通过肺的各个部位时的感觉。

（4）以平常的方式呼吸10次以放松身体，手臂置于身体两侧，手心朝上。

（5）接下来进行一次缓慢的有控制的深呼吸，让空气逐渐从肺底部至中部，最后到顶部充满整个肺；呼气时，先呼出肺顶部的空气，然后是中部最后是底部。重复10次。

（6）以平常的呼吸方式放松即可。

第149天 21W+2D（21周又2天）运动胎教课：瑜伽体式（一）

孕妈妈练习瑜伽，须根据自己的身体情况，决定运动时间长短，以舒适为基本原则。做过瑜伽后，孕妈妈会感觉到神清气爽，精神舒畅，腹中的胎宝宝也能充分感受到妈妈的这份舒畅。

孕妈妈瑜伽——冥想式

适合整个孕期。

做法 双脚交叉盘坐,脊柱挺直收腹,双手手掌向下放在双膝上，肩、肘放松，微微自然闭眼，排除大脑中杂念，调整正常的呼吸。

益处 放松身心的冥想式打坐，有助于髋关节的伸展，增强柔韧性，对于未来分娩有益。

孕妈妈瑜伽——蝶式

蝶式简单。

做法

①慢慢地坐在床上或垫子上，两膝曲起，两脚脚心相对，双手抓住曲脚尽量向内拉。

②上下轻轻抖动双膝，像蝴蝶轻轻拍打翅膀一样。

益处 能伸展孕妈妈的骨盆，缓解腰痛，利于自然分娩；预防尿道方面的疾病，增加下背部、腹部和骨盆的血液流量；预防静脉曲张。

孕妈妈瑜伽——蹲式

蹲式也很简单。

做法

①挺身直立，双脚分开，双臂自然下垂，双手在腹前十指相扣。

②双膝微曲，一边呼气一边慢慢蹲，直到大腿与地面平行。

③尽自己所能继续慢慢下蹲，保持双腿的肌肉绷紧；然后慢慢伸直身体，吸气回到站立姿势，每天做5～6组。

益处 加强腰背、双膝、两大腿及子宫肌的力量，还能延缓衰老，整个孕期都可以练习。

第150天 21W+3D（21周又3天）运动胎教课：瑜伽体式（二）

孕妈妈瑜伽——山式

做法

①双脚并拢站立，伸展所有脚趾；

②膝盖绷直，向后用力；

③脊柱向上伸展，放下肩膀；

④颈部挺直，目视前方；

⑤向上伸展双臂、双手互扣，拉开身体。

⑥保持1～2分钟。

益处 找到脚趾脚跟和身体中心线的平衡点，使身体受力均匀，改善姿态增强活力，更可调整脊柱的不适，使臀部上提，胸部开阔，双肩放松，是很好的改善疲劳的姿势，孕期保持练习，产后腰部、脚跟的不适会大大缓解。

孕妈妈瑜伽——束角式

做法

①坐姿，双脚脚心相对，靠近大腿根；

②膝盖下沉，挺直脊柱，双眼注视前方或内视鼻尖，保持稳定呼吸；

③呼气身体向前弯曲，尽量放低身体靠近地面，保持30～60秒吸气；

④还原身体，放松双腿。

⑤重复2～3遍。

益处 供给骨盆、腹部、背部足够的新鲜血液，使肾脏、膀胱保持健康，促进卵巢功能正常，怀孕时每天做几次，可以减少分娩时的痛苦，还能够避免静脉曲张。

第151天 21W+4D（21周又4天）运动胎教课：瑜伽体式（三）

孕妈妈瑜伽——阿帕那式

做法

①仰卧，将膝盖并拢，双脚分开，弯曲至胸前。

②双手分别放在两膝上，整个练习中双手都要放在这个位置。

③吸气时伸直手肘，缓慢推动膝部与身体分离。

④呼气时双膝收回至胸部。

⑤重复10～20次。

练习时臀部要一直与地面接触。孕妈妈还可以非常安全地练习双腿分开的姿势，减轻背部疼痛，另外这个简单而重要的瑜伽姿势可以帮助恢复身体的协调，做起来也非常舒适。

益处 这是一种有助于排除体内毒素的孕妈妈瑜伽姿势，可以帮助清除肺部的二氧化碳，促进消化和吸收，起到按摩腹部器官的作用。

孕妈妈瑜伽——婴儿式

从孕中期开始，应该有意识地锻炼骨盆部位和髋部，为分娩做好准备。

做法

①仰卧，双膝屈于胸前。

②双膝保持弯曲，向上举起双脚，小腿与地面垂直。

③双手握住两脚外侧边缘，两腿膝盖靠近腋窝，尾椎骨贴紧地面。

④保持这个姿势，以感觉舒适为限度，然后双脚放回地面，双膝弯曲。

⑤双膝屈于胸前，吸气。

⑥呼气，双膝置于身体右侧并贴地。注意不要向上抬脚。

⑦吸气，双膝回复起始姿势。

⑧呼气，双膝置于身体左侧并贴地。

⑨吸气，回复起始姿势。

⑩身体每侧动作各重复5次。

第⑤步以后的动作可以减轻练习时髋部所产生的紧张感。

提示 妊娠30周以后的孕妈妈不能练习婴儿式的姿势。

益处 这套婴儿式可以帮助孕妈妈伸展髋部和骨盆部位。

第152天

21W+5D（21周又5天）

运动胎教课：瑜伽体式（四）

孕妈妈瑜伽——直角式

适合初级练习者，孕初期、孕中期、孕晚期皆可练习。

做法

①事先在手边准备一两个枕头，坐在地面上双腿伸直，髋部一侧靠墙；

②身体向后侧靠，手肘支撑身体的力量，双腿向墙面旋转，最后身体平躺与墙面成直角；

③双脚靠墙向上伸直，移动臀部并尽可能靠近墙面；

④屈膝，双脚压在墙面上，抬起臀部，在下面塞两个枕头，枕头和臀部都要靠墙；

⑤双腿向上伸直，手臂在身体两侧伸直，闭上眼睛放松。

提示 一般来说，孕妇不宜练习倒立。但是这个姿势只需把腿竖起来，因此不会对孕妇构成危险。

锻炼作用 这个姿势特别能放松身体，极力推荐。它可以使内部器官和胎儿在重力压迫的状态中得到放松，减轻静脉曲张的症状，使身体恢复活力。

孕妈妈瑜伽——新月式

适合中级练习者，孕初期、孕中期、孕晚期皆可练习。

做法

①双膝跪立，吸气，呼气，呼气时右腿向前伸直；

②再吸气向前举起手臂，然后把手举过头顶；如果有高血压，只需双手合掌放在胸前；

③呼气时，弯曲右膝成弓步，左臀放低，身体向上舒展，伸直手臂，但是肩部要放松。

如果你没有颈椎疾病，可以轻柔地把头抬起，眼睛仰视双手。如果你的背部比较灵活，身体可以轻微地向后靠。

提示 如果你有颈椎疾病，练习时注意不要低头。如果你有高血压，手不要举过头顶。

锻炼作用 可以舒展臀部，增强脊柱的灵活性，也可以舒展胸部，刺激肾脏和肾上腺。

第153~154天
22W（22周）

每周胎教活动
徐悲鸿《马》欣赏

徐悲鸿与马一起奔跑

徐悲鸿以画马著称于世，他的画第一次印刷出版的是马，第一次得到当时画界著名画师称赞的也是马。

徐悲鸿画马造化为师，即以真马为师。在继承唐宋诸家细线描法的同时，一改前人线描为水墨大写意。粗犷奔放的轮廓线紧扣马的结构，巧妙融入西法光影块面之造型。以真为师的同时稍加长马腿，强调骨点。鬃尾均呈飞扬之势。用墨可先施浓，也可先施淡，关键在于笔墨浓淡珠联璧合，相得益彰。

徐悲鸿画马，不仅只为一般观赏，而大多是借以抒发郁结难言之悲愤和爱国忧世的心情。1932年，驻沪19路军与上海人民奋起抗日，徐悲鸿出于爱国热情，奋笔挥毫，画了一匹昂首屹立的马，命名为《独立》，表达出盼望祖国独立强盛的时代意识，令人感奋。

1935年，徐悲鸿画《奔马》一幅，在画上题写了“此去天涯将焉托，伤心竟爽亦徒然”，忧国忧民之心溢于言表。他的《嘶马图》，画一匹马在荒野里奋跃前蹄，题“哀鸣思战斗，迥立向苍苍”的诗句。他还画了“相期效死得长征”的奔马，热切期望中华民族觉醒，奋起自救。

第155天

22W+1D（22周又1天）

数胎动胎教

胎动，是子宫内胎儿生命健康的重要标志。孕妈妈数胎动可以成为一种很好的胎教施教方式。

在通常情况下，第1次胎动是在妊娠18～20周之间。此时，孕妇应该坚持有规律地数胎动，时间最好固定在每天晚间8～9点，胎动一般平均每小时3～5次。

孕妇每天坚持自数胎动，既是十分简便而且是行之有效的对胎儿进行监护的办法，又可以与多种基本的胎教方法结合起来，成为一种很好的胎教施教方式。

数胎动时，由于母亲对胎儿的高度注意，所以是实施胎教的很理想的时机。通过对胎儿身体姿态的丰富想象，自然而然地就可以对胎动进行生动描绘，这时对胎儿进行对话，就能够增进母子之间的感情交流。

比如说："这一下是头撞，练的是头功；这一下是击拳，拳功真棒；这一下是踢脚，大有足下生风、临门劲射之势。又来了，这回可是全身运动，舒展开怀……"

一边联想，一边轻声地喝彩鼓励。母亲这些意念作用，无疑会增加母子之间的依恋之情，对于胎儿出生后的心理、智力、意志、爱好、情趣以及生长发育都将产生良好的影响。

许多胎教成功者最深刻体会是：胎儿蕴藏着神秘莫测而又巨大的生命力。孕妇每天看电视中的新闻联播以及天气预报之后，定时自数1小时的胎动，并且把胎动次数记录下来，逐日逐月绘成一张胎动图，只要持之以恒，这幅图将会是一份保健图。

这幅图如果保存起来，也是很有意义的，这何尝不是一份母爱示意图。

第156天

22W+2D（22周又2天）

抚摸胎儿的益处

轻柔的抚摸，是父母与胎儿最早的触觉交流。他们可以通过手感受孩子的胎动，宝宝也可以通过温柔的爱抚感受到父母的爱。胎教就是从爸爸妈妈的抚摸开始的。

在妊娠期间，孕妇经常温柔地抚摸一下腹内的胎儿，这是一种简便有效的胎教运动，值得每一位孕妇积极采用。具体而言，抚摸胎儿有以下益处：

促进胎儿的智力发育

抚摸的过程中可以锻炼胎儿皮肤的触觉，并通过触觉神经感受体外的刺激，从而促进了胎宝宝大脑细胞的发育，加快胎儿智力的发育。

激发胎儿的运动能力

抚摸还能激发胎宝宝活动的积极性，促

进运动神经的发育。经常受到抚摸的胎儿，对外界环境的反应也比较机敏，出生后翻身、抓握、爬行、坐立、行走等大运动发育都能明显提前。

增进亲子关系

抚摸胎教的过程中，不仅让胎儿感受到父母的关爱，还能使准妈妈身心放松、精神愉快。通过对胎儿的抚摸，母子之间沟通了信息，交流了感情，从而激发了胎儿的运动积极性，可以促进出生后动作的发展。在动作发育的同时，也促进了大脑的发育，会使孩子更聪明。

小提示

父母用手轻轻抚摸胎儿或轻轻拍打胎儿，通过孕妇腹壁传达给胎儿，形成触觉上的刺激，可以促进胎儿感觉神经和大脑的发育。所以，准妈妈们在闲暇之余，不妨经常抚摸腹部。

22W+3D（22周又3天）

胎教活动课：折纸2例

1.连衣裙

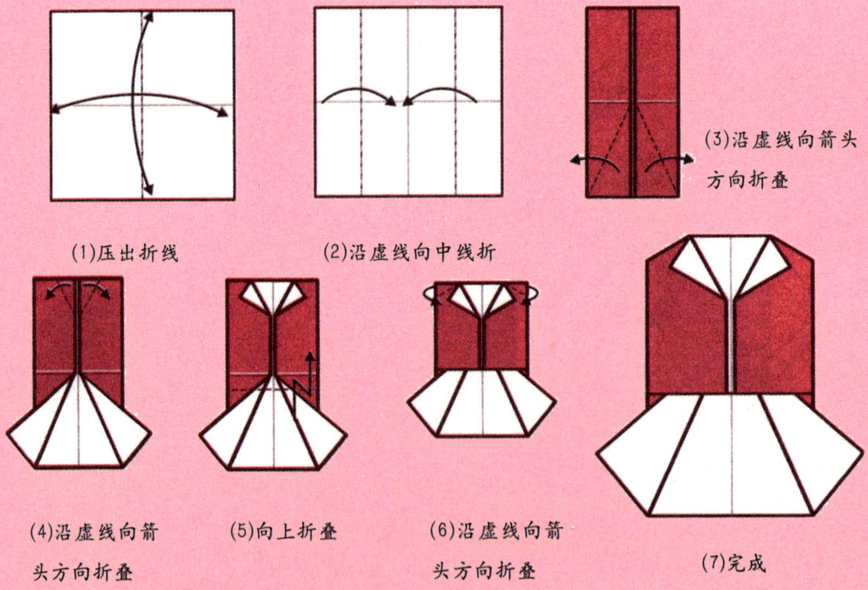

(1)压出折线

(2)沿虚线向中线折

(3)沿虚线向箭头方向折叠

(4)沿虚线向箭头方向折叠

(5)向上折叠

(6)沿虚线向箭头方向折叠

(7)完成

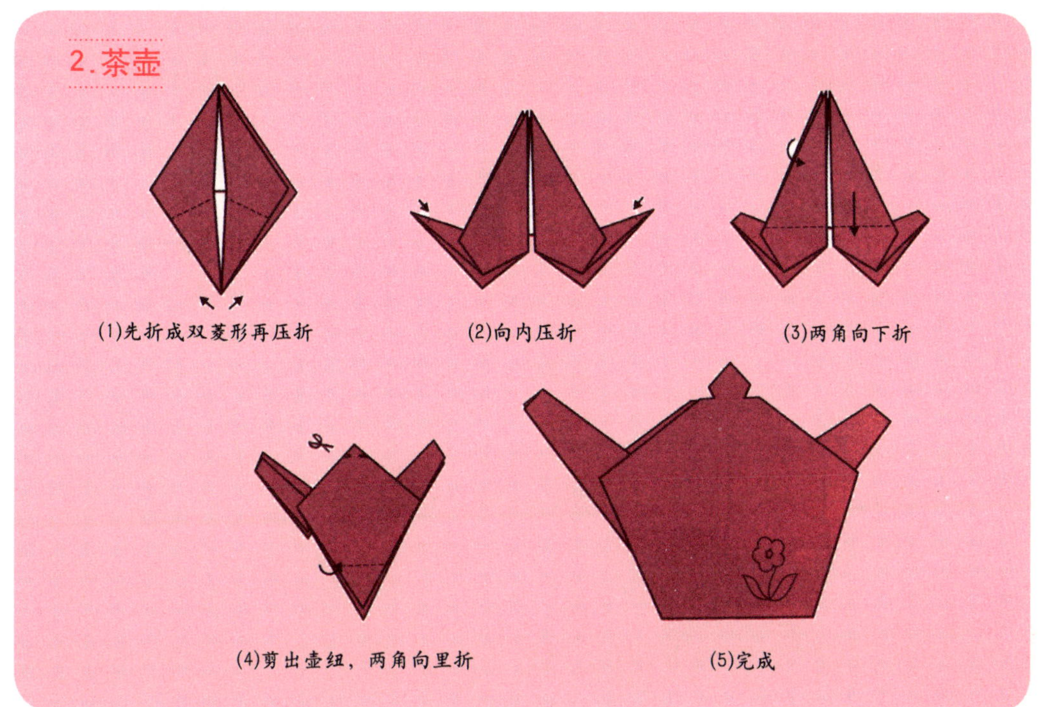

第158天

22W+4D（22周又4天）

语言胎教课：给宝宝读儿歌(一)

1.一只小蜜蜂

一只小蜜蜂呀，
飞到花丛中呀，飞呀，飞呀。
二只小耗子呀，
跑到粮仓里呀，吃呀，吃呀。
三只小花猫呀，
去抓小耗子呀，追呀，追呀。
四只小花狗呀，
去找小花猫呀，玩呀，玩呀。
五只小山羊呀，
爬到山坡上呀，爬呀，爬呀。
六只小鸭子呀，
跳到水里面呀，游呀，游呀。
七只小百灵呀，
站在树枝上呀，唱呀，唱呀。
八只小孔雀呀，
穿上花衣裳呀，美呀，美呀。
九只小白兔呀，
竖起长耳朵呀，蹦呀，蹦呀。
十个小朋友呀，
一起手拉手呀，笑呀，乐呀。

2. 小螃蟹

小螃蟹，真骄傲，
横着身子到处跑，
吓跑鱼，撞倒虾，
一点也不懂礼貌。

3. 花猫照镜子

小花猫，喵喵叫，
不洗脸，把镜照，
左边照，右边照，
埋怨镜子脏，
气得胡子翘。

4. 小青蛙

小青蛙，呱呱呱，
水里游，岸上爬，
吃害虫，保庄稼，
人人都要保护它。

5. 小耗子

小耗子，上灯台，
偷油吃，下不来，
吱吱吱吱叫奶奶，
奶奶不肯来，
叽里咕噜滚下来。

6. 老虎学爬树

老虎学爬树，
请教小松鼠。
只顾学上树，
忘了学下树。
老虎爬上树，
不会爬下树。
再找小松鼠，
早已回家去。
平时山中王，
抱树急得哭。

第159天 22W+5D（22周又5天）
语言胎教课：给宝宝读儿歌（二）

7. 人有两件宝

人有两件宝，
双手和大脑，
双手能劳动，
大脑能思考。

8. 小手指甲长

指甲长长不剪掉，
又像小猫又像豹，
小手伸给奶奶瞧，
奶奶见了吓一跳。

9. 别咬手指头

有的小朋友，
爱咬手指头，
细菌从口入，
得病全家愁。

10. 洗手帕

小手帕，印花花，
哪儿脏了擦一擦。
擦脏了，泡水里，
自己动手洗一洗。

11. 漱口

小花杯，装清水，
“咕噜咕噜”漱漱嘴。
要想牙齿好，
吃过东西快漱嘴。

12. 睡午觉

枕头放放平，
花被盖盖好。
小枕头，小花被，
跟我一起睡午觉，
看谁先睡着。

13. 花好我不摘

公园里，花儿开，
红的红，白的白，
花儿好看我不摘，
人人都说我真乖。

14. 红绿灯

大马路，宽又宽，
警察叔叔站中间，
红灯亮，停一停，
绿灯亮，往前行。

15. 学扣扣

小牛学扣扣，用手使劲揪；
小柳学扣扣，用手来回抠；
小妞学扣扣，对准扣眼扣。
小牛、小柳和妞妞，
谁学会了扣纽扣？

第160~161天

23W（23周）

每周胎教活动
益智小游戏(6月期)

夫妻配对

根据题目所给的条件，你能否把上面的丈夫和下面的妻子正确配对？

填表格

填表格，使得每行每列均包含字母A、B、C和两个空格。表格外的字母表示箭头所指方向的第1或者第2个出现的字母，如B1代表箭头所指方向出现的第1个字母为B，你能完成要求吗？

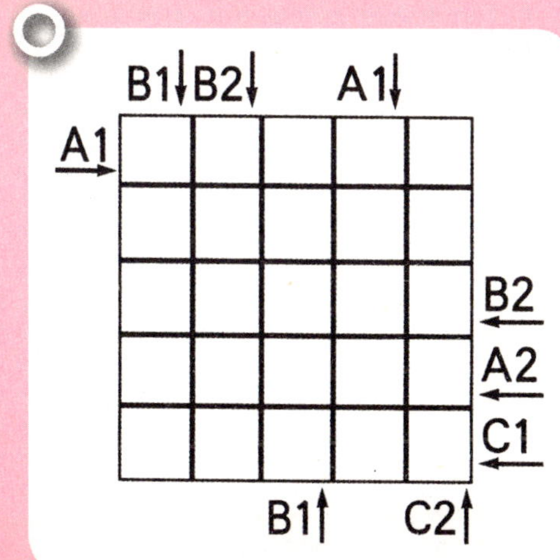

（答案见154页）

5月期答案

小孩1，R.D.是艾达的孙子；
小孩2，J.J.是维拉的孙女；
小孩3，T.J.是朱利的孙子；
小孩4，O.P.是弗农的孙子。

	A		B	C
		C	A	B
B		A	C	
C	B			A
A	C	B		

第162天

23W+1D（23周又1天）

爱抚肚皮胎教法

"爱抚肚皮胎教法"，其实就是抚触胎教，是让你和先生通过轻轻拍抚肚皮、或聆听肚皮里的声音等亲密动作，达到你与先生、胎儿三方的互动与情感交流。

"爱"和"包容"是必备要诀

胎教要想做得好，前提是夫妻感情和睦。因此，"爱"和"包容"是成功胎教的必备要诀。因为，只有夫妻间彼此相爱，胎儿才能在爱和安全的环境里健康成长。

根据国外的研究，婴儿如果很少被触摸、爱抚，很容易出现心理疾患，并且生长、发育迟缓。所以，如果从胎儿期便经常充满爱意地触摸、按摩婴儿，将能有效促进婴儿养成良好的性格和迅捷的反应能力。

另外，准妈妈对胎儿的触抚，不仅能传达她对胎儿的关爱，还能使孕妇本身处在一种身心放松的状态，达到安抚胎儿与舒缓母亲情绪的双重功效。

实施月份

通常在怀孕第4个月时，就能明显感觉到胎动，而到了怀孕的第六个月，胎儿踢脚、翻跟头、扭转身体的动作要明显频繁地多，这个时候，是实施爱抚肚皮胎教法的最佳时机。

练习方法

胎儿的每次胎动，都会带给你一种莫名的兴奋。只要胎儿在动，你就可以用你的手轻轻地，充满爱意地抚摸你的肚皮，让胎儿感受到你对他的关爱。或者，你可以在一个安静的场所，采取一种最舒服的姿势，每天花10分钟，不听音乐，不说话，集中精力用手的抚摸和宝宝进行独特的情感交流。

这项工作也可由宝宝的父亲协助完成，准妈妈躺在床上，准爸爸对胎儿的触抚，可以让胎儿充分感受到家的温暖。

注意事项

在实行爱抚肚皮胎教法的时候，一定要记住一个原则，就是在轻抚肚皮的时候，一定要充满爱意，千万不要经常性地情绪不佳，也不要用力拍打、按压肚子，以免造成腹部疼痛、子宫收缩，引发早产。

试一试吧，爱抚肚皮胎教法不仅能使胎儿成长为高智商、高情商的优质宝宝，而且能让准妈妈心情愉快。

第163天

23W+2D（23 周又 2 天）

语言胎教课：和宝宝读唐诗（五言篇）

登鹳雀楼

王之涣

白日依山尽，黄河入海流。
欲穷千里目，更上一层楼。

静夜思

李白

床前明月光，疑是地上霜。
举头望明月，低头思故乡。

春　晓

孟浩然

春眠不觉晓，处处闻啼鸟。
夜来风雨声，花落知多少。

赋得古原草送别

白居易

离离原上草，一岁一枯荣。
野火烧不尽，春风吹又生。
远芳侵古道，晴翠接荒城。
又送王孙去，萋萋满别情。

悯农二首

李绅

春种一粒粟，秋收万颗子。
四海无闲田，农夫犹饿死。

锄禾日当午，汗滴禾下土。
谁知盘中餐，粒粒皆辛苦。

咏　鹅

骆宾王

鹅，鹅，鹅，曲项向天歌。
白毛浮绿水，红掌拨清波。

江　雪

柳宗元

千山鸟飞绝，万径人踪灭。
孤舟蓑笠翁，独钓寒江雪。

乐游原

李商隐

向晚意不适，驱车登古原；
夕阳无限好，只是近黄昏。

望　岳

杜甫

岱宗夫如何？齐鲁青未了。
造化钟神秀，阴阳割昏晓。
荡胸生层云，决眦入归鸟。
会当凌绝顶，一览众山小。

游子吟

孟郊

慈母手中线，游子身上衣。
临行密密缝，意恐迟迟归。
谁言寸草心，报得三春晖。

第164天

23W+3D（23周又3天）

对胎儿进行游戏训练

谈到胎儿做游戏这一问题，可能会有人疑惑不解，胎儿怎么会做游戏呢？是啊，一般来说做游戏是出生后的孩子们的“专利”。可近几年来随着医学科学的发展和超声波的问世，医学家发现胎儿在母体内有很强的感知能力。

父母对胎儿做游戏胎教训练，不但增进了胎儿活动的积极性，而且有利于胎儿智力的发育。我们可以通过胎儿超声波的荧屏显示，来观察一下胎儿在母体内的活动情况：胎儿在某一天醒来时伸了一个懒腰，打了一个哈欠，又调皮地用脚蹬了一下妈妈的肚子，这使他感到很满意。

从胎儿这些动作和大脑的发育情况分析，科学家们认为胎儿完全有能力在父母的训练下进行游戏活动。

据国外报道：天才儿童迭戈在母亲腹内第3个月起他的父母亲就开始对他进行游戏训练，通过敲他母亲的腹壁观察他的反应。经过一段时间的训练，小迭戈已经会调皮地与人玩游戏了。当有人敲他母亲1下，他也敲1下，你敲2下，他也敲2下。而且，他的父母很自豪地说，他们的孩子一出世就聪明伶俐。

可见胎儿是很有潜能的，只要父母不失时机地通过各种渠道对胎儿施于早期胎教，使他获得良好而有益的刺激，其本身的能力会远远超过历史上任何一个天才。

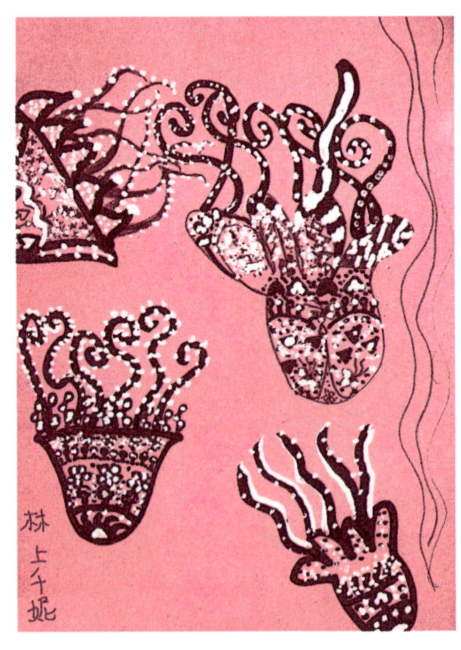

第165天

23W+4D（23周又4天）

语言胎教课：童话《木偶传说》

在很久很久以前，有个老艺人，他用毕生的心血雕刻了一对木偶，一男一女，因为雕刻这对木偶用的材料是从森林境地那里弄来的木头，具有很好的坚韧性，木头的材料很好，可也很硬很难雕刻，所以这对木偶身上经常粘有老人雕刻时受伤的血。老人根本不知道，这种木头粘到血之后，就会具有一定的灵性。

在老人花了很长很长的时间把他们雕刻好后，就带着这对木偶到处表演，每次的结束动作，都是男木偶把手上的玫瑰送给女的木偶。有一天，森林境地的精灵在点森林境地的树木数量时，发现少了两棵。于是，森林境地的精灵就出来寻找这两个木头，可是当精灵找到这两棵木头时，发现他们已经成了木头人，而且木头沾了人类的血，具有了人类的灵性，已有了人类的思想，只是还不能动。好心的精灵告诉这两个木偶说："再过2、3年，你们就将成为真正有生命的人。"这让木偶们非常高兴，他们多想为老艺人做些事情，每次表演完，老艺人都会拿起干净的布，把他们擦得干干净净，把他们当自己的孩子一样爱，对他们说话，还给他们起了名字，女孩叫贝拉，男孩叫贝克。

可是不幸的事发生了，当冬天来到的时候，由于老人的房子太破，又没有很厚的被子，老人病倒了，病得很重又没人照顾，老人奄奄一息。似乎活不久了，这时，木偶们非常的难过，竟然像人一样流起眼泪来，他们祈祷老人能好，可看着躺在床上快要死了的老人，他们又不能去照顾，心里难过极了。于是，他们用心呼唤精灵帮帮他们，精灵听到了他们的呼唤，及时赶来了，他们祈求精灵救救老人，可精灵也无能为力，因为他不能对人类施任何魔法。

于是，木偶们恳求精灵能给他们一些时间，让他们动起来，让他们能照顾老人，可精灵说，如果这样的话，那他们将永远不能变成人类的。可木偶并不在乎，有什么比老人的命更重要，于是，木偶在精灵的帮助下能动了，他们帮老人，煮药，喂饭，精心地照顾着老人，在昏迷中的老人似乎感受到了有人在照顾他，那么亲切，那么熟悉。

当一天清晨的第一缕阳光照进屋里时，老人睁开了眼睛，却惊讶地看到，趴在他床边的两个木偶，他们已经又回到原来木偶的样子，老人激动地拿起两个木偶，亲了又亲，激动地流着泪，当泪水滴到木偶身上时，木偶们微笑了。

第166天

23W+5D（23周又5天）

胎教活动课：折纸2例·糖果、天鹅

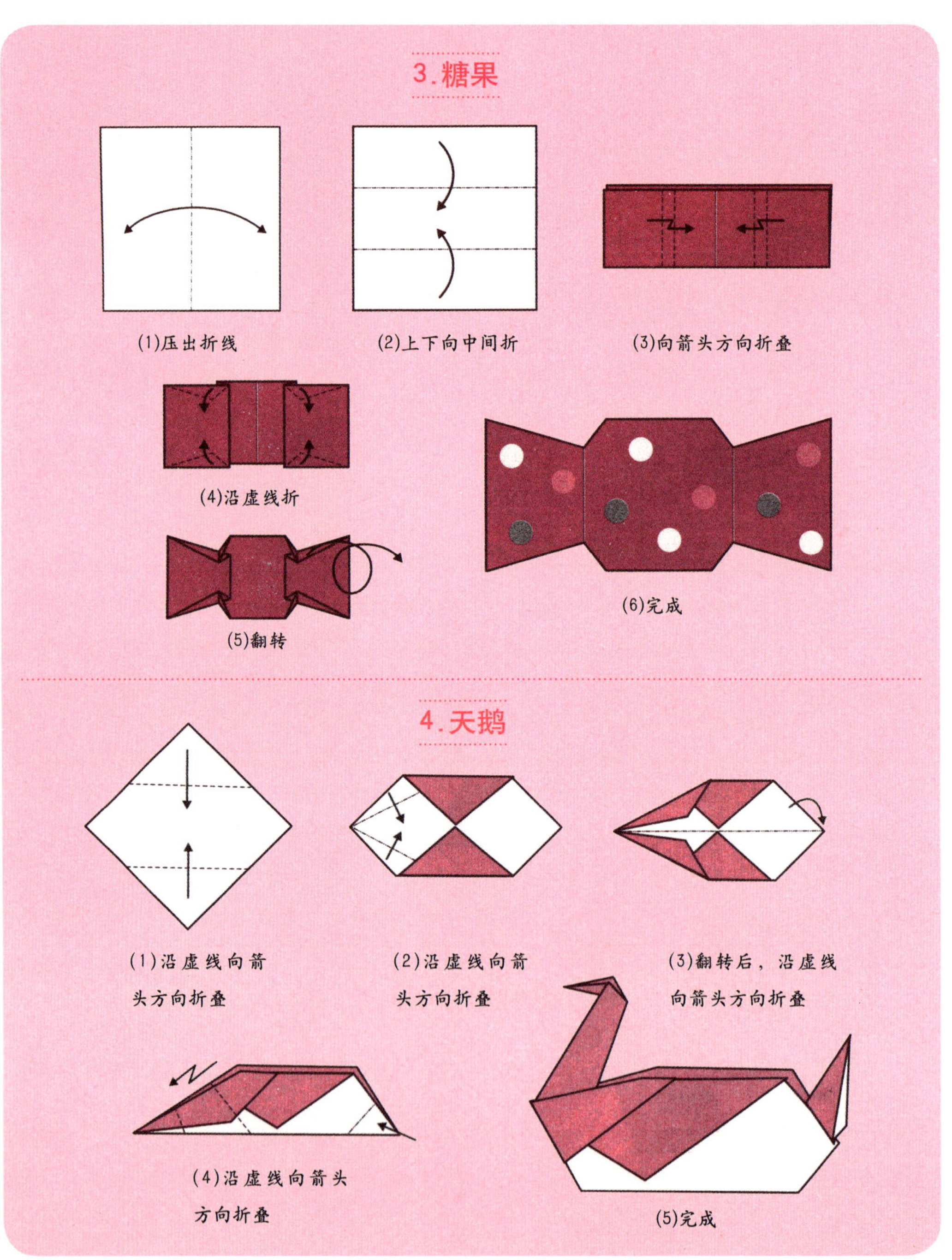

第167~168天

24W（24周）

每周胎教活动
古筝名曲《春江花月夜》赏析

古筝名曲《春江花月夜》，原为琵琶曲，曲名《夕阳箫鼓》（又名《夕阳箫歌》，亦名《浔阳琵琶》《浔阳夜月》《浔阳曲》）。约在1925年，此曲首次被改编成民族管弦乐曲。新中国成立后，又经多人整理改编，更臻完善，深为国内外听众珍爱。

后改用古筝演奏，更具特色，《春江花月夜》也成了古筝名曲，A调，抑扬顿挫，柔柔似水，优雅优美，非常好听。

《春江花月夜》内容丰富，含有摇指，下滑上滑，按音等技巧，是经典的古筝练习曲，可使学者弹奏技巧得到复习和精进。

全曲由引子，主题乐段，主题的八次变奏及尾声构成，是一首独具特色的变奏曲。这种曲式由一个音乐主题乐段作基础，其他各乐段运用各种变奏的手法加以变化，丰富了音乐表现力，推进了音乐发展。这种手法善于细腻、深刻地从不同的意境和角度，去揭示乐曲主题内容，塑造音乐形象。乐曲通过优美质朴的抒情旋律，流畅而富于变化的节奏，丰富多彩的各种演奏技法，有如一幅动人的长卷山水画，贴切地表现了乐曲的诗情画意。下面就曲中的几段音乐做简要的介绍：

引子部分，乐曲第一段江楼钟鼓，是引子及主题显示部分，由清脆嘹亮的古筝滚指连重奏法起奏开始，形象的模拟鼓声由慢渐快。接着引出具有江南风格的音乐主题，抒情、优美、婉转如歌。

句尾的大鼓滚奏音形，描绘出夕阳西下，泛舟江上，游船箫鼓齐鸣的动人情景。紧接着音乐进入主题做“接头合尾”式的变奏，即变奏部分集中在每个乐段的前半部，而后半部则基本相同，也就是前变后同，故有变化对比，又有重复统一，不断推进音乐向前发展。

[其他关联作品]

此外，值得一提的是，另有一首名诗也叫《春江花月夜》。下周的胎教课中将作详细介绍。

建议孕妈妈在熟读这首著名的诗篇后，再回过来重新听听这首名曲，感受可能会更丰富、更陶醉。

第 7 个月 脑发育的又一高峰

第169天 24W+1D（24 周又 1 天） 孕7月胎教指南

胎教重点

帮助胎儿运动，给胎儿讲画册及动物形象，散步、做操、听音乐、会朋友、看书画展、玩轻松的游戏等，以松弛压力，增加愉快。丈夫尽量多陪妻子。

胎教指导

·营养胎教，储备热量和蛋白质。胎宝宝的发育和活动，需要有充足的蛋白质和热量，为将来顺利分娩打下坚实基础。奶和奶制品、大豆和豆制品、鱼、虾等食物富含优质蛋白质，各种坚果、畜肉、面点可提供高热量，可以酌情食用。

·语言胎教，锻炼胎宝宝语言能力。孕妈妈可以给胎宝宝朗读朱自清、冰心、秦牧等作家的散文作品，优美隽永，耐人寻味。另外，《居里夫人传》《三毛流浪记》《钢铁是怎样炼成的》等文学作品，也适合读给宝宝听。

·情绪胎教，塑造胎宝宝良好性格。孕妈妈的修养、品位对胎宝宝的情绪、性格、心理和健康，都起着重要作用，所以，孕妈妈更应乐观坚强，常自己给自己加油!准爸爸也要及时给予支持和鼓励，这对孕妈妈增强自信大有帮助。

第170天 24W+2D（24周又2天）孕7月妈妈与宝宝

胎儿情况

子宫大小：子宫底长21～24厘米。

胎儿的情形：身长约35厘米，体重约1000～1200克。

胎儿的发育：由于大脑功能趋于完善，胎儿已能自己转换方向，并开始控制身体的各项机能，能感知明暗。

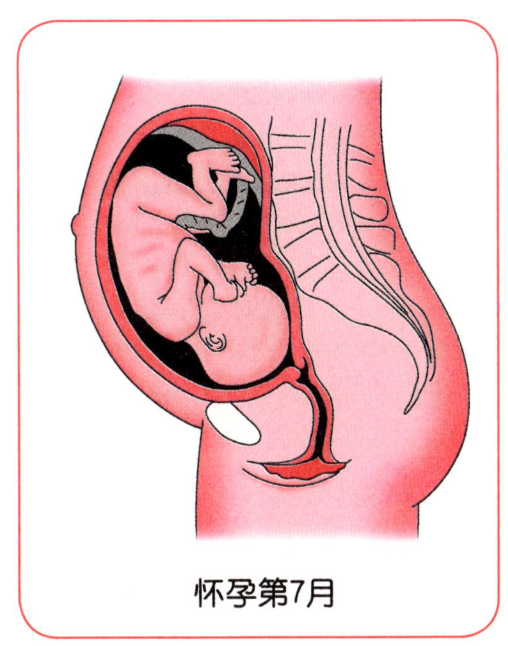

怀孕第7月

母体情况

母体的变化：因子宫增大腹部前突，身体重心前移，腹部易出现妊娠纹，胎动明显并有敏感性子宫收缩。同时，因受激素的影响，髋关节松弛，有时会股部颤抖，步履艰难。子宫越来越大，压迫下半身的静脉，容易引起静脉曲张。而且腰痛、关节痛、足根扎痛、尿频、便秘、痔疮等症状会依然持续。

专家叮咛

容易出现的异常反应：在本月份容易出现早产现象。导致早产的原因很多，必要时可做一下相关检查。

注意事项：一定要养成良好的生活习惯，保持愉快的心情。另外，还可置备一些育儿、生产及产后的必需品。

定期检查：每4周做一次健康检查。检查事项主要包括：体重、血压、尿检、子宫底、腹围测定、胎儿心音、超声波检查。

24W+3D（24周又3天）

孕7月营养与饮食

怀孕的第7个月，可以说喜忧参半。体内激素分泌增加会让很多女人看起来更性感，不过，不断长大的胎儿会压迫你的胃，引起胃部灼热，你也可能会便秘。怀孕期间，你的新陈代谢的速度要增加大概20%，也就是说，即便你在休息，你的体温也比以往要高。如果你觉得体温过高，多喝水，以补充排汗丧失的水分。如果这期间你做过血检，你会发现血液中胆固醇含量升高了，这很正常，没什么好担心的。因为胆固醇是形成很多激素的基础，所以含量会增加。不要吃那些所谓可以降低胆固醇的食品，除非你的医生建议你这么做。

主打营养素：食物纤维

作用：防止便秘，促进肠道蠕动

纤维对保证消化系统的健康很重要，也能够减轻便秘。它还有助于维持稳定的血糖水平。食物纤维分为两种：可溶纤维和不可溶纤维。可溶纤维能让你更久保持吃饱的感觉，让糖分稳定地进入血液。不可溶纤维让食物更快地通过身体，防止便秘，借助排便清除体内废物。

可溶纤维主要包括：苹果、豆类、燕麦、梨和黑面包。不可溶纤维主要包括：水果、绿叶蔬菜、扁豆和全麦麦片。

应付最常见的不适——胃灼热、便秘

减轻胃灼热

胃灼热（烧心）和消化不良是这一阶段的常见症状。体内的黄体酮和不断长大的胎儿都会减缓胃排空，胃酸被挤向上，就会感到烧心。缓解方法是少食多餐，让身体每次都有足够的时间去消化。避免辛辣和油腻的食物，不喝刺激性强的饮料，饭后不要躺着，穿宽松的衣服，都有助于减轻烧心和消化不良。

动起来

防止便秘要比治疗便秘好得多，那么，喝足够的水（每天6～8大杯），多吃纤维食品。运动也会有帮助，试着散步或者游泳。

小提示　预防便秘的推荐菜谱

【无花果粥】无花果30克、粳米100克。先将米加水煮沸，然后放入无花果煮成粥。服时加适量蜂蜜和砂糖。痔疮及便秘患者可食用无花果粥。

【酥蜜粥】酥油30克、蜂蜜50克、粳米100克。先将粳米加水煮沸，然后兑入酥油和蜂蜜，煮成稠粥。适用于阴虚劳损等便秘患者食用。

第172天

24W+4D（24周又4天）

语言胎教课：教宝宝读绕口令(一)

1.数星星

我叫小青青，
抬头看星星。
星星亮晶晶，
不停眨眼睛。
青青数星星，
小手指不停。
一群又一群，
星星数不清。

2.碰碰车，车碰碰

碰碰车，车碰碰，
坐着朋朋和平平。
朋朋开车碰平平，
平平开车碰朋朋。
不知是朋朋碰平平，
还是平平碰朋朋。

3.妞妞和牛牛

妞妞不爱吃肉，
不爱吃豆，
吃饭发愁，
越来越瘦；
牛牛又爱吃肉，
又爱吃豆，
吃饭不愁，
壮得像牛。
你是学妞妞，
还是学牛牛？

4.一面小花鼓

一面小花鼓，
鼓上画老虎，
小槌敲破鼓，
妈妈用布补，
不知是布补鼓，
还是布补虎？

5.白石搭白塔

白石白又滑，
搬来白石搭白塔。
白石搭白塔，
白塔白石搭。
搭好白石塔，
白塔白又滑。

6.扁担长板凳宽

扁担长，板凳宽，
扁担绑在板凳上，
板凳偏要绑在扁担上。
也不知扁担绑在了板凳上，
还是板凳绑在了扁担上。

7.凤凰山上凤凰台

凤凰山上凤花香，
凤凰台上落凤凰，
红凤凰，粉凤凰，
粉红凤凰黄凤凰。

第173天

24W+5D（24周又5天）

语言胎教课：教宝宝读绕口令（二）

8. 老虎和灰兔

坡上有只大老虎，
坡下有只小灰兔；
老虎饿肚肚，
想吃灰兔兔，
虎追兔，兔躲虎，
老虎满坡找灰兔；
兔钻窝，虎扑兔，
刺儿扎痛虎屁股。
气坏了老虎，
乐坏了兔；
饿虎肚里咕咕咕，
窝里笑坏了小灰兔。

9. 吃荸荠

荸荠有皮，皮上有泥。
洗掉荸荠皮上的泥，
削去荸荠外面的皮，
荸荠没了皮和泥，
干干净净吃荸荠。

10. 盆和瓶

车上有个盆，
盆里有个瓶，
乒乒乒，乓乓乓，
不知是瓶碰盆，
还是盆碰瓶。

11. 七个果果

一二三四五六七，
七六五四三二一。
七个阿姨来摘果，
七个篮子手中提。
七个果子摆七样，
苹果、桃儿、石榴、
柿子、李子、栗子、梨。

12. 数一数

山头立着一只虎，
林中跑着一只鹿。
路上走来一只猪，
草中藏着一只兔。
洞里出来一只鼠，
一二三四五，
虎鹿猪兔鼠。

13. 鹅过河

哥哥弟弟坡前坐，
坡上卧着一只鹅，
坡下流着一条河，
哥哥说：宽宽的河，
弟弟说：白白的鹅。
鹅要过河，河要渡鹅。
不知是鹅过河，
还是河渡鹅。

第174~175天
25W(25周)

每周胎教活动 名诗《春江花月夜》赏析(一)

唐宫体诗《春江花月夜》，一千多年来使无数读者为之倾倒，更被闻一多先生在《宫体诗的自赎》中誉为“诗中的诗，顶峰上的顶峰”。一生仅留下两首诗的张若虚，也因这一首诗，被喻为“孤篇盖全唐”。果真？孕妈妈请欣赏。

《春江花月夜》全文

[唐]张若虚

春江潮水连海平，海上明月共潮生。
滟滟随波千万里，何处春江无月明。
江流宛转绕芳甸，月照花林皆似霰。
空里流霜不觉飞，汀上白沙看不见。
江天一色无纤尘，皎皎空中孤月轮。
江畔何人初见月？江月何年初照人？
人生代代无穷已，江月年年只相似。
不知江月待何人，但见长江送流水。
白云一片去悠悠，青枫浦上不胜愁。
谁家今夜扁舟子？何处相思明月楼？
可怜楼上月徘徊，应照离人妆镜台。
玉户帘中卷不去，捣衣砧上拂还来。
此时相望不相闻，愿逐月华流照君。
鸿雁长飞光不度，鱼龙潜跃水成文。
昨夜闲潭梦落花，可怜春半不还家。
江水流春去欲尽，江潭落月复西斜。
斜月沉沉藏海雾，碣石潇湘无限路。
不知乘月几人归，落月摇情满江树。

[注释]

(1)滟(yàn)滟：波光闪动的光彩。(2)芳甸(diàn)：遍生花草的原野。(3)霰(xiàn)：雪珠，小冰粒。(4)流霜：飞霜，古人以为霜和雪一样，是从空中落下来的，所以叫流霜。这里比喻月光皎洁，月夜朦胧，所以不觉得有霜霰飞扬。(5)汀(tīng)：水中的空地。(6)纤尘：微细的灰尘。(7)月轮：指月亮，因月圆时象车轮，故称月轮。(8)穷已：穷尽。(9)但见：只见、仅见。(10)悠悠：渺茫、深远。(11)青枫浦：地名，今湖南浏阳县境内有青枫浦。这里泛指游子所在的地方。(13)明月楼：月夜下的闺楼。这里指闺中思妇。(15)妆镜台：梳妆台。(16)玉户：形容楼阁华丽，以玉石镶嵌。(17)捣衣砧(zhēn)：捣衣石、捶布石。(18)相闻：互通音信。(19)逐：跟从、跟随。(21)文：同“纹”。(22)闲潭：安静的水潭。(23)潇湘：湘江与潇水。(24)无限路：言离人相去很远。(25)乘月：趁着月光。(26)摇情：激荡情思，犹言牵情。

第176天 25W+1D（25周又1天）

环境色彩对胎教的影响

人的第一感觉是视觉，对视觉影响最大的因素是色彩。一位心理学家曾经做过一个非常有趣的实验，题目叫做“色彩与人”。他的实验目的是为了了解人在不同颜色的房间里的工作及心理状况。研究结果发现，长期处在黑色调房间里的人，即使不做任何体力及脑力活动，也会感到心烦意乱、情绪低沉、躁动不安、极度疲劳。

在淡蓝色、粉红色和其他一些温柔色调的房屋里工作的人，一般比较宁静、比较友好、性情比较柔和。

在红色房间里工作的人，也会感到心情压抑，万分疲劳。

实验还表明，改变环境的色彩能够立即改变人们的心情。烈日炎炎的夏季。人们走在拥挤不堪的大街上，进入琳琅满目、色彩缤纷的商店都会感到心中烦躁不安。相反进入色调清爽、凉气袭人的冰淇淋室，望着墙壁上一幅幅引人食欲的消暑佳品广告，顿时会觉得一种清凉之感油然而生。

目前人们已经认识到，色彩能够影响人的精神和情绪。它作为一种外在的刺激，通过人的视觉产生不同感受的结果，给人以某种作用。因此，精神上感到舒畅还是沉闷，都与视觉有着直接的关系。可以说，不舒服的色彩如同噪音一样，使人感到烦躁不安，而协调悦目的色彩则是一种美的享受。一般说来，红色使人激动、兴奋，能鼓舞人们的斗志；黄色明快、灿烂，使人感到温暖；绿色清新、宁静，给人以希望；蓝色给人的感觉是明静、凉爽；白色显得干净、明快；粉红和嫩绿则预示着春天，使人充满活力。

对孕妇来说，因体内激素的变化，往往性情急躁，情绪波动较大，因此，除了进行自我精神调节，家里的布置色调也要偏冷，显得静雅一些，这样有利于情绪稳定，保持淡泊宁静的胎教心境，使腹内的小宝宝安然平和地健康成长。外出旅行时也要有意识地注意这个问题，回避嘈杂的环境，

第177天 25W+2D（25周又2天）

孕期危险职业“黑名单”（一）

有些特殊职业不适合孕妇，前文环境胎教方法中指出，危险职业需要换岗。那么，危险职业具体包括哪些呢？在前文基础上，下面就将这些职业详细列举出来。

危险职业1：放射线领域

杀伤武器 电离辐射。

杀伤方式 孕妇如果过量接受放射线，可能影响胚胎发育，增加流产的危险性。

黑名单 放射科医护人员、核能发电站、药物研究人员、电器制造业、程控操作人员、石材加工基地。

提醒 不少电器都含有少量放射线。但

积少成多，不得不防。科学家对每周接近荧光屏20小时的70多位孕妇进行的调查结果表明，其中20%的孕妇发生自然流产。而且，长时间固定姿势的静坐，会影响心血管、神经系统的功能，盆底肌和肛提肌也会因劳损影响正常的分娩过程。尤其是在怀孕初期，应尽量减少接触这些产品，以免使正处于器官形成期的胎儿受到损害。

危险职业2：化工污染行业

杀伤武器 二硫化碳、二甲苯、苯、汽油等化学物质

杀伤方式 通过吸收，进入孕妈妈中枢神经系统，可抑制造血功能，引起胎儿贫血，造血功能障碍，严重的，甚至会 引发畸形或流产。

黑名单 化工基地、化学实验员、加油站、造纸、印染、建材、皮革生产、汽车制造、农业生产。

提醒 众多化学物质已被证实是可危害孕妈妈及胎儿健康的“最恐怖杀手”，它们的生命力极其顽强，通过呼吸道、皮肤、消化道进入人体，引起功能性或器质性改变，引发流产、早产、胎儿畸形、弱智等状况。因此，孕妈妈一定要远离这些不安全的工作环境，少接触各类富含有害化学物质的东西，如劣质的塑料玩具、奶瓶等，不使用刺激性强的染发剂、烫发剂和化妆品。

第178天 25W+3D（25周又3天） 孕期危险职业“黑名单”（二）

危险职业3：物理污染行业

杀伤武器 高温、振动、噪音

杀伤方式 影响血液循环、造成脑部缺氧，而引起胎儿血供不足或缺氧。

黑名单 程控机房、纺织车间、服装车间、机场工作、俱乐部DJ。

提醒 孕妇长期受噪音或其他物理刺激，会影响垂体-卵巢轴的正常功能，以至会影响胎儿及新生儿身体及神经系统发育。

危险职业4：重金属领地

杀伤武器 铅、镉、汞等重金属元素

杀伤方式 和人体蛋白质相互作用，使其失去活性，影响机体新陈代谢，严重者致癌。可通过胎盘渗透，引起早产或畸形。

黑名单 化妆品研究、印刷业操作员、照明灯生产。

提醒 孕妇偶尔化化淡妆无妨，却不宜化浓妆。各种化妆品，如口红、指甲油、染发剂、冷烫剂及各种定型剂等，母体吸收并通过胎盘进入胎儿体内，危害很大，是隐含铅、镍、汞等重金属的“杀手”。所以孕妇应注意和避免职业性铅接触。此外，还应注意慎用化妆品。

危险职业5：宠物行业

杀伤武器 弓型虫

杀伤后果 通过胎盘到达胎儿体内，引起智力障碍、癫痫、失明等多种严重后果，甚至导致胚胎死亡而发生流产。

黑名单 宠物医院、园艺人员、养殖业、动物园管理员、动物实验人员

提醒 “弓型虫”这种小虫，大多数寄生在动物和小鸟身上，偶尔在庭园土壤及新鲜蔬菜中也可查出。往往在不知不觉中，便被感染。健康状态下，往往并没什么大碍，但对于孕妈妈来说，可就不一样了。尤其是孕早期的妈妈，应避免与宠物接触，再喜欢的工作也要放一放，远离一段时间，交由他人打理吧。

第179天 25W+4D（25周又4天）语言胎教课：故事《丑小鸭》（一）

乡下的夏天真是美丽，小麦金灿灿，燕麦绿油油，太阳照着牛蒡的大叶子，大叶子底下有一只母鸭在窝里孵她的蛋。终于，一只接一只的小鸭钻出了蛋壳，他们转动着毛绒绒的小脑袋，好奇地东张西望，一齐惊叹着：“哇，这个世界真大呀！”

鸭妈妈站起来，数她的孩子，这才发现她的脚下还有一个蛋呢。这个最大的蛋还没有动静，鸭妈妈真有些不耐烦了。可是，她很想看看这个姗姗来迟的小家伙是个什么样儿，于是又重新坐了下来。最后，这只蛋“劈啪”一声裂开了，从里面爬出来一个又大又丑的小家伙。第二天，鸭妈妈带着她的所有孩子去参观养鸡场，那儿，有两个鸡的家族正在为一个鳝鱼头争得不可开交，而结果呢，鱼头却被刁滑的猫抢走了。鸭妈妈对她的孩子说：“看见了吧，世界就是这个样子！”

这时，走来一群别家的鸭子，他们故意喊道：“快看呀，那只小鸭长得真丑！”接着，他们中的一只跑过去，在小鸭的颈子上狠啄一口，并理直气壮地说：“他长得太特别了，所以必须挨打！”到后来，小鸭的兄弟也讨厌起他来。他们总说：你这个丑八怪，给猫叼去才好哩”最后，连鸭妈妈也不愿意要他，“你离我远点！”这就是她留给可怜的小家伙的最后一句话。

丑小鸭很伤心，他飞过篱笆逃走了，一直跑到一块沼泽地，那里住着一群野鸭。丑小鸭恭恭敬敬地向他行礼，可是野鸭们却说：“天哪，你真是丑得厉害！希望你不要同我们家族中的任何一只母鸭子结婚。”“哦，你们若能允许我在芦苇里躺一躺，喝点沼泽的水，这就足够了。”丑小鸭自卑地想。

他在那里躺了两天。第三天，来了一个打猎的人，他们带着猎狗在沼泽里乱窜，一只大得怕人的猎狗一下就窜到丑小鸭的身边，它瞪着凶狠狠的眼睛，吐着长长的舌头，露出尖尖的牙齿，不过，他很快就跑开了。丑小鸭深深地叹了口气，说：“唉，我丑得连猎狗也不咬了！”天快要黑的时候，沼泽地总算安静下来。丑小鸭躺在那儿一动也不敢动。过了很久，他才站起身向四周张望，然后就拼命地跑起来。现在，他来到了一间破旧的农舍前。他从门缝钻进去，看见一个老太婆正同她的猫和母鸡坐在一起。

第180天

25W+5D（25周又5天）

语言胎教课：故事《丑小鸭》（二）

猫是这家的绅士，母鸡是这家的太太。他们的口气很大，开口闭口就是“我们和这个世界”。当丑小鸭想发表一点不同看法时，母鸡总是问：“你会生蛋吗？”丑小鸭当然不会，母鸡就不客气地叫他闭嘴。猫也不示弱，拱起背问：“你能发出咪咪的叫声吗？”丑小鸭当然也不能，于是猫就无礼地要求他“闭上嘴巴”。

丑小鸭的心里很难受，他突然产生了一种渴望，想到水里去游泳，去享受一下外面的阳光和新鲜空气。“那该多痛快呀！”他忍不住对母鸡说。

母鸡咋咋叫起来：“你大概是发疯了吧？你去问问猫，或者去问问老太婆，你以为他们会赞成你这种怪念头吗？”

“你们都不了解我。”丑小鸭说，“我想，我还是出去的好。”于是，丑小鸭就离开了农舍，来到一条小河边，跳进去游了起来。

一天傍晚，一群天鹅从灌木丛飞出来，他们拍着雪白的翅膀，伸着长长的脖子，欢叫着从丑小鸭的头顶上掠过。丑小鸭从来没有见过这么美丽的鸟儿，他想到自己的丑陋，简直无地自容。

冬天来了，天气变得很冷，河水也变得越来越刺骨。丑小鸭只好一刻不停地游来游去，免得水面结起冰来。但最后，他还是昏倒了，同冰块结在一起。

当他醒来时，已经躺在一个农夫家里。几个孩子正围着他，想跟他玩，吓得他一下子跳进了装牛奶的盘子，然后飞到黄油盆上。最后，他冲出大门，一头栽进沼泽的芦苇中，直到百灵鸟唱起春天的歌。

春天的阳光真好，暖融融地照在丑小鸭的身上，使他感到从未有过的舒畅。他扇了扇翅膀，突然就飞上了天空，一直飞进一个大花园里。

三只美丽的天鹅——他曾经那么羡慕过的鸟儿正向他游来，于是他也向他们游去。他在这些高贵的鸟儿面前卑谦地低下头去，却惊讶地发现水中的自己竟然是一只天鹅！

几个小孩子跑了过来，其中一个兴高采烈地叫道：“快看那只新来的天鹅！”他们拍着手，跳着舞，招呼他们的爸爸妈妈也来看，大家都说：“哇，新来的一只最好看！”

新天鹅不好意思地将头藏在翅膀底下，他感到太快活了，他在心里一遍又一遍他说：“当我还是一只丑小鸭的时候，做梦也没有想到过我会有这么多的幸福！”但是他一点儿也不骄傲，因为，一颗好的心是永远也不会骄傲的。

小提示 **母鸭不会孵蛋：**

其实，鸭蛋一般由母鸡代孵。俗语说：“母鸡抱窝，母鹅抱窝，唯有母鸭不抱窝”，意思就是母鸡、母鹅会孵蛋，母鸭只生蛋，不管孵蛋。

第181~182天
26W(26周)

每周胎教活动
名诗《春江花月夜》赏析(二)

全诗可分前后两大段落。

前一段落由春、江、月、夜的美景描绘引发关于宇宙、人生的哲理思考。发端两句展现了“春江潮水连海平，海上明月共潮生”的辽阔视野。一个“生”字，将明月拟人化；一个“共”字，又强调了春江与明月的天然联系。江流千万里，月光随波千万里；江流绕芳甸，月照花林皆似霰……诗人立于江畔，仰望明月，不禁产生了“江畔何人初见月？江月何年初照人？”的疑问。对于这个涉及宙宇生成、人类起源的疑问，诗人自然无法回答。于是转入“人生代代无穷已，江月年年只相似，不知江月待何人，但见长江送流水”的沉思。诗人对比明月的永恒，对人生的匆匆换代不无感慨。由江月“待人”产生的联想，自然转入后一段落。

江月“待人”，何况游子、思妇乎？游子伴白云悠悠远去，思妇在水边不胜离愁，江中今夜谁家游子在小舟中思念妻儿，远方何处思妇在“明月楼”中思念夫君。“可怜楼上月徘徊”以下数句，都是游子想象妻子如何思念自己之词：妻子望月怀人而人终不至，因而怕见月光。但她可以卷起“玉户帘”，却卷不去月光；可以拂净“捣衣砧”，却拂不掉月色。“此时相望不相闻”，而普照乾坤的月华是能照见夫君的，因而又产生了“愿逐月华流照君”的痴想。追随月光见夫君不可能，于是又想起古代传说托鸿雁、鲤鱼捎书带信，然而鸿雁奋飞无法追逐月光；鲤鱼腾跃也只能激起一些波纹。接下去，诗人笔下的游子思家念妻，由想象而形诸梦寐。他在梦中看见落花，意识到春天已过去大半，而自己还未能还家。眼睁睁地看着“江水流春去欲尽，江潭落月复西斜”。时光不断消逝，自己的青春、憧憬也跟着消逝，然而碣石、潇湘，山遥水远，怎能乘今夜月光回到家里？“落月摇情满江树”结束全篇，情思摇曳，动人心魄。

自“白云一片”至结尾名句“落月摇情满江树”，写游子、思妇的相思而以春、江、花、月、夜点染、烘托，想象中有想象，实境中含梦境，心物交感，情景相生，时空叠合，虚实互补，从而获得了低徊宛转、缠绵悱恻、言有尽而意无穷的艺术效果。全诗三十六句，每四句换韵，平、上、去相间，抑扬顿挫，与内容的变化相适应，意蕴探广，情韵悠扬。

鉴赏了这篇唐诗，产生的审美体验是不是也登上了“顶峰上的顶峰”。

第183天

26W+1D（26周又1天）

家务活里的胎教

合理地安排家务，既能融胎教于家务中，又能使夫妻的生活规律舒适，何乐而不为。

只要安排得当，家务活里的胎教活动可以开展得很丰富，比如，语言胎教和运动胎教就比较容易与家务活结合进行，给家务劳动增添乐趣。下面以语言胎教为例，描绘一周家务与胎教结合范例。

（1）星期一、星期四：改变外出购物路线，花一定的时间观察周围的事物，向胎宝宝讲解生活中的各种现象。

（2）星期二：打扫起居室、卧室卫生，擦洗家具，给胎宝宝描述这个温馨的家是什么样子的。

（3）星期三：擦拭窗户和门框，冲洗厕所和浴室，可以给胎宝宝讲妈妈是怎么劳动的，告诉胎宝宝要讲卫生。

（4）星期五：打扫和整理厨房，安排星期六和星期日的食谱，告诉胎宝宝自己怎样合理地安排每天的膳食以保证营养需要。

第184天

26W+2D（26周又2天）

准爸爸做好胎教四条准则

以前的胎教都是对孕妈妈有很多的要求，却忽视了父亲的作用。但是专家指出，从某种意义上说，诞生聪明健康的小宝宝在很大程度上取决于父亲。

准爸爸做好胎教四条准则：

当好“后勤部长”

怀孕的妻子一个人要负担两个人的营养及生活，非常劳累。如果营养不足或食欲不佳，不仅使妻子体力不支，而且严重地影响胎儿的智力发育。因为，宝宝的智力形成的物质基础，有2/3是在胚胎期形成的。所以丈夫要关心妻子孕期的营养问题，尽心尽力当好妻子和胎儿的“后勤部长”。

丰富生活情趣

早晨陪妻子一起到环境清新的公园、树林或田野中去散步，做做早操，嘱咐妻子白天晒晒太阳。这样，妻子也会感到丈夫温馨的体贴，心情舒畅惬意。

风趣幽默处事

妻子由于妊娠后体内激素分泌变化大，产生种种令人不适的妊娠反应，因而情绪不太稳定，因此，特别需要向丈夫倾诉。这时，丈夫唯有用风趣的语言及幽默的笑话宽慰及开导妻子，才是稳定妻子情绪的良方。

协助妻子胎教

丈夫对妻子的体贴与关心，爸爸对胎儿的抚摸与“交谈”，都是生动有效的情绪胎教。

总之，在胎教过程中，丈夫应倍加关爱妻子，让妻子多体会家庭的温暖，避免妻子产生愤怒、惊吓、恐惧、忧伤、焦虑等不良情绪，保持心情愉快，精力充沛。此外，丈夫应积极支持妻子为胎教而做的种种努力，主动参与胎教过程，陪同妻子一起和胎儿“玩耍”，对胎儿讲故事，描述每天工作和收获，让胎儿熟悉父亲低沉而有力的声音，从而产生信赖感。

第185天

26W+3D（26周又3天）

抚摸胎教课：和胎宝宝做“胎教操”

在母腹中进行体操锻炼，小宝宝的肌肉活动力增强，出生后翻身、抓、握、爬、坐等各种动作的发展，都比没有进行过体操锻炼的要早一些。

你可以每天在固定的时间给小宝宝一个信号：宝宝，快来和妈妈做操。

躺在床上，全身尽量放松。在腹部松弛的情况下用双手捧住胎儿，轻轻抚摸，然后用一个手指轻轻一压再放松。这时胎儿便会作出一些反应。如果此时胎儿不高兴，就会用力挣脱，或者蹬腿反对，你就要停止。在刚开始的时候，胎儿只作出响应，过几个星期后，胎儿对母亲的手法熟悉了，一接触妈妈的手就会主动要求“玩耍”。

胎儿六七个月时，母亲可以感觉出他的形体，这时就可以轻轻地推着胎儿在腹中“散步”了。8个月时，母亲可以分辨出胎儿的头和背了。胎儿如果“发脾气”用力顿足，或者“撒娇”身体来回扭动时，母亲可以用爱抚的动作来安慰胎儿，而胎儿过一会儿也会以轻轻地蠕动来感谢母亲的关心的。

如果能够和着轻快的乐曲同胎儿交谈，与胎儿“玩耍”，效果会更好。

叫宝宝做操比较理想的时间是在傍晚胎动频繁时，也可以在夜晚10点左右。但不要太晚，要是他兴奋起来，手舞足蹈，你还怎么睡。你也不希望小宝宝一生下来就黑白颠倒吧。

第186天

26W+4D（26周又4天）

语言胎教课：故事《孟母择邻》

孟子少儿时，父亲就去世了，母亲仉（Zhǎng）氏很有见识，她对孩子很注重思想品德教育。有一次，邻居家里宰猪，孟子听到猪叫声就问母亲说：“东家杀猪干什么？”母亲笑眯眯地逗哄儿子说：“是为了让你吃猪肉呗！”随后，母亲马上意识到如此逗哄孩子等于自己对孩子说了谎话。“为了培养孩子诚实、不撒谎的好品德，首先要为孩子树立良好的榜样。于是她便花钱向东家买了几斤猪肉，以证实自己说过的话是真实的。她就是这样依靠正当的言行潜移默化地去诱导，教育孩子健康成长。

起初，孟子的家座落在偏僻的郊区，附近是墓地，城乡的人们经常在那里进行祭祀，祭者的孝子贤孙在墓地跪呀，拜呀，请来的巫师、道士还在那里手舞足蹈地玩弄一些祭神除邪的怪动作。年幼好奇的孟子就模仿大人的动作与邻里的小孩一起玩一些类似葬丧之类的儿戏。孟母见儿子整日不注重读书学习而在那里搞一些无聊的儿戏，欲禁而不止，心想，在这里住下去必定不会使孩子受到良好的教养，就决计迁居他地落户。

孟母领着孟子从郊外迁居到城郊附近，这里靠近城区，邻近住着几家作屠宰生意的商人，由于儿童具有模仿的禀性，年幼的孟子就模仿大人经营宰杀之类的动作，甚至在平日的言行举止方面都流露出宰商的习气。孟母担心孩子不能受到良好的环境熏陶，更怕影响孩子的学业，又决计迁居到他地落户。

最后，孟母迁居到一家学馆附近。在这里年幼的孟子每天见到的，全是一些读书知理的现象，听到的，都是书声妙语。这对少年的孟子影响很大。从此，孟子发愤笃志，朝夕勤学，终于成了儒家学派著名的学者。

“近朱者赤，近墨者黑”，年幼的心灵，更具有可塑性。“孟母三迁择居”之所以传为佳话，流传至今，就是因为蕴含着一定的育人哲理。

第187天 26W+5D（26周又5天）

胎教活动课：剪纸4例·服装

第188~189天

27W（27周）

每周胎教活动

益智小游戏（7月期）

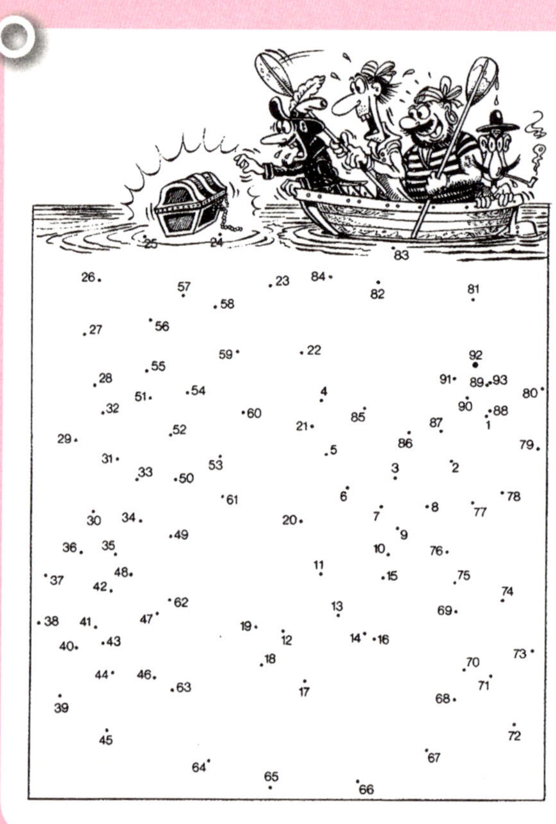

海盗与宝藏

用线把1～93号点连起来，出现在你面前的会是什么呢？

（答案见170页）

填表格

填表格，使得每行每列均包含字母A、B、C和两个空格。表格外的字母表示箭头所指方向的第1或者第2个出现的字母，如B1代表箭头所指方向出现的第1个字母为B，你能完成要求吗？

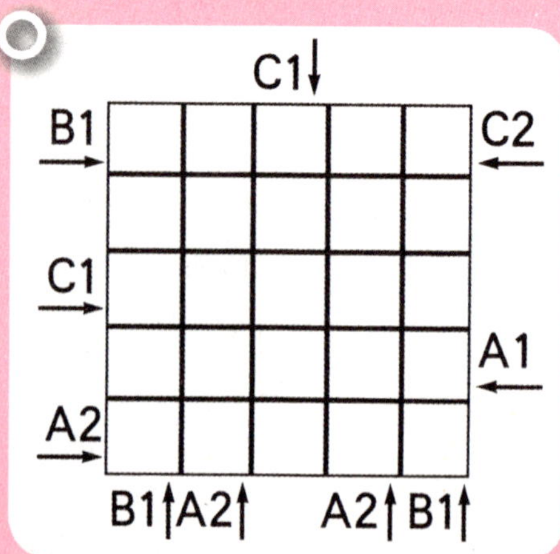

6月期答案

女士1，洛蕾特是兰斯的妻子；
女士2，玛琳是库尔特的妻子；
女士3，莫林是纳尔逊的妻子；
女士4，梅贝尔是莫里斯的妻子。

	A	C		B
B			A	C
C	B			A
	C	A	B	
A		B	C	

第190天 27W+1D（27周又1天）用经典诵读进行胎教

对胎儿进行经典诵读，效果也非常好。

1.孕妇亲自诵读经典

孕妇可以定时诵读经典给腹中的胎儿听。一直反复念同一经典给胎儿听，会令胎儿神经系统变得对语言更加敏锐。怀孕第8个月直至生产前，是施行阅读胎教的最佳时机。医学研究发现，胎儿的意识萌芽大约发生在怀孕第7～8个月的时候，此时胎儿的脑神经已经发育到几乎与新生儿相当的水平。为了让母亲的感觉与思考能和胎儿达到最充分的交流，要保持平静的心境，并保持注意力集中。

孕妇的喜、怒、悲、思皆可以使血气失合而影响胎儿，所以孕妇宜心境平和，心情舒畅，遇事乐观，不要喜怒无常。孕妇通过诵读经典，可以安母体心神，让“心中之水”平静，为体内的胎儿提供最好的身心环境。

2.丈夫为妻子和胎儿诵读经典

胎教不仅是母亲的责任，也是父亲的责任。父亲在创造良好的胎教环境、调节孕妇的胎教情绪等方面发挥着重要作用。因此，丈夫为妻子和胎儿诵读经典，可以提升夫妻两人的道德修养，改善夫妻关系，促进家庭和睦，保证孕妇精神愉快，身心健康。一个融洽、和谐、温馨和充满爱心的家是保证胎儿身心正常发育的必要条件。

同时，父亲的声音对胎儿的影响是母亲无法取代的。美国的优生学家认为，胎儿最喜欢爸爸的声音，也许是因为男性特有的低沉、宽厚、粗犷的噪音更适合胎儿的听觉功能，也许是因为胎儿天生就爱听父亲的声音，所以胎儿对父亲的声音都表现出积极的反应。

3.听经典诵读的录音

通过播放经典诵读的录音进行胎教，具有较好的便利性。不论是在休息或者做事时，都可以将录音作为一种背景音乐来听。经典诵读录音对胎儿的影响类似于经典音乐对胎儿的影响，但比音乐的内涵更具有丰富性和价值性。

通过经典诵读实施胎教，不仅提高了夫妻两人自身的心性修养，同时也熏陶和强化了胎儿的德性与慧性，可谓一举多得。因为教育具有连续性，如果能坚持下来，在胎儿出生后，继续对他进行经典诵读的早期教育和智力开发的话，那效果会更好。

第191天 27W+2D（27周又2天）

插花艺术与胎教

插花是一门技术，更是一门艺术。它是一种高雅的审美艺术，是表现植物自然美的一种造型艺术，因此常称之为插花艺术。孕妈妈在孕期进行插花，不仅可以愉悦心情，同时还能陶冶情操。

家庭插花除带有随意性和个性以外，也需适当掌握一些基本的插花方法。首先来看造型，大致可分为对称造型和不对称造型两种，对称造型在西方式插花中运用较多，它的特点是对称、统一、排列均衡。常见造型有半球形、扇形、塔形等，应用在餐桌台花等方面。另一种为不对称造型，它是一种不等边三角形造型，充分展示线条美，其特点是不对称均衡，是东方式插花最基本的手法和原则。

一般在插花前先大致构思出一个图形来，然后挑选3支主花（花朵、枝叶均可），按一定比例关系（黄金分割原理）剪切后插入盛器，勾勒出不等边三角形的框架，接着在中心部位插入焦点花，然后在框架内添加枝叶、花朵作陪衬，最后修饰并用草叶遮掩花泥露出部分，作品就完成了。

色彩的运用是插花作品成败的重要因素。不同季节运用不同的色彩和花材。如春季，可选色彩鲜艳、明快的花卉，给人以生机盎然的气氛；夏季，宜以清洁、素雅的花卉；秋季，是丰收季节，插花体现满目金黄硕果累累，给人以兴旺发达的联想；冬季，要用色彩浓郁的花材。

第192天 27W+3D（27周又3天）

语言胎教课：和宝宝读唐诗（七言篇）

清　明

杜牧

清明时节雨纷纷，
路上行人欲断魂。
借问酒家何处有，
牧童遥指杏花村。

枫桥夜泊

张继

月落乌啼霜满天，
江枫渔火对愁眠。
姑苏城外寒山寺，
夜半钟声到客船。

绝句四首（其三）

杜甫

两个黄鹂鸣翠柳，
一行白鹭上青天。
窗含西岭千秋雪，
门泊东吴万里船。

山 行

杜牧

远上寒山石径斜，
白云生处有人家。
停车坐爱枫林晚，
霜叶红于二月花。

黄鹤楼送孟浩然之广陵

李白

故人西辞黄鹤楼，
烟花三月下扬州。
孤帆远影碧空尽，
唯见长江天际流。

出塞二首（其一）

王昌龄

秦时明月汉时关，
万里长征人未还。
但使龙城飞将在，
不教胡马度阴山。

乌衣巷

刘禹锡

朱雀桥边野草花，
乌衣巷口夕阳斜。
旧时王谢堂前燕，
飞入寻常百姓家。

九月九日忆山东兄弟

王维

独在异乡为异客，
每逢佳节倍思亲。
遥知兄弟登高处，
遍插茱萸少一人。

赤 壁

杜牧

折戟沉沙铁未销，
自将磨洗认前朝。
东风不与周郎便，
铜雀春深锁二乔。

别董大二首(其一)

高适

千里黄云白日曛，
北风吹雁雪纷纷。
莫愁前路无知己，
天下谁人不识君?

回乡偶书（其一）

贺知章

少小离家老大回，
乡音无改鬓毛衰。
儿童相见不相识，
笑问客从何处来。

乌衣巷

刘禹锡

朱雀桥边野草花，
乌衣巷口夕阳斜。
旧时王谢堂前燕，
飞入寻常百姓家。

第193天 27W+4D（27周又4天）

语言胎教课：故事《孔融让梨》

孔融（公元153～208年），东汉文学家，字文举。鲁国（今山东曲阜）人，家学渊源，是孔子的二十世孙。为当时著名的建安七子之首，文才甚丰。孔融是当时比较正直的士族代表人物之一，他刚直耿介，一生傲岸。最终为曹操所忌，枉状构罪，下狱弃市。

孔融小时候家里有五个哥哥，一个弟弟。

有一天，家里吃梨。一盘梨子放在大家面前，哥哥让弟弟先拿。你猜，孔融拿了一个什么样的梨？他不挑好的，不拣大的，只拿了一个最小的。爸爸看见了，心里很高兴：别看这孩子才四岁，还真懂事哩。就故意问孔融："这么多的梨，又让你先拿，你为什么不拿大的，只拿一个最小的呢？"

孔融回答说："我年纪小，应该拿个

最小的；大的留给哥哥吃。”

父亲又问他：“你还有个弟弟哩，弟弟不是比你还要小吗？”

孔融说：“我比弟弟大，我是哥哥，我应该把大的留给弟弟吃。”

你看，孔融讲得多好啊。他父亲听了，哈哈大笑：“好孩子，好孩子，真是一个好孩子。”

孔融四岁，知道让梨。上让哥哥，下让弟弟。大家都很称赞他。

第194天 27W+5D（27周又5天）语言胎教课：故事《曹冲称象》

有一次，吴国孙权送给曹操一只大象，曹操十分高兴。大象运到许昌那天，曹操带领文武百官和小儿子曹冲，一同去看。

曹操的人都没有见过大象。这大象又高又大，光说腿就有大殿的柱子那么粗，人走近去比一比，还够不到它的肚子。

曹操对大家说：“这只大象真是大，可是到底有多重呢？你们哪个有办法称它一称？”嘿！这么大个家伙，可怎么称呢！大臣们纷纷议论开了。

一个说：“只有造一杆顶大顶大的秤来称。”

另一个说：“这可要造多大的一杆秤呀！再说，大象是活的，也没办法称呀！我看只有把它宰了，切成块儿称。”

他的话刚说完，所有的人都哈哈大笑起来。大家说：“你这个办法呀，真叫笨极啦！为了称称重量，就把大象活活地宰了，不可惜吗？”

大臣们想了许多办法，一个个都行不通。真叫人为难了。

这时，从人群里走出一个小孩，对曹操说：“爸爸，我有个法儿，可以称大象。”

曹操一看，正是他最心爱的儿子曹冲，就笑着说：“你小小年纪，有什么法子？你倒说说，看有没有道理。”

曹冲把办法说了。曹操一听连连叫好，吩咐左右立刻准备称象，然后对大臣们说：“走！咱们到河边看称象去！”

众大臣跟随曹操来到河边。河里停着一只大船，曹冲叫人把象牵到船上，等船身稳定了，在船舷上齐水面的地方，刻了一条道道。再叫人把象牵到岸上来，把大大小小的石头，一块一块地往船上装，船身就一点儿一点儿往下沉。等船身沉到刚才刻的那条道道和水面一样齐了，曹冲就叫人停止装石头。

大臣们睁大了眼睛，起先还摸不清是怎么回事，看到这里不由得连声称赞：“好办法！好办法！”现在谁都明白，只要把船里的石头都称一下，把重量加起来，就知道象有多重了。

曹操自然更加高兴了。他眯起眼睛看着儿子，又得意洋洋地望望大臣们，好像心里在说：“你们还不如我的这个小儿子聪明呢！”

第195~196天 28W（28周）

每周胎教活动 摄影欣赏·孕妈咪写真

爱美能调节心情，拍照也能调节心情，同时孕影是珍贵的，大多数女人一生就一次。拍套专业写真也是值得的，大城市越来越流行。摄影师说：适合拍专业写真的时间要到7个月后，此时肚形与孕味才充分显现。

[摄影师的故事]

我为何执著孕妈妈写真？这得从一张黄历说起。

父亲给我留下的是一张纸片：我出生那天的黄历。这张黄历有我出生那天的公历和农历，还有芒种和适合出门等信息。见到这一张发黄的纸片时，我已经30多岁了，当时眼里一阵模糊，非常感激父亲。它已不是一张轻薄的纸片，保存了几十年，也承载了几十年的厚爱。我仿佛看见，我妈怀我时的形象与当时家里的各种桌桌椅椅。

如果当时要留下照片多好啊！现在可能已经发黄了，母亲也是满头白发，可照片上的形象真真实实存在过，也鲜艳过。

因为这个感慨和遗憾，我拿起了相机，决心为令人敬爱的妈妈们留下最美、最动情的瞬间。

第 8 个月 开始感受妈妈的情绪

第197天 28W+1D（28周又1天）孕8月胎教指南

胎教重点

帮助胎儿运动，准爸爸与孕妈妈与宝宝多沟通，告诉宝宝身边发生的趣事，也告诉宝宝即将降生，降生在一个幸福和谐的家庭，文明昌盛的时代。

胎教指导

·情绪胎教，自创好心情。孕妈妈的自我心理暗示也是帮助孕妈妈调节心情的好办法，可以经常暗示自己："现在我的身体的沉重负担和不适，都是为了宝宝健康地成长，宝宝健康，我多么开心。"这样想了，心情也会慢慢好起来。

·运动胎教，促进乳腺分泌。这一时期，孕妈妈可能会发现乳房有乳汁出现，当然也有些孕妈妈不会出现这种情况，但不管你是否在分泌乳液，乳房都在为哺乳做准备，所以此时进行相应的运动，有助于将来更顺利地哺乳。

·语言胎教，胎宝宝喜欢有韵律的声音。孕后期的胎宝宝更喜欢有韵律的声音刺激。这时候，孕妈妈可以随时给宝宝朗读一些节奏抑扬顿挫的文学作品，在宝宝还未出生前就打下良好的语言基础。

·美学胎教，感受美和幸福。加强美学胎教，可以培养宝宝热情乐观地去审视生活中的美，如苏杭的刺绣、南京的云锦、河北的皮影、宜兴的紫砂壶等，都有助于宝宝日后拥有一双善于发现美的眼睛和一颗敏锐捕捉美感的心。

28W+2D（28周又2天）

孕8月妈妈与宝宝

胎儿情况

子宫大小：子宫底长约24～27厘米。

胎儿的情形：身长约40厘米，体重约1500～1700克。

胎儿的发育：骨骼发育基本完成。肌肉更加发达。胎动也因此更加频繁，有时会用力踢母亲的腹部。

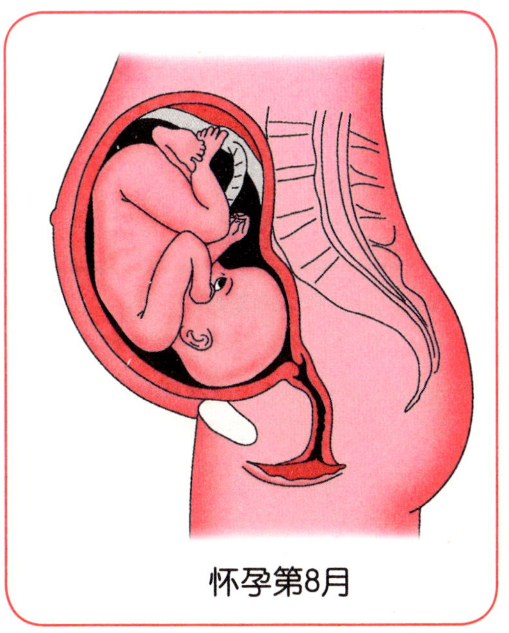

怀孕第8月

母体情况

母体变化：急剧膨大的子宫向上挤压内脏，使人感到胸口憋闷、呼吸困难。同时，生理性的子宫收缩使腹部胀满或变硬。身体笨重行走不便，脚踝以下可有轻度浮肿，卧床休息后可减轻。心脏负担最重时期。

专家叮咛

容易出现的异常反应：本月是妊娠中毒症的多发时期，因此，初产、高龄妊娠、多胎妊娠的女性都要多加注意。妊娠中毒症的主要症状有：高血压、浮肿、蛋白尿等。1周内体重增加500克以上时，便有患妊娠中毒症的可能。在此期间，如有腹痛或阴道出血现象，便可能是早产，请立即到医院诊治。

注意事项：在饮食方面应注意低盐、低热、高蛋白，防止身体过于肥胖。同时，应避免长时间的站立和行走。

定期检查：每2周做一次健康检查。检查事项主要包括：体重、血压、尿检、子宫底、腹围测定、胎儿心音、内诊。

第199天

28W+3D（28周又3天）

孕8月营养与饮食

如果你夜间烦躁不安，疲惫重新控制了你，那么白天你肯定不愿意花几个小时在厨房里准备饭菜，因此做些简单省时的饭菜就可以了。另外，不要忘记，疲乏也许是贫血的征兆，所以还要吃些含铁食物。

主打营养素：碳水化合物

作用：维持身体热量需求

第8个孕月，胎儿开始在肝脏和皮下储存糖原及脂肪。此时如碳水化合物摄入不足，将造成蛋白质缺乏或酮症酸中毒，所以孕8月应保证热量的供给，增加主粮的摄入，如大米、面粉等。一般来说，准妈妈每天平均需要进食400克左右的谷类食品，这对保证热量供给有着重要意义。另外在米、面主食之外，要增加一些粗粮，比如小米、玉米、燕麦片等。

应付最常见的不适——睡眠问题

现在胎动频繁，宝宝的生物钟和你又不一样，这意味着睡眠将成问题。子宫越来越大，压迫膀胱，你可能一两小时就想上一次厕所。不要试图通过白天少喝水来防止晚上起夜，因为你还需要大量的水。尝试用下面的办法改善睡眠问题：

1.喝杯饮料让自己放松。如果入睡困难，就在睡前喝一小杯热牛奶。

2.不要夜间起来吃东西。晚饭时多吃一些含碳水化合物的食品，如面包、米饭和土豆等，或者吃一些麦片，都有助于加速睡眠。

3.睡前做好准备。床边放一大杯水，晚上就不用起床了。如果你半夜经常饿醒，那就在床边放一暖瓶热牛奶。夜间唾液分泌减少，所以不要吃任何甜食。

小提示　孕晚期助睡眠的食谱：莴苣肉片

材料：莴苣300克、瘦猪肉150克，酱油、料酒各少许，盐、醋、蛋清、淀粉、淀粉水、鸡精、葱段、姜片各适量。

做法：1.莴苣去皮、洗净、切成薄片；瘦猪肉洗净、切片、盛放在碗内，加入盐、酱油、料酒和蛋清一起搅拌，然后加适量淀粉抓匀上浆。2.锅中油烧至八成热，爆香葱段和姜片，再加入瘦猪肉片翻炒。3.然后放入莴苣、料酒、酱油、醋、盐和鸡精一起翻炒，快熟时，加少许淀粉水勾芡，翻炒均匀即可起锅。

功效：莴苣含钾量较高，有利于促进排尿，它还含有碘元素，具有镇定作用，经常食用有助于消除紧张，帮助睡眠。莴苣和猪瘦肉同食，有利于消除紧张，帮助睡眠，还能补中益气、养血补血。

28W+4D（28周又4天）

美学胎教课：孕期美容（孕晚期篇）

1.化妆与美容

怀孕后期，皮肤很容易过敏，所以，不要随意改用化妆品，可以用自己习惯了的，否则，可能会使皮肤粗糙或留下斑点。

这时，到医院检查的次数越来越多。体检时，就不要化妆了，不要涂胭脂、眼影、口红、指甲油，因为孕妇的脸色与指甲的颜色往往是医生判断孕妇身体情况的指标。如果它们被化妆品掩盖住，就很难做出正确的诊断了。

2.保持清洁

怀孕后期，阴道分泌物增多，外阴部容易污染，所以，要每天清洗以保持清洁。由于局部充血，皮肤黏膜特别容易受伤，所以，洗澡时动作千万要轻缓，浴毕可使用爽身粉，保持身体舒适与清爽。在住院待产前，就要事先洗好头，保持全身的清洁。

3.穿衣打扮

要想美丽，还得在着装方面下点工夫。到了怀孕中期，孕妇的身体日渐粗大。质地太软、颜色灰暗、皱褶明显的衣料，都不应该选择。紧身的衣裙、粗毛绒衫等服装都不适。这些样式，孕妇穿了不仅很别扭，而且很不雅观，愈加显得笨重了。

应该尽量让脖子都露出来，到了夏天可以穿短袖或完全无袖的衣裙。头及胳膊的效果会使人产生错觉，你便变得轻盈，且惹人喜爱了。

第201天

28W+5D（28周又5天）

语言胎教课：故事《一串快乐的音符》

有一串快乐的音符，他们是从哪里来的，连他们自己也搞不清楚。也许是一位音乐家用提琴奏出了他们；也许是个初学钢琴的女孩子在键盘上弹出了他们；也许是骑在牛背上的小牧童用短笛吹出了他们；也可能是个小男孩走在田埂上，用轻快的口哨吹出了他们……

反正，他们刚一获得生命，就串联在一起，快乐地飞跑在田野上。他们甚至来不及回头看一看，是谁奏出了他们。他们一个拉着一个的手，像轻风一样在田野上跑着，唱着。他们从快乐的小鸟身边跑过，小鸟没有他们唱得好听；他们从奔流的小溪身边跑过，小溪没有他们唱得深情。他们跑过森林，跑过草丛，跑过群山间的峡谷……

小音符们不愿意停留下来，他们到处飞跑，多么高兴。在城市的一幢小楼上，有一扇小窗开着，对着星星闪烁的夜空。小音符们感到很好奇，就钻了进去。哦，里面有个白头发的老奶奶。他的老伴，一个温和幽默的老爷爷去世了，老奶奶感到很孤独，她在思念老爷爷。突然，她听到了从窗外飞进的小音符们的歌。啊，多么熟悉的歌，这是老爷爷在年轻时最爱哼唱的歌。后来这曲子陪伴老爷爷和老奶奶生活了很长的岁月……

老爷爷虽然离去了，可这段快乐的歌还在。如今歌声又飞进来了，就像当年老爷爷在轻柔的月光下，轻轻地哼唱着。老奶奶含着晶莹的泪花，她笑了，笑得很动情。

不知为什么，小音符们再也跑不动了，他们也不想跑了。小音符们手拉手地钻进了老奶奶的心里，他们愿意留在那里。当老奶奶寂寞时，他们就轻轻地哼唱着。

唱着这支他们年轻时曾经哼唱过的曲子……

第202~203天

29W（29周）

每周胎教活动

名画欣赏·《向日葵》

《向日葵》是文森特·凡高在法国南方时画的。南方阳光的灿烂令画家狂喜，他用黄色画了一系列静物，来表达内心的感受，《向日葵》便是这时的代表作。

画家以短暂的笔触把向日葵的黄色画得极其刺眼，每朵花如燃烧的火焰一般，细碎的花瓣和葵叶像火苗一样布满画面，整幅画犹如燃遍画布的火焰，显出画家狂热般的生命激情。16朵形态各异的向日葵，或绚烂或枯委，或隐或现，以淡黄色为背景，以深黄色为向日葵的主色调，另有几朵含苞未放以淡黑色点缀花蕊，颜色上给人一种强烈的对比，画面总体上给人一种明亮而又强烈的生命力，让人感到生活充满希望，阳光是那样的明媚，天空是那样的广阔。

【名称】《向日葵》　【作者】文森特·凡高（荷兰）

【类型】油彩　（布）　【尺寸】91X72厘米

［凡高简介］

文森特·凡高（Vincent van· Gogh，1853.3.30～1890.7.29）出生在荷兰一个乡村牧师家庭。他是后印象派的三大巨匠之一，是19世纪人类最杰出的艺术家。

年轻时在画店当店员，算是他最早受的“艺术教育”。后来到巴黎和印象派画家相交，在色彩方面受到启发和熏陶。为此，人们称他为“后印象派”。

凡高的地位比印象派崛起人莫奈还高，这主要是因为他对艺术精神上的执着！无论个人生活上，绘画热情上，还是作品表现上，都是如此。其作品追求的是纯艺术，而不是商业价值，从而产生艺术精神上无法衡量的价值。

29W+1D（29 周又 1 天）

折纸、剪纸与胎教

1. 折纸

折纸是一种不错的艺术胎教方式。在折纸的过程中，孕妈妈不仅可以暂时忘记身体的不适和孕期的种种烦恼，还能锻炼自己的审美观。

孕妈妈经常折纸，还可以回想起童年的乐趣，就心情更加愉悦。另外，胎宝宝出生及长大后，也很可能成为一个心灵手巧的人。折纸的同时，也可以使孕妈妈的手指变得更灵活。

折纸的时候，孕妈妈要想到宝宝。可以一边折纸，一边和宝宝交流，告诉宝宝孕妈妈折的是什么，怎样折的，这样在折纸的过程中就会其乐无穷，好像在和宝宝做游戏。

关于折纸的实例，本书中都有所介绍，孕妈妈可以参照着实例进行尝试。关于折纸的书籍很多，可以选择一两本参考尝试。

2. 剪纸

剪纸也是一种艺术胎教。孕妈妈可以先勾轮廓，而后再剪，剪个胖娃娃、“双喜临门”、“小放牛娃”，或孩子的属相，如猪、狗、猴、兔等，别怕麻烦，别说没时间，别说不会剪，因为问题不在于你剪得好坏，而在于你在进行艺术胎教，你在向胎儿传递深深的“爱”，传递“美”的信息。

曾有专家对多名孕妈妈的行为研究发现，那些勤于动手动脑的孕妈妈生出的宝宝智商很高，而过于慵懒的孕妈妈生出的宝宝反应缓慢的比例要高于勤劳的孕妈妈。

第 205 天

29W+2D（29 周又 2 天）

欣赏漂亮的宝宝图片

孕妈妈在孕期里喜欢欣赏漂亮的婴儿照片，有的还在自家墙上张贴可爱的宝宝照片，有空时就凝神欣赏一番，希望自己的孩子出生后也能像图片上的孩子一样健康漂亮。

据说经常欣赏漂亮图片的孕妇，今后生出的孩子也会漂亮。目前没有人对这种说法设计一个对照组，进行严格的科学验证，但无论这种说法有无科学根据，经常欣赏漂亮的婴幼儿照片，能使孕妈妈心情舒畅是可以肯定的。

我国自古就有“欲子美如，数视璧玉”的说法，现代科学记忆想象也是一种力，既可以作用于自身，又可作用于胎儿，所以有些专家认为在孕期设想孩子形象在某种程度上相似于将要出生的孩子。即孕妇经常设想自己孩子的模样，还是较有益处的。

一般来说，孕妇可以把自己的想象通过语言、动作等方式传达给腹中的宝宝，并且要持之以恒。

对于未来宝宝的猜测和幻想，是每一个孕妈妈的美好愿望，也寄托着每一个家庭的希望。是像爸爸好一些，还是更像妈妈一些？应当引导孕妈妈多接触一些美好的事物，看一看书画展，听一听音乐会，多一些美好的想法，多一些有益的活动，让孕妈妈心情愉悦、情绪舒畅，则会有利于胎儿健康成长。聪颖健康的胎儿，需要在美好的愿望和想象中，日渐生长。

第206天

29W+3D（29周又3天）

语言胎教课：给宝宝读儿歌(一)

1. 小鸭子

小鸭子，呱呱呱，
不爱吃米爱吃虾；
河里游，就数它，
一到岸上就找妈。

2. 小蜜蜂

小蜜蜂，嗡嗡嗡，
飞到西，飞到东，
传花粉，采花蜜，
我们学它爱劳动。

3. 小羊小

小羊小，吃青草，
吃了青草长羊毛。
羊毛白，羊毛长，
纺成毛线织衣裳。

4. 小白兔

小白兔，白又白，
两只耳朵竖起来，
爱吃萝卜爱吃菜，
蹦蹦跳跳真可爱。

5. 小蜻蜓

小蜻蜓，纱翅膀，
飞来飞去捉虫忙，
低飞雨，高飞晴，
气象预报它最棒。

6. 小鸵鸟

小鸵鸟，脾气怪，
奶奶喊他他不睬。
脑袋钻进沙堆里，
嘴里喊着：我不在！

7. 小燕子

小燕子，真灵巧，
身上带把小剪刀；
上天剪云朵，
下河剪水波；
剪根树根当枕头，
剪块泥巴搭窝窝。

8. 小青蛙

小青蛙，呱呱呱，
哭着哭着找妈妈。
燕子哄，蜻蜓劝，
一起说着悄悄话：
你的妈，我的妈，
田间捉虫护庄稼。

29W+4D（29 周又 4 天）

语言胎教课：给宝宝读儿歌(二)

9.动物叫

小猫怎么叫，喵喵喵；
小狗怎么叫，汪汪汪；
小鸡怎么叫，叽叽叽；
小鸭怎么叫，嘎嘎嘎；
小羊怎么叫，咩咩咩；
老牛怎么叫，哞哞哞；
老虎怎么叫，噢噢噢；
青蛙怎么叫，呱呱呱。

10.虫儿嗡

什么虫儿嗡嗡嗡？
什么虫儿提灯笼？
什么虫儿爱跳舞？
什么虫儿吃害虫？
蜜蜂飞来嗡嗡嗡，
萤火虫儿提灯笼，
花儿蝴蝶爱跳舞，
蜻蜓最爱吃害虫。

11.三只猫咪

三只猫咪一起玩，
欢欢喜喜捏面团。
大姐捏的小汤圆，
二姐捏的大鸭蛋。
小小三姐最能干，
捏个老鼠当晚饭。

12.雁

雁雁排成队，后跟小雁妹。
雁哥慢点飞，雁妹快点追。
大家团结紧，谁也不掉队。

13.雪娃娃

门口有个雪娃娃，
张着嘴巴不说话。
我拿苹果去喂它，
叫它不要想妈妈。

14.瓜

黄瓜脆，丝瓜长，
西瓜甜，冬瓜胖，
菜瓜甜瓜和南瓜，
一个一个有营养。
冬春种下一棵秧，
夏天瓜儿满园香。

15.瓜瓜打娃娃

金瓜瓜，银瓜瓜，
村里瓜棚结瓜瓜，
瓜瓜落下来，
打着小娃娃。
娃娃急得叫妈妈，
妈妈急得抱娃娃，
娃娃怪瓜瓜，
瓜瓜笑娃娃。

29W+5D（29 周又 5 天）

语言胎教课：给宝宝读儿歌(三)

16.数字歌

一二三，爬大山，
四五六，翻筋斗，
七八九，拍皮球，
十个指头两只手。

17.上山打老虎

一二三四五，上山打老虎，
老虎没找到，找到小松鼠，
松鼠有几个，让我数一数，
数来又数去，一二三四五。

18.蚂蚁搬虫虫

小蚂蚁，搬虫虫，
一个搬，搬不动，
两个搬，掀条缝，
三个搬，动一动，
四个五个六七个，
大家一起搬进洞。

19.数蛤蟆

一个蛤蟆一张嘴，
两只眼睛四条腿，
扑通一声跳下水。
两个蛤蟆两张嘴，
四只眼睛八条腿，
扑通扑通跳下水。

20.数数几条腿

大黑鸡，两条腿，
小黄牛，四条腿，
蜻蜓蛐蛐六条腿，
螃蟹蜘蛛八条腿，
蚯蚓鳝鱼没有腿。

21.拍手歌

你拍一，我拍一，
一个小孩穿花衣。
你拍二，我拍二，
二个小孩梳小辫儿。
你拍三，我拍三，
三个小孩吃饼干。
你拍四，我拍四，
四个小孩写大字。
你拍五，我拍五，
五个小孩敲大鼓。
你拍六，我拍六，
六个小孩吃石榴。
你拍七，我拍七，
七个小孩坐飞机。
你拍八，我拍八，
八个小孩吹喇叭。
你拍九，我拍九，
九个小孩交朋友。
你拍十，我拍十，
十个小孩站得直。

第209~210天

30W（30周）

每周胎教活动
益智小游戏(8月期)

晚餐

2幅晚餐图中，一共有7处不同，你能找出来吗？不急，慢慢来。

（答案见191页）

填表格

填表格，使得每行每列均包含字母A、B、C和两个空格。表格外的字母表示箭头所指方向的第1或者第2个出现的字母，如B1代表箭头所指方向出现的第1个字母为B。你能完成要求吗？

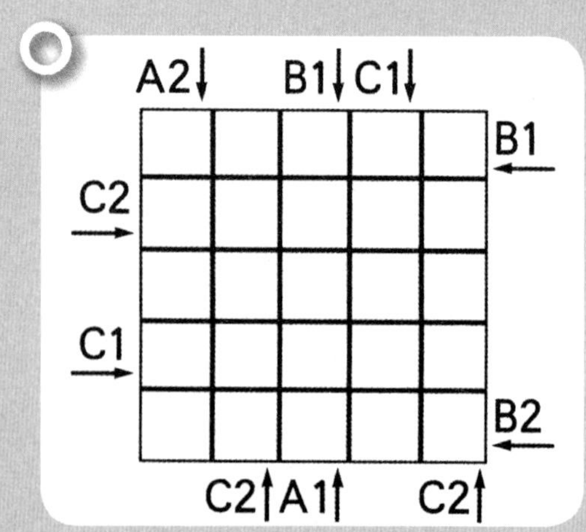

7月期答案

海盗与宝藏：略

	B	C		A
A			B	C
C	A			B
	C	B	A	
B		A	C	

第211天

30W+1D（30周又1天）

胎教新工具BabyPlus

近年来，胎教越来越受到重视。国外发明出一种叫“BabyPlus”的胎教工具，经过18年的科学研究证明，这一工具确实有效，全世界6万名儿童从中受益匪浅。

这种胎教工具使用简单，每天孕妇只要佩带两小时，即早晨1小时，晚上1小时，就能收到良好的胎教效果。

“BabyPlus”由16种经科学设计的不同节奏的声音组成，这些音节模仿孕妇的心跳声并随着孕期的增加，节拍逐渐加快，胎儿可非常清晰地听到这些有节奏感的声音，同时，将听到的来自“BabyPlus”的声音与来自妈妈声音加以区别。

尽管由“BabyPlus”发出的声音对成年人来说是单调乏味的，但它的节拍随着孕期不同而有微妙的变化，却对胎儿的大脑发育非常有利。

最初“BabyPlus”的搏动频率为每秒1次（1赫兹）。这与孕妇的心跳频率和新生儿的脑波频率（1～2赫兹）非常接近。这种搏动的声音传递到胎儿耳中，使胎儿听起来非常像孕妇体内动脉血液流经子宫的声音。

随着“BabyPlus”模拟声音节拍速度的加快（每周进行一次频率调整）胎儿会将这种声音与他所听到的周围背景“噪音”（孕妇的呼吸心跳、胎盘血流、静脉血流声等）进行比较对照，从而辨认出节拍的变化。

模拟音节拍的加速，促使胎儿不得不提高大脑抓取和处理这些声音信号的速度，以便将其与其他背景“噪音”进行比较。这就自然激励了胎儿脑神经网络和大脑记忆库的发育。

使用“BabyPlus”进行胎教的益处，还有如下表现形式：

1）婴儿生下来后眼睛和手都是张开的，精神放松，很少哭泣；

2）婴儿睡眠好；

3）能够及早辨别出父母的声音；

4）注意力能较长时间集中。

第212天

30W+2D（30周又2天）

产前听音乐配合身体运动

现代围产医学的一项研究成果推广应用很快，一般都有在产房中播放音乐，来缓解产妇分娩疼痛的试验。熟悉、优美、能唤起愉快情绪的音乐，能放松肌肉、减轻疼痛，这种试验的效果已经被认可。

最好在产前就进行音乐训练，以便在产程中挑出产妇最喜欢、最熟悉、最能唤起愉快情绪的音乐，起到最佳的镇痛效果。

通常，产前训练部分最好在妊娠36周开始，可以每周训练3～4次，包括听音乐、配合身体运动练习和音乐配合呼吸练习（腹式呼吸和哈气练习）等。

听音乐配合身体运动练习，目的是使孕妈妈在音乐的带领下，把身体各个部位活动开来。此外，还有助于改变对分娩的消极恐惧心理。

在音乐的节奏中，用手依次轻拍大腿、腰部、手臂、手腕和头部，活动全身。

这是一种比较轻度的运动，可以采用坐姿进行。在选择乐曲上，最好挑一些速度稍快、节奏均匀、轻松的音乐类型，比如克莱德曼的《爱的协奏曲》，有轻快节奏的轻音乐、室内乐也可以采用。

音乐配合腹式深呼吸，可以帮助产妇放松身体，进入到一种舒适的状态。训练时，先慢慢将气吸入腹部，然后再缓慢张嘴吐出。吸气和吐气各自占4拍节奏。

哈气练习，可以帮助产妇能够在生产过程中迅速换气，有助于分娩时向下用力。在这个练习当中，孕妈妈要保持躺卧的姿势，随着音乐节奏哈气，寻找向下用力的感觉，但不要真的用力。进行练习时，应该选用一些长拍子、轻松、速度在每分钟60拍左右的音乐，比如巴赫的《勃兰登堡协奏曲》等乐曲，一般巴洛克音乐作品就非常适合。

当然，如果熟悉和了解音乐，这些训练可以自己练习做，如果条件允许，还是最好找专业音乐治疗师指导。

第213天 30W+3D（30周又3天）语言胎教课：寓言《“狐假虎威”后传》

自从被狐狸捉弄后，老虎的糗事一度成了森林中的笑柄，老虎为此一直耿耿于怀，恨不得马上把狐狸捉住生吞活剥了。

一天，老虎正在一个灌木丛中小睡，这时狐狸的身影出现在眼前，怒不可遏的老虎猛扑了上去，一掌把狐狸打翻在地。

看着眼中冒火的老虎，狐狸不禁不寒而栗，不过它马上冷静下来，装着很镇定的口气说：“难道你忘了我是上天派来管理你们的了吗？”

老虎愤怒地咆哮着：“少来这套，你这个骗子。死到临头你还想骗我。”

“哎！愚蠢。”狐狸一声叹息。“看来，不让你见识一下你是不会相信的。”

“你又想玩什么花招，我这次绝对不会饶过你了。”老虎叫道。

“玩花招？让你见识见识老天赐予我的魔镜，快快松开你的爪子，损坏了魔镜你负不起责任。”

老虎松开爪子，想看看狐狸又有什么鬼点子。狐狸从背的包子中取出一个长方形的东西，小心翼翼地打开。老虎看到一个黑黝黝的镜子，下边有好多小方块。狐狸在上边摁了摁，镜子发出一阵声响，然后发出光亮，一个神仙模样的人出现在镜面上，狐狸连忙对着镜子磕头报告，神仙点点头，突然不见了。

狐狸又念念有词地唠叨一番后说：“我得看看各山的动物是不是听话。”

说罢又在镜子下方的方块上比划了几下，魔镜中出现了一块草场和树林，里边有野牛、猴子、袋鼠、刺猬等动物在走来走去。“好，不错，都很听话，给你们喂些食物吧。”于是老虎看到魔镜中的动物都争先恐后地开始争抢食物。

“我再看看赤尾狐分管的地方。”

这时魔镜中又出现了一个新的地方，老虎看到了大象、野牛、狮子等等。

“好你个狮子，就是你，上次听说你在野猪面前说我的坏话，看来我得抓走你的儿子作为教训。”狐狸信手一摁，魔镜中出现一只大手，一只幼狮挣扎着被抓了去。

看到这里，老虎吓得冷汗直流，夹着尾巴一个劲向后退。

狐狸回头说：“老虎，你还有什么说的吗？”

老虎吓得直求饶。

“好吧，本来魔镜是不可以让你看的，今天你看到的事绝不可以告诉别人，如果泄露了天机，后果你也看到了。”

老虎连忙点头答应，之后夹着尾巴一溜烟跑了。

看到老虎仓皇逃跑，狐狸把魔镜一关，鄙夷地说：“成天躲在山里不学无术，连个笔记本电脑也不认识，还敢称大王。真是的，别耽误我上QQ牧场。”

第214天 30W+4D（30周又4天）

语言胎教课：故事《半小时爸爸》

一天，笨狼到湖边去散步。

湖边的景色很美，笨狼边走边唱：“我是一只来自北方的狼……”

湖边的草丛很美，住着鸭妈妈，她正在孵她的第十个孩子。鸭妈妈在蛋上已经坐了整整三个星期了，现在她又累又乏，很想到湖里去洗个澡，吃点东西。

“我能帮您什么忙吗？”笨狼热心地问道。

“嗯，也许你能替我照料一下的我小宝贝。”鸭妈妈高兴地说。

“就是这只蛋吗？您的意思该不是让我也坐在它的上面吧！”

“当然不是让你坐在它上面，你只要替我看着它就行了。”鸭妈妈说。

笨狼坐在窝边上，认真地守着那只蛋。

一会儿，蛋壳破了，小鸭毛茸茸的脑袋钻出来，把笨狼吓了一跳。

“妈妈，妈妈。”小鸭子朝笨狼嘎嘎叫。

“我可不是你妈妈。”

“爸爸，爸爸。”“我也不是你爸爸。”

“哇——”的一声，小鸭子哭了。

“好吧，我是你爸爸。”笨狼说。

笨狼扒开草丛，挖蚯蚓给小鸭子吃。

“我是一只来自北方的狼……”笨狼边挖边唱。

“我是一只来自北方的狼……”小鸭子也跟着唱。

鸭妈妈回来了，打老远就张开怀抱：“宝贝，宝贝。”

“爸爸，那是谁？”小鸭子问。

“那是你妈妈。”笨狼说。

小鸭子高兴地扑进了妈妈的怀抱。

鸭妈妈和小鸭子跟笨狼说再见，一起到深深的湖水里游去。

小鸭边划水边唱：“我是一只来自北方的狼……”

这回，可把鸭妈妈吓了一跳。

第215天

30W+5D（30周又5天）

胎教活动课：折纸2例·眼镜、兔子

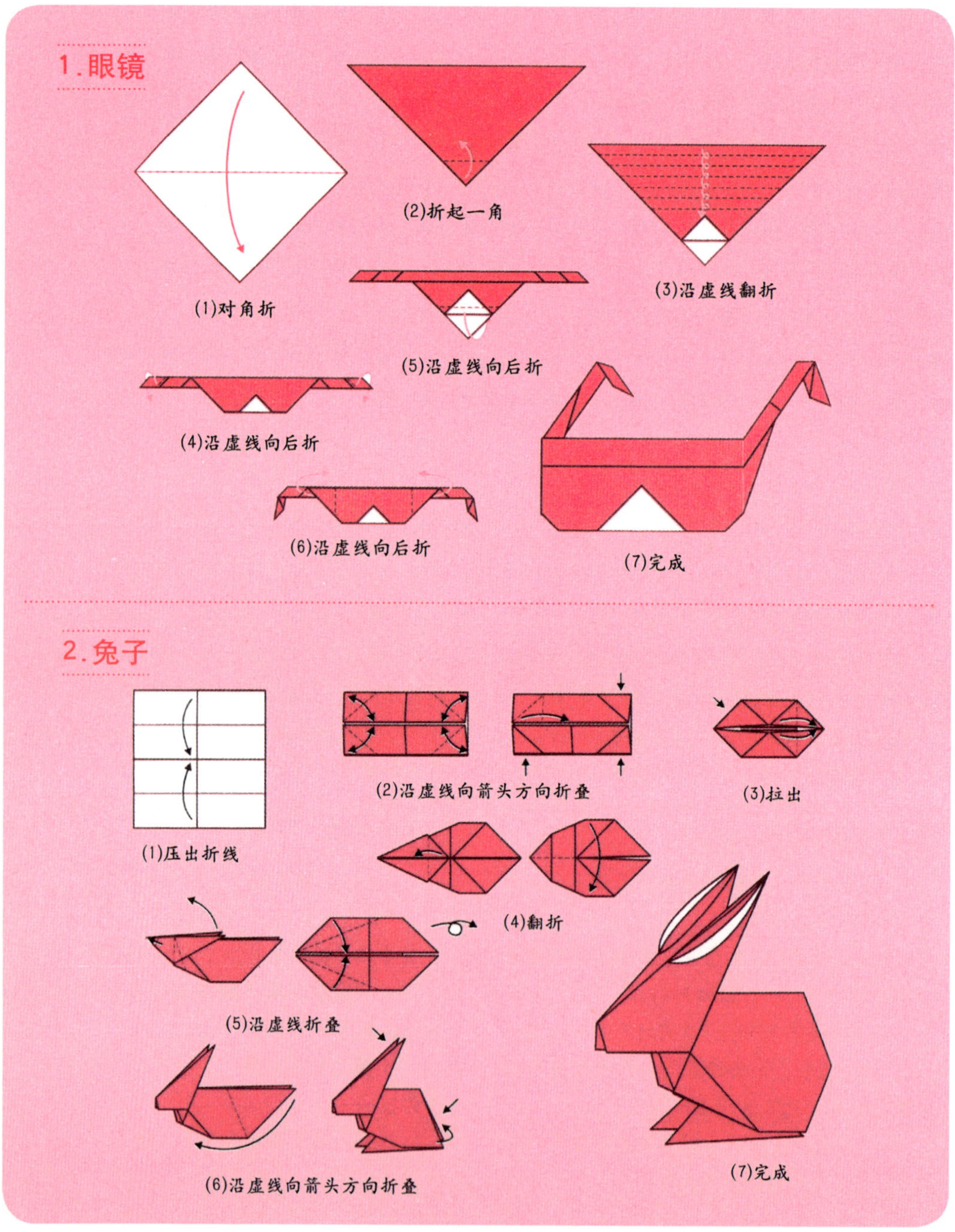

第216~217天
31W（31周）

每周胎教活动
电影欣赏·经典唯美影片选(一)

如果说欣赏唯美的影片是一种很好的胎教，应该没有人反对。适合孕妈妈看的影片很多，不可能一一列举，但凡使人心情欢快、令人感情起伏不太大的电影就行。另外，最好不要去影院里看，人多嘈杂，空气不好，可买碟或租碟回家看。下面列举一些经典爱情片以供参考。

缘分的天空（1993）

主演：汤姆·汉克斯和美琪·莱恩

“这部电影使我们更加相信爱情的魔力，可能我们确实都有各自不同的命运，而相爱的人生命的轨迹是会交汇在一起的。”

乱世佳人（1939）

主演：克拉克·盖博和费雯丽

“每个女人都想成为郝思嘉，周围总是有一大群男人环绕着，而克拉克·盖博则是每个女人的梦中情人。”

卡萨布兰卡（1942）

主演：亨佛莱·鲍嘉和英格丽·褒蔓

“整部电影的悲剧色彩，极度的戏剧性，英格丽·褒蔓哀伤的眼睛和无可挑剔的脸庞，简直让人心碎。”

风月俏佳人（1990）

主演：理察德·基尔和朱丽亚·罗拨姿

“每个人都是一颗未经雕琢的璞玉，我们所需要的只是找到合适的人来雕琢我们，使我们变成真正的闪闪发光的钻石。这部电影给了我们找到心目中理想对象的希望。”

当哈里遇上了莎莉（1989）

主演：比尔·克里斯多尔和美琪·莱恩

“这部电影中最令人难忘的就是在新年之夜，当众人都沉浸在庆祝新年的气氛中，比尔·克里斯多尔向美琪·莱恩的住所跑去。他讲的话更是精彩：‘当你终于知道自己已经爱上某人时，你就一分钟也不想再过没有她的日子了。’”

此情可待成追忆（1957）

主演：加里·格兰特和黛伯拉·科尔

“每次看到加里·格兰特知道了黛伯拉·科尔为什么没到帝国大厦楼顶和他见面的原因时，我就止不住自己的泪水，实在是太感人了！”

罗密欧与朱丽叶（1968，1996）

主演：莱昂那多·怀汀和奥丽维亚·胡赛（1968年版本）；莱昂那多·迪卡葡里奥和克莱尔·丹尼丝（1996年版本）

“这部电影简直很难用言语来形容。即使你一开始就知道结尾了也没有关系。”

第218天

31W+1D（31周又1天）

权威推荐的胎教音乐（一）

马蒂·克拉克，1958年从哈佛大学医学院毕业，1956年获耶鲁大学医学博士学位，1967年当选为美国全国婴妇学会主席。美国图书馆杂志（Library Journal）称本文是最权威的胎教音乐圣经，并多次向公众推荐。

在哈佛教书的时候，就经常看到很多准妈妈在给自己的孩子听胎教音乐。有很多人来问我什么样的胎教音乐最好。我当时的研究方向主要是产后生理恢复，对胎教并没有很深的了解，所以也没办法给她们很好的建议。20世纪60年代初，我和妻子一起到犹他州的盐湖城度暑假。在那里，我们房东太太正怀着自己的第一胎孩子，她也在做音乐胎教，并跟我讨论这方面的问题。这时，我才意识到人们是多么需要专家的建议。回到哈佛后，我和同事投入了胎教音乐的研究。

随着研究的深入，我们慢慢发现胎教音乐的种种神奇作用，同时，也发现一些不恰当的音乐胎教对胎儿的不良影响。我开始后悔没有及早涉足这个领域，没有在人们需要我的建议的时候给予回应。为了弥补的我歉意，我写了一篇“最安全有效的胎教音乐全集”，希望我推荐的这些胎教音乐能被更多的家长采纳。

早晨起床后，最安全有效的胎教音乐：

柴可夫斯基的《睡美人》中的《波兰舞曲》、《如歌的行板》、《小进行曲》；

莫扎特的圣乐曲《春的序曲》；

舒伯特的《音乐瞬间》的第三首；

贝多芬的第六号交响曲《田园》；

小约翰·施特劳斯的《蓝色多瑙河》；

格里格《培尔·金特》中的《早晨》、《索尔维格之歌》、《阿拉伯舞曲》、《安妮特拉之舞》。

第219天

31W+2D（31周又2天）

权威推荐的胎教音乐（二）

休息的时候，最安全有效的胎教音乐：

柴可夫斯基的芭蕾舞曲《天鹅湖》；

维瓦尔第的《金翅雀协奏曲》；

克莱斯勒的《伦敦德里小调》、《天使小夜曲》、《罗曼史》、《爱的悲伤》、《十四行诗》、《幻想曲》；

莫扎特的《小夜曲》；

托斯蒂的《小夜曲》；

古诺的《小夜曲》；

威尔第的《弄臣》中的《女人善变》、《美女如云》；

海顿的《小夜曲》；

史特拉汶斯基的《普钦奈拉》中的《小夜曲》；

亨利·曼西尼的电影《蒂凡尼的早餐》中的插曲《月亮河》；

贝多芬的《悲怆奏鸣曲》第二乐章《如歌的行板》。

胎动明显时，最安全有效的胎教音乐：

德沃夏克的《诙谐曲》；

勃拉姆斯的《第五号匈牙利舞曲》、《圆舞曲（作品39之15）》；

肖邦的《第七号圆舞曲》；

约翰·施特劳斯的《春之声圆舞曲》；

贝多芬的第一交响曲中的《小步舞曲》；

莫扎特的《小步舞曲》；

阿尔贝尼斯的《探戈》。

第220天 31W+3D（31周又3天）胎教活动课：剪纸4例·花木鱼蟹

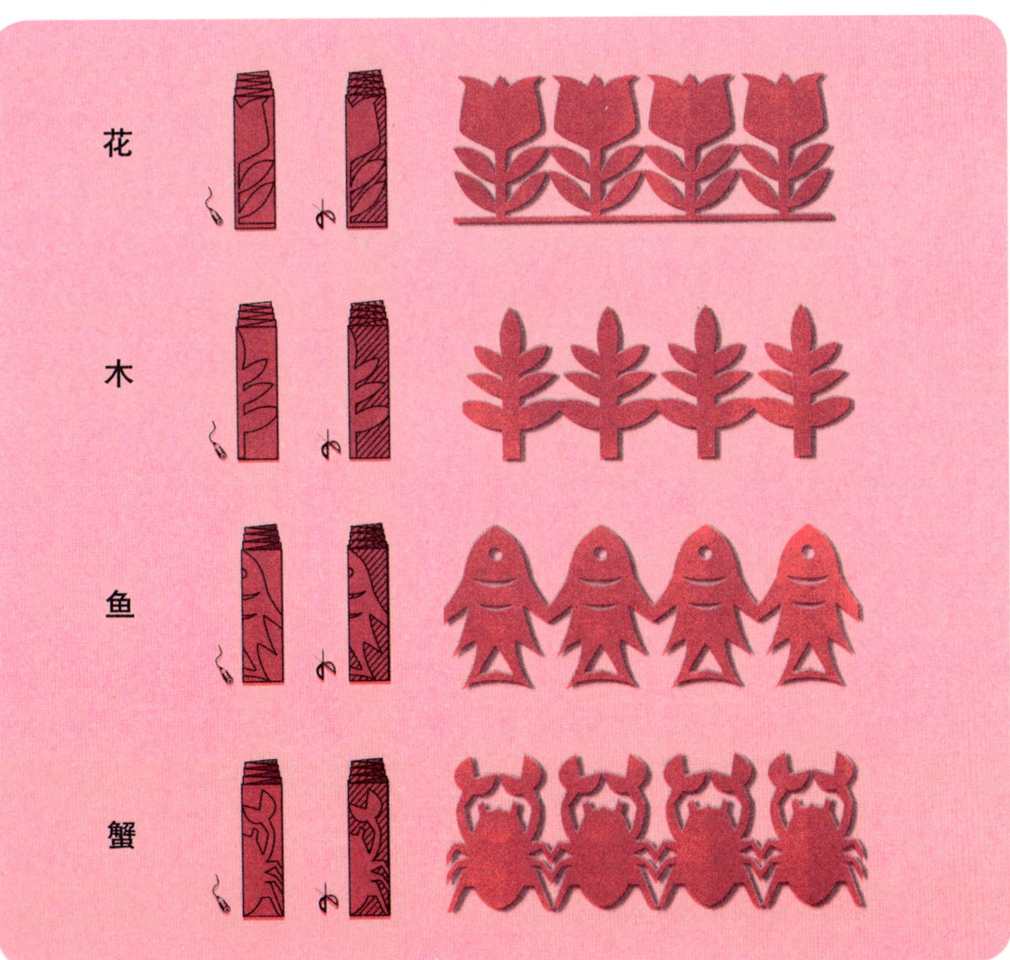

第221天

31W+4D（31周又4天）

语言胎教课：童话《水晶球之旅》（一）

雅各布是一个很不讲究卫生的小男孩，他很喜欢乱丢垃圾，就连班级值日他也是马马虎虎的乱扫一气，随便把扫好的垃圾堆在笤帚下面，所以班级里的同学都不喜欢和他一起值日。

这一天是雅各布的生日，妈妈送给他一个漂亮的水晶球，里面有山有水，云雾缭绕，森林茂盛，还有一座很美丽的小村庄。雅各布对这个水晶球爱不释手，一整天都捧着它，慢慢地，小雅各布玩累了，抱着水晶球进入梦乡。

雅各布梦见自己进到水晶球的世界里面，天空上的云彩好像棉花糖一样，五颜六色的。到处都是翠绿的树木，山坡上有好多小动物在嬉戏玩耍。小雅各布看到路边有好多可爱的垃圾桶，走一段路就会出现一个。走着走着，小雅各布觉得肚子饿了，他发现前面不远有一处农田，走近一瞧，这农田里种的是各种各样的糖果，彩虹糖，棒棒糖……还有好多他叫不出名字的糖果。小雅各布实在是太饿了，他摘下一颗糖果，撕开糖纸，随手丢在地上，狼吞虎咽地吃了起来。

这些糖果真是美味极了，地上的糖纸也越堆越多。正在小雅各布吃得意犹未尽的时候，突然有“叽里呱啦”的声音从远处传过来，小雅各布一瞧，有一个好像笤帚的东西正往这边跑来，吓得他撒腿就跑。笤帚人很快就抓住雅各布，把他拎到半空，它好像很生气，嘴里“叽里呱啦”说着雅各布听不懂的话。雅各布挣扎着，喊道：“放我下来！放我下来！”

笤帚人突然把雅各布大头朝下，雅各布觉得自己的头发好像变成笤帚头一样，就被笤帚人提着走到刚才那片糖果农田，那里到处都是雅各布刚刚扔掉的糖纸。笤帚人生气地把雅各布当笤帚去扫那些糖纸，在把所有的糖纸扫成一堆后，笤帚人吹了声口哨，一个可爱的小垃圾桶朝这边跳了过来，它从背后伸出好像吸管一样的东西，把地上的糖纸全部都吸干净了。

笤帚人把雅各布放了下来，雅各布摸摸自己的头发，硬邦邦的，真的好像笤帚头一样。雅各布低着头哭丧着脸。笤帚人又“叽里呱啦”地说着什么，意思好像是要雅各布跟他一起走。雅各布没办法只好和笤帚人一起回到村庄。

第222天

31W+5D（31周又5天）

语言胎教课：童话《水晶球之旅》（二）

这是一座非常干净的村庄，道路一尘不染，村庄中间是一座水晶喷泉，道路两旁种着各种树木和鲜花。虽然这座村庄干净的不必打扫了，但是道路上还是有一些会动的笤帚在“唰唰”地扫着。

笤帚人领雅各布来到一座糖果店里，原来这是笤帚人的糖果店。它提来一桶水，扔给雅各布一块抹布，示意让他抹窗户。雅各布没办法只好照做。

雅各布边抹边四下打量，四周都是笤帚人。他心想怎么样才可以从这里逃走，突然一个人的身影从他眼前闪过。他仔细一瞧，是一个小男孩，只不过那个小孩看起来像半个笤帚人，除了身体和腿，其他部分更象笤帚。那个小孩仿佛也注意到了雅各布。

雅各布偷偷地跑到那个小男孩身边，他盯着小男孩的笤帚脸，道：“这是什么地方？”

“这是笤帚人的村庄！你一定是乱丢垃圾才会被他们抓来的吧！”小男孩说道。

“只是乱丢了垃圾！？他就把我变成这样，你看我的头发！！”雅各布激动地扯着自己的笤帚头。

“我也是因为乱丢垃圾，所以才变成现在这副样子。你看那边，那些正在扫地的笤帚，他们都是不讲究卫生的小孩子变的！”小男孩指了指那边。

雅各布被吓坏了，这时笤帚人怒气冲冲地走了过来，显然它不想小男孩和雅各布说话。

雅各布慌了神，他拔腿就跑。边跑边喊着：“我不要变成笤帚！我不要变成笤帚！”

“雅各布，起床了，上学要迟到了哦。”妈妈的声音叫醒了雅各布。他一下子从床上跳了起来。看了看周围，原来是个梦啊！

从此，雅各布变得爱讲卫生了，也不会再乱丢垃圾了，班级的值日他都会很用心的打扫，同学们都喜欢和他一起值日。因为跟雅各布一起值日的教室最干净！

第223~224天 32W（32周）

每周胎教活动
电影欣赏·经典唯美影片选(二)

天使之城（1998）

主演：尼古拉斯·凯奇和美琪·莱恩

“有人会为爱情而放弃永生的机会，太令人感动了。”

网上情缘（1998）

主演：汤姆·汉克斯和美琪·莱恩

“这就是今天许多人的相识方式，我们自己也可能在网上碰到一个人，而在生活中我们从没见过。美琪·莱恩和汤姆·汉克斯简直是绝配。”

爱情故事（1970）

主演：瑞安·奥尼尔和爱丽·马克格劳

“电影向我们展示了无条件的爱的真正含义——照顾你所爱的人。”

缘定今生（1980）

主演：克里斯多佛·里夫和珍·西摩尔

“这部电影具有动人心弦的力量，使我们更加相信人与人之间是有缘分的。”

廊桥遗梦（1995）

主演：科林特·伊斯特伍德和梅丽尔·斯特里普

“每个结了婚的女人都有这样的幻想，只是大部分人没有这样的机会。只有成熟的女人才会欣赏这部电影，十七、八岁的女孩们还没有足够的生活经历来真正理解影片。”

辣身舞（1987）

主演：帕特里克·斯维兹和珍尼佛·格蕾

“坏男孩和好女孩之间的故事总是引人入胜的。”

当你沉睡时（1995）

主演：比尔·普曼和桑德拉·布洛克

“当你迷恋上某人时，你就无法意识到你的真爱是谁。这部电影真实可信，还有一个令人充满希望的大团圆结局！”

希望永在（1998）

主演：小哈里·考尼科和桑德拉·布洛克

“尽管你可能在感情上遭受重创，但仍然有很多人关心你，甚至更爱你。”

新娘不是我（1997）

主演：德莫特·穆罗尼和朱丽亚·罗伯茨

“真爱意味着要适时地放手，只要你爱的人幸福。而且这部影片的音响效果特别好。”

龙凤配(1954, 1995)

主演：亨佛莱·鲍嘉，奥黛利·赫本和威廉姆·霍登（1954版本）;哈里森·福特，朱丽·奥梦德和格莱格·金内尔（1995版本）

“灰姑娘的故事是存在的，王子可能还需要更聪明一点。”

第 9 个月
胎儿完全成熟

第225天 32W+1D（32 周又 1 天）孕9月胎教指南

胎教重点

帮助胎儿运动和胎儿一起欣赏音乐，较前几个月胎教时间可适当延长，胎教内容可适当增加，孕妈妈要少食多餐，以多营养、高蛋白质为主，限制动物脂肪和盐的过量摄入，多吃富含微量元素和维生素的食物，适量饮水。

胎教指导

· 情绪胎教，避免焦虑和不安。孕后期，孕妈妈焦躁不安的情绪很有可能影响胎宝宝而造成早产，千万可别在最后时刻疏忽大意哦。准爸爸可以多搜集一些幽默笑话，绘声绘色地说给孕妈妈听。

· 营养胎教，多吃富含膳食纤维的食物。很多孕妈妈会发现自己的便秘症状加重了，这是由于子宫的增大影响了肠胃蠕动，所以孕妈妈现在需要吃一些富含膳食纤维的食物，以促进肠胃蠕动，缓解便秘。

· 音乐胎教，为胎宝宝歌唱。音乐的神奇作用在于能更迅速、更直接地引起大脑的反应，对胎宝宝唱歌，能够促进宝宝的大脑发育。选择一首听起来舒适的乐曲反复听，熟悉的音乐能给胎宝宝以安全感。

· 运动胎教，做利于分娩的练习。随着预产期临近，孕妈妈身体会出现一系列变化，这些变化都是在为分娩做准备，孕妈妈应多做些有利于分娩的练习。

· 美学胎教，美好的感官体验。胎宝宝此时已形成完整的五感，孕妈妈经常欣赏一些美的事物包括一些艺术作品，对胎宝宝来说也是一种美好的感官体验。

32W+2D（32周又2天）

孕9月妈妈与宝宝

胎儿情况

子宫大小：子宫底长约27～30厘米。

胎儿的情形：身长约45厘米，体重约2000～2500克。

胎儿的发育：全身开始出现皮下脂肪，身体变成圆形，皱纹减少，皮肤呈现出光泽。指甲已长全。胃和肾脏的功能更加发达，能分泌少量的消化液，并开始向羊水中排尿。

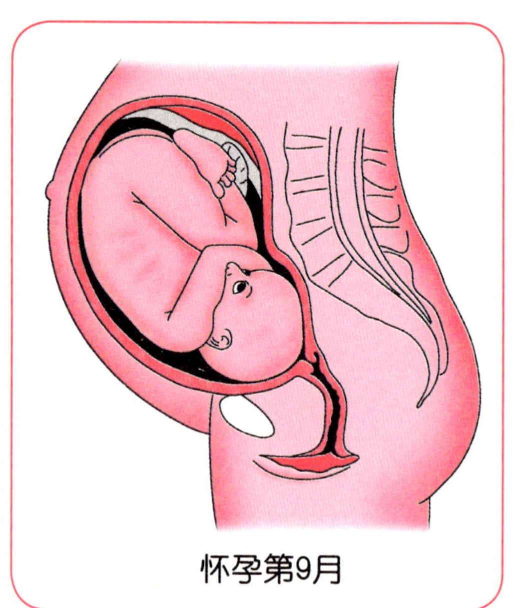

怀孕第9月

母体情况

母体的变化：因子宫底升高压迫心脏和肺部出现心跳加快，气喘；压迫胃可有上腹部饱胀感，影响食欲；压迫腹腔、盆腔血管使静脉血回流受影响，引起外阴部及下肢静脉不同程度的曲张。排尿次数更加频繁，腹重的增加会引起腰、背疼痛，足部的扎痛感也更加明显。

专家叮咛

容易出现的异常反应：防止妊娠中毒症和早产现象的发生。

注意事项：通过孕期体操缓解腰、背部的疼痛感。同时应避免激烈运动和过度疲劳。外出时要带好《母子健康手册》。

定期检查：每2周做一次健康检查。检查事项主要包括：体重、血压、尿检、子宫底、腹围测定、胎儿心音、血液、超声波检查、内诊。

32W+3D（32周又3天）

孕9月营养与饮食

由于你所需能量的增加，不要忘了多吃新鲜水果和蔬菜，这对你和孩子都至关重要。

主打营养素："脑黄金"

作用：保证大脑和视网膜的正常发育

DHA、EPA和脑磷脂、卵磷脂等物质合在一起，被称为"脑黄金"。"脑黄金"对于准妈妈来说，具有双重的重要意义，尤其是怀孕的最后三个月，孩子大脑迅速发育的时候。首先，"脑黄金"能预防早产，防止胎儿发育迟缓，增加婴儿出生时的体重。其次，此时的胎宝宝，神经系统逐渐完善，全身组织尤其是大脑细胞发育速度比孕早期明显加快。而足够"脑黄金"的摄入，能保证婴儿大脑和视网膜的正常发育。

为补充足量的"脑黄金"，孕妈妈可以交替地吃些富含DHA类的物质，如富含天然亚油酸、亚麻酸的核桃、松子、葵花子、杏仁、榛子、花生等坚果类食品，此外还包括海鱼、鱼油等。这些食物富含胎宝宝大脑细胞发育所需要的必需脂肪酸，有健脑益智的作用。

如何应付最常见的不适—牙齿问题

面对怀孕带来的那么多改变，很容易忽视口腔健康。很多焦急等待孩子出世的准妈妈会发现自己的牙龈经常流血，这是因为体内激素的改变，以及血压升高的缘故。所以，一定要照顾好自己的牙齿，经常刷牙，用牙线清洁牙齿。怀孕期间还应该至少去看一次牙医。但别忘了告诉牙医你是孕妇。

饮食习惯也会影响牙齿。如果你一天吃好多次，甚至晚上也吃宵夜，你就应该更经常地清洁牙齿。牙齿中的细菌让食物中的淀粉和糖发酵，产生酸腐蚀你的牙齿。定期清洁牙齿，尤其是在吃饭以后，这样能够减少口腔内细菌的活动。

小提示　护牙窍门

怀孕的这个阶段，牙齿护理包括以下几点：

○经常清洁牙齿，每次吃完甜食要刷牙。

○选择低糖食品，例如蔬菜，可以生吃，可以蘸酱，可以做成沙拉，对你的牙齿健康有好处。

○多吃维生素C，这对于牙齿很关键。一份清蒸花椰菜或者一个油桃能够满足你的每日需要。

第228天

32W+4D（32周又4天）

语言胎教课：故事《阿凡提开染坊》

阿凡提在镇子上开了个染坊，给附近的乡亲染布。

有一次，镇子上新来了个小法官，住在一个财主家里。那财主便觉得十分光彩，到处炫耀。

财主向阿凡提吹嘘说："新来的法官老爷，是世上少有的聪明的法官老爷，他学识渊博，脑袋里充满了智慧。"

"有可能"，阿凡提说，"因为现在当法官的，办事情只看谁给的钱多，用不着智慧，所以智慧就都在他脑子里存起来了。"

一听这话，财主生气地"哼"了一声，回去就告诉给了法官。法官气急败坏，一心想找机会报复阿凡提一下。

这一天，法官在财主家拿了一匹布，来到阿凡提的染坊，用蛮横的口气说："阿凡提，给我把这匹布好好地染一染，让我看看你有多么高的手艺！"

"你要染成什么颜色的，法官先生？"

"我要染的颜色普通。它不是红的，不是蓝的，不是黑的，也不是白的，不是绿的，又不是紫的，不是黄的，更不是灰的。明白了吧？当染匠的阿凡提！"法官不怀好意地说。

"听说你的智慧不光存在脑子里，还会用，你能染出来吗？"财主跟在法官身后狗仗人势，他接着说，"阿凡提，如果没有本事染出法官老爷要的颜色，法官老爷可就会封了你的染坊！"

阿凡提知道他俩是故意来寻衅闹事的，但仍毫不在意地把布接过来。阿凡提说："这有什么难办的呢，我一定照法官先生的意思染。"

"你真的能染？"法官看着阿凡提那不慌不忙、满有把握的样子，吃惊地说，"那么，我哪一天来取呢？"

"你就照我说的那一天来取。"阿凡提顺手把布锁在柜子里，对法官说："那一天不是星期一，不是星期二，也不是星期三，不是星期四，不是星期五，又不是星期六，连星期日也不是。到了那一天，我的法官先生，你就来取吧，我一定会使你满意的！"

法官被说得没了主意，而那个财主更傻了眼，他俩一块儿灰溜溜地退出了染坊。

第229天

32W+5D（32周又5天）

语言胎教课：故事《阿凡提种金子》

一天，阿凡提在郊外开垦荒地，遇见了狩猎归来的国王。

国王问他："阿凡提，你在这儿干什么呢？"

"陛下，我在种金子呢！"阿凡提回答道。

"金子也能种吗？"国王问。

"当然能种，不然你金库里的金子从哪儿来呢？"阿凡提说。

国王虽然不太相信，但是为了证实阿凡提说的真与假，便掏出两枚金币对阿凡提说："请把这个也一起种上，待收获时我们平分。"

"是，陛下，"阿凡提接过两枚金币说："今天是星期四，经我精心护理一个礼拜后，我肯定把收获的金子送到您的王宫。"

国王似乎相信了阿凡提的话，便打道回府。

一个礼拜过去了，阿凡提果真来到王宫。

阿凡提对国王说："尊敬的国王陛下，我们的金子喜获丰收，两枚金币长出了20枚金币，我留下10枚，给您送来了10枚。"

阿凡提说着，把10枚金币恭恭敬敬地送到国王手里。

国王接过10枚金币，左看右看，果然是真金币。国王高兴地笑了，连胡子都翘起来了。

随后，国王又取出40枚金币加在一起交给阿凡提，他说："阿凡提，把这50枚金币也拿去，把它也种上，待长出金币，我们再平分。"

又过了一个礼拜，阿凡提却空着手来到王宫。

阿凡提对国王说："尊敬的国王陛下，这一次我们的运气太糟了，整整一个礼拜滴雨未下，您的50枚金币加上我的20枚金币，共70枚金币的金种，全部活活旱死了。"

"一派胡言，金子还能旱死吗？"国王大怒道。

"陛下，您的理智是否正常？您既然相信金子能种，为什么不相信金子能旱死呢？"

国王无可奈何，只得放阿凡提扬长而去。

第230~231天

33W（33周）

每周胎教活动
音乐赏析·《高山流水》的故事

史书《吕氏春秋》最早记有古琴曲《高山流水》，引出俞伯牙弹琴觅知音，与钟子期最终结为知心朋友的感人故事。

春秋战国时期的晋国人俞伯牙很会弹琴，他在汉阳江口初次遇到钟子期时，见钟子期是个樵夫，不相信钟子期会识谱弹琴，于是对钟子期提出许多有关器乐的专门问题来考他。钟子期对答如流，如数家珍。但是伯牙还有怀疑，于是紧拨琴弦，弹奏一曲，想考考钟子期。伯牙刚刚弹完琴，钟子期就赞叹道："美哉洋洋乎，大人之意，在高山也。"伯牙又徐奏一曲，子期又赞道："美哉汤汤乎，志在流水。"伯牙大惊，推琴而起，连连施礼告罪说："失敬！失敬！石中有美玉之藏，若以貌取人，岂不负了天下贤士？"并主动提出与钟子期结为异姓兄弟，相约第二年中秋再到此地相会。

到了第二年，余伯牙如约赴会，等了很久，还不见钟子期，后来才知钟子期已于几个月前因病去世，余伯牙顿时"五内崩裂，泪如泉涌，傍山崖跌倒，昏绝于地"。大哭之后，余伯牙在钟子期坟前抚琴吊唁。哀曲奏毕，余伯牙想，从此再无知音，琴瑟又对谁弹？于是便用力一摔，将琴砸得粉碎，这就是历史上广为流传的"伯牙摔琴谢知音"的故事。

后人有诗赞叹道："摔碎瑶琴凤尾寒，子期不在对谁弹！春风满面皆朋友，欲觅知音难上难。"

故事和琴曲，流芳百世，被人传颂，给人以深深的启迪。

古筝曲《高山流水》以山东老八板筝曲为素材创作而成。由庄重的和弦开始，以双手交替演奏的繁响，描绘出高山耸立的巍峨气魄。接着以双手交替的加花手法，引出小溪潺潺流水之声。而又用右手劈、托、抹、挑、花指等演奏手法，配合左手的按、滑、颤音技巧，由慢而快，描绘出清风拂弄着松柏翠竹时娇微摆摆的形象，给人以清新秀丽，欢快舒畅的感觉。

乐曲的后部分，因大指加花衬托中指奏出的主旋律及波浪起伏的连续切分音，造成热烈欢快的气氛，好似涓涓细流汇集而成滚滚飞瀑，直泻深谷，声响轰鸣。乐曲展现出祖国锦绣河山宏伟壮丽的磅礴气势和到处充满生机的兴旺景象。

33W+1D（33周又1天）

孕晚期摆脱不良情绪的方法

妊娠晚期，过度的心理压力会对胎宝宝造成不良影响，孕妈妈可以用下面的方法摆脱不良情绪。你这时或多或少会存在某些心理压力吧，马上就尝试这些解压方法，这将会是不错的护胎措施。

设想

想像一下胎宝宝的模样，是像爸爸多一些还是更像妈妈一些。准妈妈不开心，宝宝肯定也会不开心、不好好生长，拿一张纸，试着画一画宝宝的小脸的样子，把自己为孩子降生而准备好的用具摆一摆，一样一样地说给宝宝听：这是妈妈为你准备的新衣服，这里是你的小床，那是小被子……

深呼吸

难忍难熬的时候，闭上眼睛，向着窗外，深深吸气，快速呼出，连续做上几次深呼吸，你会觉得好受得多。

告诫

不开心时，告诫自己，不要生气，不要着急，更不用害怕，宝宝正在看着妈妈呢。

转移

有时消除烦恼的最好方法就是离开不愉快的环境，可以通过一些自己喜欢的活动，如听音乐、看画册、郊游等，使情绪由焦虑转向欢乐。

释放

相当有效的情绪调剂方法，可以通过写日记给好朋友发电子邮件或向亲密的朋友诉说自己的处境和感情，使烦恼得到令人满意的“释放”，烟消云散。

社交

通过广交朋友，置身于乐观向上的人群中，充分享受友情的欢乐，使情绪得到积极的感染，从中得到愉悦。

第233天

33W+2D（33周又2天）

孕妈妈如何创新胎教

动脑筋想办法，根据掌握的胎教原理和知识，就能随意地创造了多姿多彩的胎教新方法。

一位孕妈妈说：我常常用右手食指在腹部轻轻地画来画去，我比划过数字“1、2、3、4、5”、字母“A、B、C、D”，或者英语单词“d-o-g dog、c-a-t cat”、汉字“宝宝、妈妈、爸爸、手、你好”……我还让丈夫用手指在我的腹部边轻轻地边比划边用他好听的声音念出来“b-a-b-a baba，又叫爸爸，还叫 father、daddy”。

另一位孕妈妈说：我坐在阳台上铺开纸笔，静心地画着腹中的胎儿，边画边说：孩子，你感觉到了吗？妈妈用温暖慈爱的手在抚摸你，抚摸你的头、你的小屁股、你的小手、小脚丫，你知道妈妈为什么说话这么轻吗？声音大了，会让你害怕呀！我感觉到这会儿，你的小脾气不是那么好了！是怎么啦？喔，妈妈没唱歌给你听！好了，妈妈就将画你的模样编成一首儿歌，你仔细地听吧：

圆圆的脑袋，晶亮的眼睛，翘翘的鼻子，弯弯的小嘴，肉肉的小手，肥肥的屁股，亲亲你的脸蛋，摸摸你的小脚；妈妈伸胳膊，你也伸小胳膊，妈妈笑一笑，你也笑一笑，妈妈和宝宝，做舒展运动，画中的宝宝呀，像不像未来的你？

有一位孕妈妈忽然感冒了，而且间歇性地高烧不退。她介绍说：我忍着病痛起床，用毛巾蘸上冰凉的自来水一遍一遍地冷敷额头，尽量保持心态平和，高烧慢慢地退去了。我按照祖母早期教给我的不伤害孩子的土方法继续治疗。多喝米汤或白开水，多出汗，吃清淡的食物，用意志控制着我的不良情绪，以免惊动胎儿。就这样坚持了两三天，病痛竟像害怕我似的，悄悄地逃跑了。在这种情况下，我告诉腹中的胎儿："孩子，这几天妈妈病了，不能带你到山上去看野花野草，也不能给小白兔挖野菜了，更没有精神给你讲故事、唱儿歌了。妈妈难受的时候你是不是也感到难受呀，常言道：'十指连心'，孩子是妈妈身上的肉呀，我想你身上也会有些不舒服吧？妈妈治病的时候，请你跟妈妈配合一下呀，你和妈妈一起战胜病魔，一起品尝什么是坚强吧！"

三位孕妈妈都有与众不同的胎教新意吧！那么，新意何来呢？很简单，来源于伟大的母爱！

第234天

33W+3D（33周又3天）

准爸爸怎样做胎教

胎教不单纯是孕妈妈的事，需要准爸爸做的工作也有很多，除去在有关条目中谈到的以外，还有以下几件事情需要丈夫去做。

经常和胎儿说说话

丈夫可通过动作和声音，与妻子腹中的胎儿说说话，是一项十分必要的胎教措施。与胎儿说话时，丈夫可抚摸妻子的腹部，这种良性刺激，对孕妈妈既是一种精神与机体享受，又可使胎儿从中受益。尤其对于情绪和精神紧张的孕妇来说，这是一剂良好的安慰剂。

与胎儿的谈话内容可不拘一格，诸如问候、安慰、逗乐等都可以。但要注意考虑妻子的感受，要让妻子爱听。积极的胎教效应，都要通过妻子良好的心理感受而产生的。

和胎儿做游戏

如何和胎儿做游戏，在后面有关条目中还有详细叙述，这里简单谈一下一些简单、轻松的游戏。如妻子平卧时诱导胎儿在"宫中"活动，妻子进餐时模拟给胎儿喂饭等，这些都可以通过孕妇的感官刺激对胎儿起到积极的潜移默化作用。

给胎儿讲故事

丈夫给妻子腹中的胎儿讲故事时，要把未降世的胎儿当成懂事的大孩子一样看待，最关键的是要争取妻子的积极参与，通过妻子心理感受，来转化为教育因子而作用于胎儿。故事内容宜轻松怡悦，娓娓动听，切勿讲授使妻儿产生恐惧心理的故事。

给胎儿放音乐

音乐在胎教中所占据的重要地位，后面还有专门介绍。这里讲的放给胎儿听的音乐，在选择上最好先取得妻子的同意，至少是孩子的妈妈比较喜欢听的，否则就不会起到胎教的作用。

另外,需要根据胎儿胎动频度进行辨证地选择。如果胎动频繁应放一些柔和轻松的曲子；如果胎动较弱，则需放一些雄壮有力而又节奏感比较强的音乐。

在配合妻子进行胎教的过程中，还有许多事情需要丈夫去做，诸如给胎儿听胎心、数胎动、唱儿歌、诵诗词等，都是很好的胎教措施，这里不一一赘述。

第235天

33W+4D（33周又4天）

语言胎教课：故事《阿凡提智破难题》

一天，从邻国来了三位商人。这三位商人每人给国王提出了一个难题。国王和王宫里的所有人都未能答上来。有人提议让阿凡提来回答，国王立刻召来了阿凡提。

阿凡提骑着驴径直来到国王面前，抚胸施礼道："尊敬的国王陛下，敝人前来拜见，有何贵干请吩咐。"

"阿凡提，请你赶快回答这三位贵客提出的问题。"国王对阿凡提说。

阿凡提望了望这三位商人，说道："敝人洗耳恭听，请贵客提问。"

第一位商人问道："阿凡提，地球的中心在哪儿？"

阿凡提不慌不忙地用手里的拐杖指着他那毛驴的右前腿说："就在我那毛驴的右前腿下！"

"你有什么证据？"那位商人又问。

"先请您量一下，如果多一尺或者少一寸的话，由我来负责！"阿凡提说道。那商人听了只好无言可对。

"那么天上有多少颗星星？"第二个商人问道。

"我这头驴身上有多少根毛，天上就有多少颗星星。如果您不相信，就请您数一数，多了或是少了请您找我。"阿凡提回答说。

第二个商人听了阿凡提的话只好默默不语。阿凡提向第三位商人暗示请提问题。商人问道："我的这把胡子有多少根？请你回答！"

"我这头驴的尾巴有多少根毛，您的胡子就有多少根。"

"何以见得？"第三位商人听了恼怒地说道。

“如果不相信，请您把胡子一根一根地拔下来，我也把毛驴尾巴上的毛一根一根地拔下来，咱们一起来数一数。请您把您的胡子拔下来吧。”阿凡提回答说。

第三位商人听了，摸一摸胡须只得哑口无言。

第236天

33W+5D（33周又5天）

语言胎教课：故事《小熊过桥》

有一只小熊对妈妈说：“妈妈，我好些日子没看见姥姥了，我想去看看姥姥。”

妈妈说：“好啊，你去的时候，把咱们那束鲜花给姥姥带去，把那一包点心也给姥姥带去！”

小熊抱起点心盒子，拿起那束鲜花，说：“妈妈，我走了！”

妈妈说，“好，早去早回来，替我问姥姥好！”小熊说：“哎，妈妈再见！”说着就走了。小熊走着走着，来到一条小河边上。河上有一座桥。这桥是用竹子搭的，小熊走到上面就不敢动了，因为走起来左一摇右一晃的，河水还在下边哗哗地响哩！

小熊正害怕，天上飞过来一只乌鸦。这乌鸦不但不帮助小熊，还吓唬他。乌鸦高声喊道：“呱——呱——呱——呱坏啦，坏啦！你们瞧啊，小熊要掉下河啦，小熊要掉下河啦！”

小熊本来就害怕，被乌鸦这一吓唬，就更不敢动了。他低头一看河水，河水也在笑话他：“哗哗哗哗，小熊小熊，你怎么这么不勇敢哪，小竹桥都不敢过！这么胆小，太没出息啦，太没出息啦！”

小熊一想：乌鸦吓唬我，河水笑话我，这，这可怎么办呢？小熊着急得哭着叫：“妈妈，妈妈，快来呀！”可是，妈妈离这儿远哪，听不见呀。

熊妈妈听不见，可是水里的小鱼儿听见了，他们“扑噜，扑噜”从水里钻出头来，对小熊说：“小熊，小熊，你别害怕，把眼睛往前瞧，别往水下看，你挺起胸，直起腰，迈开步，一二，一二，就过去啦！”

小熊听小鱼儿的话，抬起头，眼睛向前看，挺起胸，直起腰，迈开大步，一二，一二！嘿，真过去了。

过去以后，眼泪还没干，小熊就高兴地笑了。小熊回过头来，冲着小鱼直点头：“小鱼儿，小鱼儿，谢谢你们了，再见吧！”

小鱼儿一看小熊平平安安地过去了，都挺高兴，“鼓儿，鼓儿”，全都钻到水里去了。

第237~238天 34W（34周）

每周胎教活动 益智小游戏（9月期）

谁的宠物

根据图中所给条件，你能否为下面的宠物分别在上面找到它们的主人？

（答案见206页）

填表格

填表格，使得每行每列均包含字母A、B、C和两个空格。表格外的字母表示箭头所指方向的第1或者第2个出现的字母，如B1代表箭头所指方向出现的第1个字母为B，你能完成要求吗？

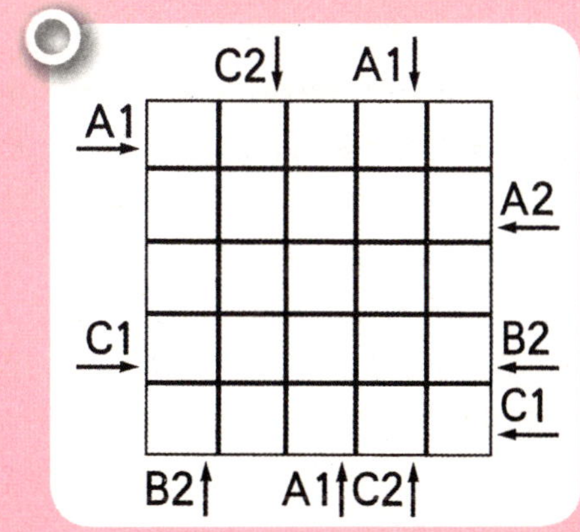

8月期答案

	A		C	B
B	C		A	
A		B		C
		C	B	A
C	B	A		

第239天

34W+1D（34周又1天）

准爸爸怎样与胎儿对话

生活中有这样的现象，一些婴儿，不熟悉的女性逗他时，他会笑，而父亲逗他时，他反而会哭。其他的男性就更别说了。这正是孩子对男性声音不熟悉造成的。为了消除孩子对男性包括对父亲的不信任感，所以，在对话胎教中父亲扮演着非常重要的角色。

声学研究表明：胎儿在子宫内最适宜听中、低频调的声音，而男性的说话声音正是以中、低频调为主。因此，父亲坚持每天对子宫内的胎儿讲话，让胎儿熟悉父亲的声音，能够唤起胎儿最积极的反应，有益于胎儿出生后的智力及情绪稳定。

父亲的开场白和结束语

父亲在开始和结束对胎儿讲话的时候，都应该常规地用抚慰及能够促使胎儿形成自我意识的语言对胎儿讲话。开场白结束语的设计可以如下：

开场白的语言是："宝贝（或者叫乳名），我是你的爸爸，我会天天和你讲话，我会告诉你外界一切美好的事情。"

对话结束时，要对胎儿给予鼓励："宝贝学习很认真，你是一个聪明的孩子，但愿我对你讲授的一切都能对你将来的人生有用。好吧，今天就学习到这儿，再见!"

在可能的情况下，父亲应每天和胎儿对话，这样才能加深与宝宝的感情。

具体与胎儿对话的方法

丈夫可以让孕妻坐在宽大舒适的椅子上，然后由妻子对胎儿说："乖孩子，爸爸就在旁边，你想听他对你说什么吗？"这时，丈夫应该坐在距离妻子50厘米的位置上，用平静的语调开始对话，随着对话内容的展开再逐渐提高声音，不能一下子发出高音而惊吓了胎儿。

讲授的话题最好事先构思好，先拟定一篇小小的讲话稿，稿子的内容可以是一段优美动人的小故事、一首纯真的儿歌、一首内容浅显的古诗，也可以谈自己的工作及对周围事物的认识。用诗一般的语言，童话一般的意境，告诉孩子外面的这个美丽新世界。

温馨提醒：父亲在与胎儿对话时，千万要记住，不要边吸烟边对孩子讲话。这样对孕妇及胎儿都是不利的。因为烟雾中的有害物质就可以通过呼吸进入妻子体内，再通过血液输送给胎儿，从而对胎儿产生不良影响。

第240天 34W+2D（34周又2天）产前忧郁的排遣

产前忧郁是常见的，但必须疏导和排遣。

产前忧郁的状况

随着一天天临近生产，准妈妈的身心负担越来越重。准妈妈在期待孩子出生的同时，会担心分娩是否疼痛、选择顺产还是剖宫产、孩子生下是否健康、奶水是否充足、如何养育孩子等问题。

这些紧张的心理负担，如不加以及时疏导，就会产生忧郁的心理障碍。忧郁主要表现为情绪不好，常为一点小事不称心而感到委屈甚至落泪，烦躁焦虑，睡眠不好。这时，预防忧郁的心理就显得尤为重要。

排遣忧郁的方法

当准妈妈在孕晚期出现忧郁心理时，丈夫、家人及准妈妈本人要有足够的认识，尽量早做心理准备，主动排遣忧郁情绪。尽量打消准妈妈不必要的担心，把准妈妈所担忧的问题尽早解决，让准妈妈消除对分娩的恐惧和紧张。当妻子情绪不平衡时，丈夫要全力照料好妻子的生活，尽量耐住性子顺应妻子的情绪，以宽容来包容妻子。

只要丈夫和妻子共同努力，克服不利于分娩的恶劣情绪，就一定能平安度过分娩的关口，迎来健康、可爱、聪颖宝宝的诞生。

分娩恐惧感是多余的

分娩前，许多孕妇不仅焦急，而且紧张。其实大可不必多虑，对于你的“高血压怎么办”、“心率过速怎么办”，医生自会处理。

对于你“能否顺利分娩”的问题，更用不着去担心，还没有发生的事，想它又有什么意义呢？况且你并不一定会难产啊。让还没有发生的事，徒然增添你的精神紧张，这多可笑。

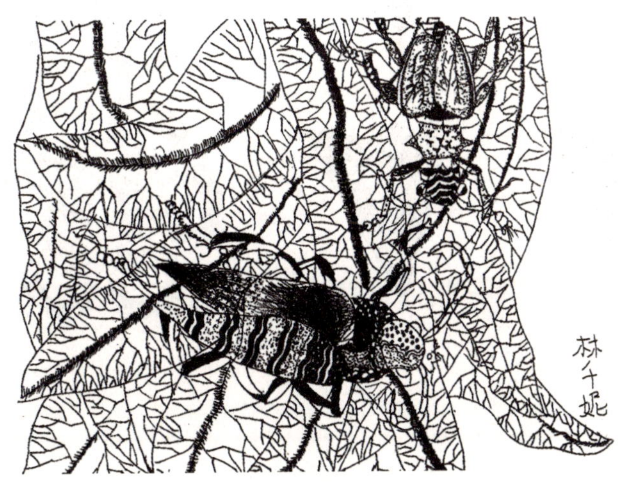

第241天

34W+3D（34周又3天）

胎教活动课：剪纸4例·蜂、花等

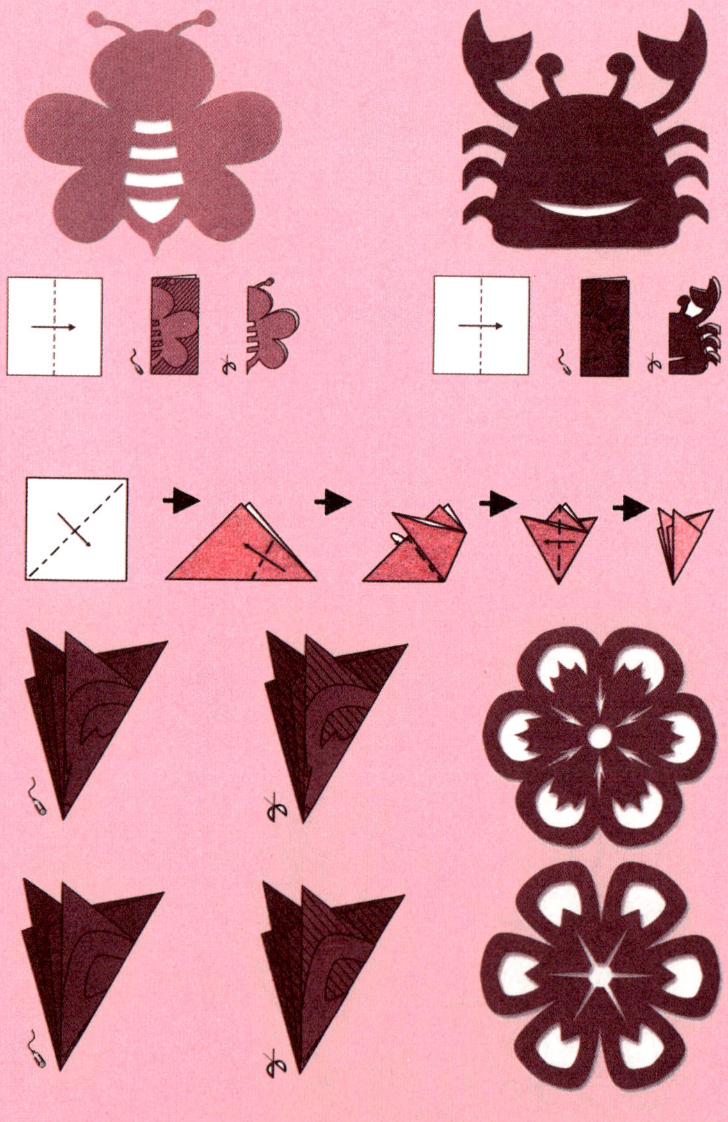

第242天

34W+4D（34周又4天）

语言胎教课：故事《狼和七只小山羊》（一）

从前有只老山羊，生了七只小山羊，并且像所有母亲爱孩子一样爱它们。

一天，它要到森林里去取食物，便把七个孩子全叫过来，对它们说："亲爱的孩子们，我要到森林里去一下，你们一定要提防狼。要是让狼进屋，它会把你们全部吃掉的——连皮带毛通通吃光。这个坏蛋常常把自己化装成别的样子，但是，你们只要一听到他那粗哑的声音、一看到它那黑黑的爪子，就能认出它来。"小山羊们说："好妈妈，我们会当心的。你去吧，不用担心。"老山羊咩咩地叫了几声，便放心地去了。

没过多久，有人敲门，而且大声说："开门哪，我的好孩子。你们的妈妈回来了，还给你们每个人带来了一点东西。"可是，小山羊们听到粗哑的声音，立刻知道是狼来了。"我们不开门，"它们大声说，"你不是我们的妈妈。我们的妈妈说话时声音又软又好听，而你的声音非常粗哑，你是狼！"

于是，狼跑到杂货商那里，买了一大块白垩土，吃了下去，结果嗓子变细了。然后它又回来敲山羊家的门，喊道："开门哪，我的好孩子。你们的妈妈回来了，给你们每个人都带了点东西。"可是狼把它的黑爪子搭在了窗户上，小山羊们看到黑爪子便一起叫道："我们不开门。我们的妈妈没有你这样的黑爪子。你是狼！"

于是狼跑到面包师那里，对他说："我的脚受了点伤，给我用面团揉一揉。"等面包师用面团给它揉过之后，狼又跑到磨坊主那里，对他说："在我的脚上洒点白面粉。"磨坊主想：狼肯定是想去骗什么人，便拒绝了它的要求。可是狼说："要是你不给我洒面粉，我就把你吃掉。"磨坊主害怕了，只好洒了点面粉，把狼的爪子弄成了白色。

这个坏蛋第三次跑到山羊家，一面敲门一面说："开门哪，孩子们。你们的好妈妈回来了，还从森林里给你们每个人带回来一些东西。"小山羊们叫道："你先把脚给我们看看，好让我们知道你是不是我们的妈妈。"狼把爪子伸进窗户，小山羊们看到爪子是白的，便相信它说的是真话，打开了屋门。然而进来的是狼！小山羊们吓坏了，一个个都想躲起来。第一只小山羊跳到了桌子下，第二只钻进了被子，第三只躲到了炉子里，第四只跑进了厨房，第五只藏在柜子里，第六只挤在洗脸盆下，第七只爬进了钟盒里。狼把它们一个个都找了出来，毫不客气地把它们全都吞进了肚子。只有躲在钟盒里的那只最小的山羊没有被狼发现。

第243天

34W+5D（34周又5天）

语言胎教课：故事《狼和七只小山羊》（二）

狼吃饱了之后，心满意足地离开了山羊家，来到绿草地上的一棵大树下，躺下身子开始呼呼大睡起来。

没过多久，老山羊从森林里回来了。

啊！它都看到了些什么呀！屋门敞开着，桌子、椅子和凳子倒在地上，洗脸盆摔成了碎片，被子和枕头掉到了地上。它找它的孩子，可哪里也找不到。它一个个地叫它们的名字，可是没有一个出来答应它。

最后，当它叫到最小的山羊的名字时，一个细细的声音喊叫道："好妈妈，我在钟盒里。"老山羊把它抱了出来，它告诉妈妈狼来过了，并且把哥哥姐姐们都吃掉了。大家可以想象出老山羊失去孩子后哭得多么伤心！

老山羊最后伤心地哭着走了出去，最小的山羊也跟着跑了出去。当它们来到草地上时，狼还躺在大树下睡觉，呼噜声震得树枝直抖。老山羊从前后左右打量着狼，看到那家伙鼓得老高的肚子里有什么东西在动个不停。

"天哪，"它说，"我的那些被它吞进肚子里当晚餐的可怜的孩子，难道它们还活着吗？"

最小的山羊跑回家，拿来了剪刀和针线。老山羊剪开那恶魔的肚子，刚剪了第一刀，一只小羊就把头探了出来。它继续剪下去，六只小羊一个个都跳了出来，全都活着，而且一点也没有受伤，因为那贪婪的坏蛋是把它们整个吞下去的。

这是多么令人开心的事啊！它们拥抱自己的妈妈，高兴得又蹦又跳。

羊妈妈说："你们去找些大石头来。我们趁这坏蛋还没有醒过来，把石头装到它的肚子里去。"

七只小山羊飞快地拖来很多石头，拼命地往狼肚子里塞；然后山羊妈妈飞快地把狼肚皮缝好，结果狼一点也没有发觉，它根本都没有动弹。

狼终于睡醒了。它站起身，想到井边去喝水，因为肚子里装着的石头使它口渴得要死。可它刚一迈脚，肚子里的石头便互相碰撞，发出哗啦哗啦的响声。它叫道："是什么东西，在碰撞我的骨头？我吞下的是六只小羊羔，可怎么感觉重得像是石头？"

它到了井边，弯腰去喝水，可沉重的石头压得它掉进了井里，淹死了。

七只小山羊看到后，全跑到这里来叫道："狼死了！狼死了！"它们高兴地和妈妈一起围着水井跳起舞来。

第244~245天
35W（35周）

每周胎教活动
名画欣赏·郑板桥的画与传说

郑板桥善画竹、兰、石、松、菊等，而以体貌疏朗、风格劲健的兰、竹最为著称。他主张不泥古法，师法自然，极工而后能写意。郑板桥的画给当时清代书坛带来了一股清新的活力，人们视为珍宝，不惜重金争购，广为流传。

[画扇传说] 清朝的郑板桥在晚年时，曾在潍县当县令。秋季的一天，他微服赶集，见一卖扇的老太太守着一堆无人问津的扇子发呆。郑板桥赶上去，拿起一把扇子看了看，见是素白扇面，无字无画，且眼下又错过了用扇子的季节，自然也就没有人来买了。郑板桥在询问中得知老太太家境贫困，就决定帮助她。于是，郑板桥向一家商铺找来了笔、墨、砚台，舞笔弄墨。只见冉冉青竹、吐香幽兰、傲霜秋菊、落雪寒梅等，顷刻飞到扇面之上，又配上诗行款识，使扇面诗画相映成趣。周围的看客争相购买，不一会儿工夫，一堆扇子便销售一空。

第246天 35W+1D（35周又1天）孕晚期准爸爸的胎教功课

临产时间越来越近，身为准爸爸，再接再厉，很多事要提前计划好。

（1）临近生产，要经常向妻子和胎儿传达爱的信息。

（2）多为孕妻作腿部及腰部按摩，鼓励和增加妻子顺利生产的自信心，与胎儿进行交谈。

（3）怀孕后期体重易增加，因此要多陪妻子一起散步，做运动胎教。

（4）多想象和讨论几次即将出生的孩子的模样，与妻子一起准备生产和婴儿用品。

（5）因为随时会有早产危险的可能性，要把自己的行踪告诉妻子，以便随时都可以联系到自己。

（6）到医院的交通状况、所需时间，要心里有数，最好能实地勘察，走一走。

（7）要作好准备，一旦有了临产的症状即能去医院，必须提前准备好必需用品。

（8）妻子不在家的期间，要预先作好家中一切需要的准备。

（9）抽出时间，给妻子读一些幼教读物或童话。

第247天 35W+2D（35周又2天）准爸爸耐心实施最后胎教任务

父母的性格，会影响到胎儿性格形成的大趋势。母亲如果豁达乐观，每天情绪良好必然有助于小生命的健康成长，更有助于出生后形成活泼开朗的性格。

作为一家之主的准爸爸，不仅要周到呵护孕妻和胎儿，更加需要用自己的乐观、大度、临危不乱的胸怀，来影响母子双方。

临近分娩，孕妈妈难免会有些急不可待，作为准爸爸的丈夫，何尝又不盼望早一些见到自己的宝宝！

这个时候，更要显示出为人之夫、初为人父的宽广大度胸襟来，要掩藏起自己焦虑的心情，劝导、安抚妻子，陪着她愉快地度过妊娠最后冲刺的这一段时光，携手走向迎接新生命的最后关头——分娩。

有不少宝宝出生以后，似乎会更加喜欢爸爸的声音一些，这与胎儿在母体中，喜欢低沉、宽厚的准爸爸的声音有很大的关系，因此，每天多对着胎儿说一说话，创造出与出生后宝宝建立密切、浓厚感情的基础条件。

由于孕妈妈行动不便，准爸爸要多方面细致、耐心地呵护和照料她，做到体贴入微。而且，耐心地坚持施行最后的胎教课内容的重任，主要靠准爸爸来完成。每一天，要陪同孕妈妈散步、活动，帮助按摩不适的腰、颈、腿部，陪同她一起温习分娩呼吸方法、做孕前体操，还要悉心观察、掌握尺度，不要让孕妈妈太疲倦。

此外，还要充分关注她的营养，让她保持充足体力来迎接临产。

要明白，在这个关键时刻，准爸爸的乐观态度和关爱，正是孕妈妈的坚强后盾。

第248天 35W+3D（35周又3天）为爱妻按摩缓解临产阵痛

有针对性地轻轻按摩，可以大大缓解临产妈妈的痉挛式产痛和坠酸式产痛。只要提前练习一下，准爸爸完全可以掌握。

按摩脊椎

（1）先将两手张开，顺着脊椎两侧下滑数次。

（2）改用拇指指腹沿着脊椎两侧下滑数次。

（3）拇指指腹贴着临产妈妈的背部，沿着脊椎两侧，一节一节轻轻按压。

临产按摩

（1）临产阵痛来临时，以手掌贴住尾骨部位抵紧片刻，然后以画圆的方式按摩。

（2）在阵痛间隙，可让临产妈妈趴在床边，由准爸爸替准妈妈轻轻按摩臀部。

（3）然后仰卧放松，用从外向里的打圈方式轻按腹部或大腿内侧。

（5）还可轻柔地按摩头颈、上臂和浮肿的双腿。

这些按摩对于临产妈妈恢复体力迎接下一波阵痛很有帮助。

第249天 35W+4D（35周又4天）语言胎教课：寓言《守株待兔新编》

古时候，宋国有一个农夫，他非常勤快，每天起早贪黑地忙活，给自家田里的庄稼除草、浇水、施肥，他家的庄稼长得特别壮，他家的小日子过得不错。

没事的时候，这个宋国人也不肯闲着，总爱下几个兔子套，捕捉到的兔子成了他家饭桌上的佐酒佳肴。

兔子王国的子民们，提起宋国的这个农夫，就恨得牙根直痒痒。可是，兔子们谁能把一个人怎么样啊！

“谁有办法惩罚这个农夫呢？”兔王愁得嘴巴都咧成了三瓣也没有想出办法，最后只得张贴皇榜，招募能惩罚农夫的勇士。

一只大灰兔来了，它有勇有谋，有献身精神。它对兔王说：“我决心以死来换取兔国的安宁。”兔王和它的子民们都非常感动，但大家对大灰兔的话半信半疑。

大灰兔一直在寻找机会。这天，农夫干了一个上午的农活，坐到地头的大树下休息，大灰兔勇敢地冲上去，把农夫惊得目瞪口呆。

农夫还没有反应过来，大灰兔已经撞在树干上，撞断了脖子悲壮地死去。

农夫非常兴奋：“哈，这真是得来全不费工夫啊！”他得意地提起兔子，回家了。一家人高高兴兴地饱餐了一顿兔肉。

晚上，农夫心里美滋滋地想："像今天这样，我不必费心劳力，一只又肥又胖的兔子就送到了我的嘴边。这样的生活多好！以后，我只要守住那棵树，专等兔子撞上来就行了，干吗还要整年整月地吃苦受累呢？"

从第二天起农夫不再下地干活，整天舒舒服服地躺在大树下等着兔子撞到树上。

农夫等啊等啊，等了一天又一天，等了一月又一月，再也没有等到兔子撞到树上。

邻居说："地都荒了，快去锄草吧！"

农夫不在乎地说："不要紧，只要多拾几只兔子，庄稼长得好坏有什么关系呢？"

收获的季节到了，农夫的田里颗粒无收。妻子生气地责怪农夫说："这样下去我们的日子怎么过呢？快去补种下一茬庄稼吧！"

农夫却不服气地说："明天，明天就会有兔子撞上来了。"就这样，懒散惯了的农夫，再也不愿意到地里干活了，他的妻子忍无可忍，回了娘家。

农夫继续在树下等兔子，却再也没有等到一只兔子。

农夫最后终于饿死了。

35W+5D（35周又5天）

语言胎教课：故事《没有朋友的老鼠》

老鼠和小猫、小狗是邻居也是好朋友，他们每天一起在温暖的阳光下唱歌，在柔软的草地上跳舞，非常快乐。

有一天，猫妈妈送给小猫一个蝴蝶结，小猫头上系着美丽的蝴蝶结唱歌，神气极了。小狗、老鼠见了都非常羡慕，特别是老鼠，他想："如果我有这样美丽的蝴蝶结该多好。"

到了晚上，老鼠悄悄地把小猫的蝴蝶结偷回家，系在自己的头上，对着镜子，心里美滋滋的。

第二天，小猫发现蝴蝶结不见了，伤心得"呜呜"直哭，小狗赶来安慰，并提醒他今后要保管好自己的东西。老鼠不吱声。

过了几天，小狗爸爸送给小狗一个铃铛，小狗戴着铃铛在草地上跳舞，帅极了。小猫、老鼠见了都非常羡慕，特别是老鼠，他想："如果我也有这样一个铃铛该多好呀。"

到了晚上，老鼠悄悄地将小狗的铃铛偷回家，戴在脖子上，对着镜子，心里乐滋滋的。

第二天，小狗发现铃铛不见了，非常伤心，"呜呜"地哭了起来。小猫赶来安慰他，并提醒他今后要保管好自己的东西。只有老鼠不吱声。

到了晚上，四周静悄悄的。小猫突然听到清清的铃铛声，他想："小狗的铃铛不是丢了吗？哪里来的铃铛声呢？"

他去小狗家，叫醒小狗，一起随着铃铛声找，一直找到了老鼠的家里。他们看见老鼠头上系着小猫的蝴蝶结，脖子上戴着小狗的铃铛正在照镜子呢。

小狗、小猫气得一齐叫起来，老鼠吓得赶紧钻进地洞里，再也不敢出来了，直到现在还孤零零地呆在冰冷的地洞里。

第251~252天

36W（36周）

每周胎教活动

摄影欣赏·在天愿作“比翼鸟”

“比翼鸟”只是个传说，“爱情鸟”确是名副其实。爱情鸟又称牡丹鹦鹉或情侣鹦鹉，因其深情的天性而得名。情侣鹦鹉每天与伴侣相依相偎，形影不离，而且多数会厮守终生。

一对对爱情鸟相依偎、在亲昵

第 10 个月 胎教毕业见妈妈

第253天 36W+1D（36 周又 1 天）孕10月胎教指南

胎教重点

在各种胎教活动正常进行的同时，孕妈妈适当了解一些分娩知识，消除害怕心理，保持企盼，愉快的心态，要养精蓄锐，避免劳累，为分娩作准备。

胎教指导

·音乐胎教，听一首轻音乐。现在，胎宝宝的感官系统已经接近完善了，他对于音乐节奏的敏感度也增强了，所以节奏轻快、旋律柔和的音乐，能够很好地安抚胎宝宝的情绪，相反，节奏强烈的音乐很有可能会引起胎宝宝的不安，所以孕妈妈此时还是要多听一些轻音乐。

·情绪胎教，平静地等待。本月情绪胎教主要是设法做到平静地面对分娩的到来，不要过分迫切，更不可焦虑。分娩不是很困难的事情，成为一位母亲必然要接受这样的历练。焦虑的时候，进行舒缓的深呼吸，帮助自己恢复平静。

·运动胎教，促进分娩动作。本月要点依然是做一些促进分娩的动作，为分娩做好身体上的准备，但要注意运动的强度和量，防止造成不良影响。

·营养胎教，继续补充能量。因为分娩要消耗孕妈妈很多能量，所以在分娩的前两周，孕妈妈可以吃一些热量稍稍高一些的食物，为之后的分娩储备能量。但还是要控制脂肪的摄入量，以免胎宝宝体重增长过多，增加分娩的难度。

·语言胎教，告诉胎宝宝更多的事。胎宝宝已经做好出生的准备，一切都几乎和出生后一样了，孕妈妈可以像面对已经出生的小宝宝一样进行逗乐聊天。

第254天

36W+2D（36周又2天）

孕10月妈妈与宝宝

胎儿情况

子宫大小：子宫底长约30～33厘米。

胎儿的情形：身长约50厘米，体重约3000克。

胎儿的发育：发育成熟，胎头双顶径>9.0厘米，皮肤粉红色，皮下脂肪多，外观体形丰满。

母体情况

母体的变化：子宫整体位置的下降，使胃、胸部的憋闷感减轻。但同时也使膀胱受到的压迫增加，越来越出现尿频，阴道分泌物也因而增多。子宫口及阴道变软，为分娩做好准备。子宫的收缩使腹部胀满、发硬。如果间隔15分钟左右子宫有规律地收缩1次，那就是临产的先兆了。

专家叮咛

容易发生的异常反应：孕妇在阵痛前会有破水现象发生，为防止细菌侵入身体引起感染，一定要垫上清洁的卫生用品。

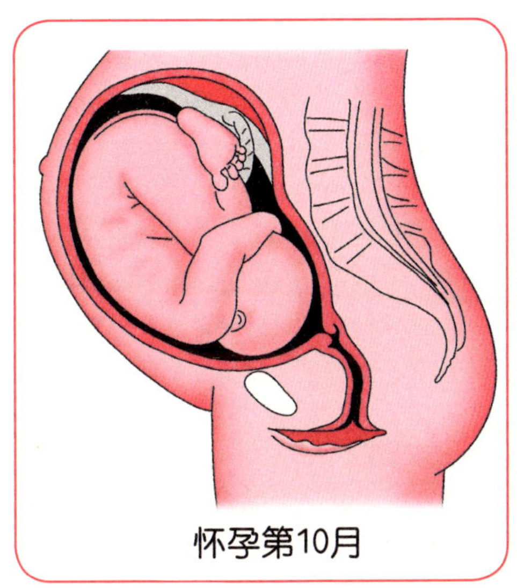
怀孕第10月

注意事项：时刻做好待产准备，尽量避免单独外出。由于阴道分泌物不断增多，应坚持每日洗浴，保持身体的清洁卫生。出现分娩迹象时，应立即去医院。

定期检查：每周做一次健康检查。检查事项主要包括：体重、血压、尿检、子宫底、腹围测定、胎儿心音、血液、胎儿胎盘功能检查（NST）、内诊。

第255天

36W+3D（36周又3天）

孕10月营养与饮食

这阶段，很多孕妈妈都觉得消化不力，感到便秘。引起这种状况的原因很多，诸如胎儿越长越大造成消化道压力、激素分泌的改变、更少的活动，等等。预防胜过治疗，如果你开始感到不舒服，就多喝水，多吃含纤维食品，有利于大便通畅。

主打营养素：多种维生素

维生素B_1、维生素B_{12}和维生素K对孕产妈妈的作用：维生素B_1能避免产程延长，分娩困难；髓鞘发育依赖维生素B_{12}；维生素K利于止血。

硫胺素不足，易引起准妈妈呕吐、倦怠、体乏，还可影响分娩时子宫收缩，使产程延长，分娩困难。所以，最后一个月里，除必须补充各类维生素和足够的铁、钙、充足的水溶性维生素以外，尤其以维生素B_1最为重要。维生素B_1在海鱼中的含量比较高。

本阶段孩子的神经开始发育出起保护作用的髓鞘，发育过程将持续到他出生以后。髓鞘发育依赖于维生素B_{12}。维生素B_{12}几乎只存在于动物制品中。要保证吃一些精瘦肉或家禽，吃足够的低脂肪奶制品。如果你吃素，那么就要补充维生素，吃强化早餐麦片，保证吸收足够的维生素B_{12}。

维生素K对血液凝结很重要，对临产妈妈来说尤其重要。椰菜、甘蓝、菠菜、香瓜、青豆、麦片和全麦面包都对你很有好处。

最重要的事务——为住院做准备

随着住院日期的迫近，别忘准备好一些零食和饮料带去医院。不过生孩子时能否进食，取决于医生。要吃一些容易消化的东西，饼干、葡萄干和葡萄糖都是理想的零食。

小提示　“助产大力士”巧克力

临产前要多补充热量，以保证有足够的力量促使子宫口尽快开大，顺利分娩。“分娩佳食”巧克力足以胜任。其一是营养丰富，含有大量的优质碳水化合物，而且能在很短时间内被人体消化吸收和利用，产生出大量的热能，供人体消耗。它被消化吸收和利用的速度是鸡蛋的5倍、脂肪的3倍。其二是体积小，发热多，而且香甜可口，吃起来也很方便。产妇只要在临产前吃一两块巧克力，就能在分娩过程中产生更多热量。因此，让产妇在临产前适当吃些巧克力，对其身体十分有益。

36W+4D（36周又4天）

语言胎教课：故事《青蛙和老鼠》

一只老鼠饱食终日，长得肥硕丰满，从来不知道要在什么时候忌口。

一次它在沼泽地旁嬉戏，一只青蛙蹦过来，看出肥鼠贪吃，就对它说：“请赏光到我家，我请您吃上一顿大餐。”

老鼠看着沼泽地，有些犹豫。于是，青蛙便口若悬河地讲起游泳的快乐，旅行的趣味，以及沼泽地里发生的各种各样的奇闻轶事，并且强调这将会让老鼠今后有资本给其儿孙讲沼泽地的风土人情、人文景观。

老鼠愉快地接受了邀请，但也有些犯愁，因为它不大会游泳，得经人帮助，否则难以成行。青蛙赶紧替它想了个办法：它让老鼠把前后脚用灯芯草捆住，然后由青蛙拖着它游动。

一进沼泽地，青蛙就铆着劲向下把老鼠往水里拽。它的做法确实是缺德之举，它正打着如意算盘，把肥鼠变为自己的一顿美味大餐。

老鼠此时知道中了圈套，奋力挣扎，而青蛙却将灯心草缠紧胳膊，使劲地把老鼠往水中拉。就在这时候，一只老鹰在天空盘旋觅食，正巧看到在水面挣扎的老鼠，便俯冲下来抓住了老鼠，青蛙也被从水里带上了空中。老鹰一下子捕获到两份猎物，心里甭提有多高兴。它才真正获得了一顿超级大餐。

这故事说明：算计别人最后反而会害了自己，提醒人们：不要搬起石头砸自己的脚。

第257天

36W+5D（36周又5天）

语言胎教课：故事《最好的玩具》

小花狗生病了，大伙儿带来了最好的玩具，希望能够给小花狗解解闷儿。

小猫咪咪也来了。小黑猪偷眼看咪咪，咪咪的手里什么也没有。大伙儿开始送玩具了。哇，有遥控飞碟，有声控老鼠，还有精致华贵得让人不敢碰的小轿车……

轮到咪咪了。

大伙儿都把眼睛瞪得大大的，看着咪咪空空的两手。小黑猪更是眼睛一眨也不眨。没想咪咪却说：“大伙儿都把眼睛闭上，我才好把玩具拿出来！”

大伙儿互相看看，只好把睁大的眼睛闭上。

一会儿，咪咪说：“睁开吧。”小黑猪睁眼一瞧，咪咪手里捧着个花花绿绿的小东西，毛茸茸的，又有趣又可爱。大伙儿都把脖子伸得长长的，想看个清楚。

咪咪手里的小东西十分灵活，东一蹦，西一跳，总往咪咪身后跑。咪咪想抓住它，可转了一百圈还是没抓住。急得咪咪直朝大家吐舌头，那副滑稽相，逗得小花狗他们哈哈大笑。

表演结束了，大伙争着问咪咪玩具是从哪儿买来的。

这时，咪咔从地上站起来，拍拍裙子说：“这个玩具一分钱也没花，它就是我自己的尾巴呀！”

啊，大伙儿谁也没想到！

咪咪说：“这个玩具是我为小花狗精心设计的。我在尾巴上涂了颜色，卷成彩球的样子。看见小花狗那么开心地笑，我真高兴！”

躺在床上的小花狗说：“谢谢你，咪咪，你真好！”

小黑猪不好意思地搔搔头，嘿嘿地笑着说：“咪咪，可真有你的！这玩具真有趣呀”。

第258~259天

37W（37周）

每周胎教活动

益智小游戏（10月期）

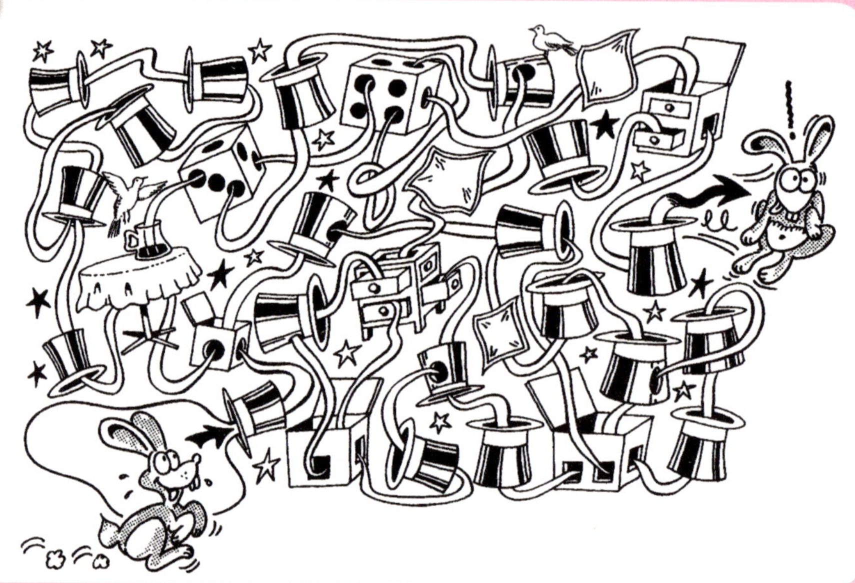

魔术师的兔子

在从最后1个帽子中跑出来之前，魔术师的兔子跑过了很多个地方。你能找出它经过的路线吗？

（答案见29页）

填空

要求每行每列上均有字母A、B、C、D、E，同时，在用粗线条分割的图形里，也要有字母A、B、C、D、E，你能做到吗？

9月期答案

宠物1埃拉，它是卡罗的宠物；
宠物2乔治，它是爱丽丝的宠物；
宠物3贝丝，它是特德的宠物；
宠物4杰西，它是鲍伯的宠物。

A	B	C		
	C		A	B
B	A		C	
C		B		A
		A	B	C

第260天

37W+1D（37周又1天）

剖宫产与胎教

剖宫产原本是一种解决难产和解救胎儿的手段，现在却作为正常生产方式备受青睐，除了医院牟利因素外，与自身的认识误区也有关。如果没有指征，专家建议自然产。从胎教的角度也应该选择自然产。

消除分娩认识误区

抛开医院的因素外，一些产妇和家属应该正确认识分娩，消除某些片面观点产生的误区。比如，怕痛而拒绝试产、顾虑试产失败后再开刀“受两次罪”，是完全没必要的，而疼痛也是完全可以克服的，人类原本就是这样过来的。另外，有些孕妈妈害怕产后阴道变松弛，影响性生活，这种顾虑是多余的，以后完全可以恢复，况且与健康相比，孰重孰轻显而易见。而认为剖宫产的孩子聪明，则是错误，下面将具体分析讲解。

剖宫产对婴儿的影响

1.直接影响：由于胎儿在出生时没有经过产道挤压，胎儿气道内的黏液未受挤压排出，肺部没有经过锻炼，肺功能可能不健全，出生后不易适应外界环境的骤变，易发生新生儿窒息、呼吸窘迫综合征，甚至导致出生后湿肺、新生儿肺炎等疾病。

2.远期影响：剖宫产儿不像阴道产儿在限定时间内能顺势通过产道各个平面，并连续完成衔接、下降、俯屈、内旋转、仰伸等动作。胎儿娩出产道的各个动作即为“感觉统合”。也就是说，阴道分娩的过程中在神经体液调节下，胎儿受到宫缩、产道适度的物理张力改变，身体、胸腹、胎头有节奏地被挤压，这种刺激信息被外周神经传递到中枢神经系统，形成有效的组合和反馈处理，使胎儿能以最佳的姿势、最小的径线、最小的阻力顺应产轴曲线而下，最终娩出。而剖宫产却属于一种干预性分娩，绝没有胎儿的主动参与，完全是被动地在短时间内被迅速娩出。

正因为剖宫产儿未曾适应这些必要的刺激、考验，有的就表现为本体感和本位感差。任何原因使感觉刺激信息不能在中枢神经系统进行有效率的组合，则整个身体不能和谐有效地运作就称为“感觉统合失调”。“感觉统合失调”中，前庭信息处理不良占一大部分，因此推论部分剖宫产儿日后有可能存在定位差，注意力不易集中，多动及阅读、画线、打球有困难等远期影响。

第261天

37W+2D（37周又2天）

分娩对胎教有何意义

十月怀胎，一朝分娩。经过260天孕育，腹内胎儿跃跃欲试，就要与急不可待的父母会面了。这是一件多么令人喜悦、令人振奋的事情啊！

在最后的这段时期，产前父母容易急躁、焦虑。这里提醒孕妈妈、准爸爸，要务必有始有终地扮演好自己的胎教角色。这是因为胎教舞台上的最后一幕——分娩尚未拉开序幕。这一幕的时间虽然很短，然而却至关重要。

虽然你们在以前的日子中曾做过令人满意的努力，使胎儿在听声音、感受刺激、激发情绪、触摸以及思维能力方面有了最初的积累，但是在这最后的时刻，如果疏忽不慎，那么你们精心培育了10个月的胎教成果就有可能付之东流。

随着产期的临近，大多数初产孕妇内心越发忐忑不安，过多地去想像分娩时的疼痛，担心分娩不顺利，忧虑胎儿不健全，甚至有传统意识的孕妇还会担心胎儿的性别等，以至于使自己终日处于惶恐不安之中，这种心态对于即将出世的胎儿是十分不利的。

一方面，孕妇的焦虑不安将导致母体内的激素改变，对胎儿产生不良刺激；另一方面，伴随着焦虑和恐惧而引起的神经性紧张往往会产生许多不适的感觉，使您肌肉紧张、疲惫不堪，并且会导致分娩时子宫收缩无力、产程延长及滞产等现象，甚至造成难产，往往使胎儿发生宫内窒息，使对缺氧敏感的大脑细胞受到伤害，进而影响胎儿智力，甚至危及生命。

因此，在分娩前您应做好心理准备。阅读一些有关分娩的书刊，了解分娩的过程，做到心中有数。没有什么可担心的，现代医学很发达，而且每天都有成千上万的宝宝顺利出生。

所以，产妇不必紧张和忧虑，要相信自己是完全能够胜任这个使命的，这样，当阵痛开始时，孕妇就会意识到，这正是腹中的小生命在投奔光明世界冲破重重阻力时向自己发出的求援信号，此时，产妇应以必胜的信念和爱心迎接新生命的到来。

第262天 37W+3D（37周又3天）分娩的征兆和产程

临产的先兆

临产前会出现分娩先兆，如能正确分辨分娩先兆，可对临产做好充分准备。

分娩先兆：分娩发动之前，往往出现一些预示孕妇不久将临产的症状，称为先兆临产。它包括

1.不规律宫缩。

2.胎儿下降感、尿频。

3.见红。分娩前24～48小时内为有少量阴道血性分泌物。其原因为宫颈内口附近的胎膜与子宫壁分离，毛细血管壁破裂出血。如果出血量多，则应排除前置胎盘或胎盘早剥等异常情况。

4.破水。并不在先兆临产的范围之内，但如果有大量小便样的分泌物流出，还应及时去医院确诊，以免拖延时间发生脐带脱垂、胎儿窘迫或宫内感染。

临产的标志

临产后会出现情况，我们可以将其看成临产的标志：

1.规律宫缩：持续30秒或以上，间歇5～6分钟；

2.进行性宫颈管消失、宫口扩张；

3.胎先露部下降。

这三种标志除规律宫缩可以自行观察外，都需要通过医生进行检查得知。

分娩的过程

分娩的过程是漫长的，医学上会将它分为几个期。总产程及产程分期：

总产程：即分娩全过程，是指从开始出现规律宫缩直到胎儿胎盘娩出。临床分为3个产程。

第一产程（又称宫颈扩张期）：从开始出现间歇5～6分钟的规律宫缩到宫口开全。初产妇约11～12小时；经产妇约6～8小时。

第二产程（又称胎儿娩出期）：从宫口开全到胎儿娩出。初产妇约1～2小时；经产妇约数分钟，但也有长达1小时者。

第三产程（又称胎盘娩出期）：从胎儿娩出到胎盘娩出。约需5～10分钟，不超过30分钟。如有过多次流产或者内膜炎症的产妇，可能发生胎盘粘连或植入的情况，则剥离时间延长，甚至需要清宫或者手剥胎盘。

第263天

37W+4D（37周又4天）

胎教活动课：趣味手影

手影是十分有趣的游戏，很受儿童喜爱。孕期玩是胎教，也是为日后早教备课。"像不像，三分样"，形似的手影游戏，不仅妙趣横生，更能启发儿童的联想思维。

知识链接：手影戏

手影戏起源古老，乃原始的影戏。手影戏在宋代就正式成为坊间众技之一。洪迈（1123~1202年）著《夷坚志》曾描写过宋代手影戏演出情况："三尺生绡作戏台，全凭十指逞诙谐。有时明月灯窗下，一笑还从掌握来。"从中看出手影影窗较小，但"十指逞诙谐"已能表演简单故事了。

第264天

37W+5D（37周又5天）

胎教活动课：玩手影编故事

一边玩手影，一边给宝宝编故事，是很不错的胎教措施。孕妈妈们，伸出手来，展开想象的翅膀，马上就来体验一下吧。

飞鸟准备搭一个新窝，因为她要孵蛋，准备迎接小宝贝们的出生。

一天，飞鸟妈妈正衔来泥巴、树枝准备搭窝。一只狐狸躲在一旁看着，他肚子饿了，想吃飞鸟的蛋。他脑子里不停地想着坏主意。终于他想到一个办法，于是悄悄地溜了。

第二天，狐狸戴上白帽，穿上白衣，挎上药箱，带着针头等东西，来到飞鸟树下。狐狸看到飞鸟，他说："最近鸟病很多，小鸟出生前需要打预防针……"

狐狸还未说完，飞鸟知道是个谎言，于是，就把软泥块搓成圆形，和鸟蛋差不多。等狐狸说完，飞鸟同意了，就将泥蛋用大树叶包住系好，然后小心地放了下去，并吩咐道："接住了！小心点。"

狐狸心里乐开了花，赶忙打开药箱接住。然后，他打开树叶包，抬头告诉飞鸟："有几个蛋坏了。"他一边说一边将泥蛋放在嘴里，急不可待地就吞下好几个。没一会，狐狸突然觉得难受，忙说："你作弄我，我一定要设法捉住你！"

"哈哈！"飞鸟笑了，"你能找到我吗？"

飞鸟将新窝搭在了安全地方，过了35天孵出了小鸟。树林里鸟语花香，一切都是那么美好！

第265~266天

38W（38周）

每周胎教活动
名作欣赏·《马踏飞燕》

奋发向上　豪迈进取

马踏飞燕，形象矫健俊美，一足踏燕，三足腾空，飞驰向前，这中华精神的体现。

马嘶鸣着，额鬃、尾巴都迎风飘扬，充满了“天马行空”的骄傲；龙雀似乎正回首而望，惊愕于同奔马的不期而遇。这简直就是古人“扬鞭只共鸟争飞”诗句的真实再现！

一匹躯体庞大的马踏在一只正疾驰的龙雀背上，其大胆的构思，浪漫的手法，给人以惊心动魄之感，令人叫绝。艺术家巧妙地抓住闪电般的刹那，将一只凌云飞驰、骁勇矫健的天马表现得淋漓尽致，体现出汉朝大汉民族奋发向上、豪迈进取的精神。

作品不仅构思巧妙，而且工艺精湛；不仅重在传神，而且造型准确。按古代相马经中所述的良马标准尺度来衡量铜奔马，几乎无一处不合尺度，故有人认为它不仅是杰出的艺术品，而且是相马的法式。

[马踏飞燕] 东汉青铜器，1969年出土于甘肃省武威雷台墓。东汉时期镇守张掖的军事长官张某及其妻合葬墓中出土，现藏甘肃省博物馆。奔马身高34.5厘米，身长45厘米，宽13厘米。

38W+1D（38周又1天）

胎教与早教的衔接

胎儿在降生之前，准爸爸妈妈已给了胎儿听觉、触觉、视觉等的刺激，这给胎儿的感觉器官和大脑产生了一定的影响，能促进胎儿感觉器官的发育发展和神经元结构的形成。

脑细胞增殖另一高峰

一般人的想法是，随着分娩过程的完成，胎教也就随之告一段落。然而，由于新生宝宝在人间的前6个月是大脑细胞增殖的另一高峰期，因此，为了继续促进宝宝的智力发育，需要在产后6个月内继续给予宝宝适宜的信息刺激，进一步促进神经系统的发展。所以胎教活动还要持续一段时间，直到与早期教育衔接上。

需要感觉刺激

由于孩子出生时大脑的大小和重量只达成人的1/3，神经细胞尚未成熟，神经纤维也没有形成完善的髓鞘，而相互间的联系几乎没有形成，所以，在出生后的初期，只有将大量的刺激传到感觉器官，再通过感觉细胞传达给大脑，才能促进神经细胞的成熟。

胎教的“加时课”

尽管胎儿刚出生根本不明白语言的意思，但还是要给他各种声音的刺激，如父母要多和宝宝说话、逗乐，在宝宝睡醒后给宝宝听一些轻松舒缓的音乐。除了听觉刺激外，父母还要给宝宝适宜的触觉刺激，父母和家人要多拥抱小宝宝，抚摩小宝宝的皮肤，让宝宝练习抬手、踢腿等动作。在视觉训练方面，可用鲜艳的带响声的小玩具吸引宝宝注意，让宝宝学着追视。

这些都是胎教的“加时课”，是早期教育的衔接教育。

第268天

38W+2D（38周又2天）

出生后巩固胎教成果(一)

前面我们讲过“斯瑟蒂克胎教法”，这是风靡美国的“神奇”胎教。这里节选的产后内容，对宝宝出生后具体如何巩固和扩大胎教成果，将会很有启发和参考价值。

在胎儿出生后，你第一次教她数数时，如果把曾用于胎教的实物，再次摆在婴儿面前，这时，婴儿在她胎内学过的东西，就会逐渐反馈回来，并将作出令你吃惊的反应。

我们认为，接受了胎教而出生的婴儿已经作好了吸收新知识的准备。并且坚信在苏珊还未出世的时候，我们每天以充满爱的声音对她讲的一切，一定能在她头脑中的某一个地方留下印记，她在母腹中听到的、感觉到的、理解了的东西将会永不消失地影响她的一生，并一定会引导她走上幸福的人生之路。

由于有这样一个信念，所以在苏珊出生以后，我仍然坚持对她讲话，给她念幼儿画册，教她英文字母……

不论是哪个孩子，在出生后第三天，我就用手指教她数数，在喂奶时也好，抱着逗玩时也好，都不忘对她讲话。在别的母亲看来，对连眼睛还没有完全睁开的新生儿讲话也许是件很可笑的事情。但是，因为我相信她们还未出生时，我已经对她们的素质进行了培养，因此，我对自己的做法丝毫不感到怀疑。

事实上，四个孩子都在专心地倾听我的话，并在很小的时候就对我要教的东西作出了良好的反应。

这还是在16年前，小苏珊在我们夫妇的照看中出现了令人吃惊的变化。当时，苏珊出生只有两星期，一天的大半时间都在睡眠中。然而有一天，她突然说话了，发音虽说不像大人那样清晰，但却是能让人听得出来的声音。她最初说的是“奶”。这是我在她出生前常对她讲的词。在接近分娩的日子里，乳房常会胀得流出乳汁来，每次我都一边擦拭渗出的乳汁，一边用日语对她讲：“奶，这是喂你的奶，你可以出来了，一切都为你准备好了。”在她出生以后每次喂奶时，我也都是对她说：“苏珊，吃奶了。”所以对苏珊来说，这可能是最使她感到亲切的词语。除了“奶”之外，这一时期她还会说“妈妈”、“干净”这几个词……

一般来说，幼儿开始说话最快也要到1岁左右，而出生后两个星期就开始说话，确实是令人吃惊的。

第269天 38W+3D（38周又3天）

出生后巩固胎教成果（二）

斯瑟蒂克夫人对他的孩子们的认识和论说，带有明显的主观色彩，她并非夸耀，而多半是错觉。但其乐观态值得借鉴。

婴儿智力和运动能力的发展有快有慢，有的孩子很早就会走路、说话，有的则比较晚，苏珊在这方面的发展远远超过一般孩子。看着小苏珊的成长变化，我想大家一定能理解我们做父母的，每天是以怎样惊异、喜悦和激动的心情。

其实，我们的另外三个女儿，斯蒂茜（二女儿），斯蒂芬妮（三女儿）和吉安娜（小女儿），也都是在出生后两至三个星期开始讲话的。我总记得孩子们在出生后的一周左右，当让她们握住哗啷棒儿并摇出声响时，她们总是显得特别高兴。

第一个月，孩子们大部分时间是在睡眠中度过的。当她们睁开眼睛时，我总是像未出生时一样轻声地对她们讲话、唱歌，十分珍惜这短暂的交流时间。孩子们对我那充满爱的声音和对她们的照顾，表现出十分满足的样子。

苏珊出生后一个月，就会数彩色皮球，能一口气数到3，这是因为在苏珊出生前，我常用这样的皮球教她数数。对苏珊来说，这已不是她初次接触的事物，而是在胎儿时期就已通过某种形式，储存在她的记忆和思维系统里的内容了。

第二个月以后，孩子们白天醒着的时间也延长了，虽然有家务事，但我尽可能和孩子们在一起玩，给她们唱些轻松愉快的歌曲，像舒伯特的《摇篮曲》、德沃夏克的《归途》等。另外，我还抱着孩子伴随着优美的钢琴曲和轻快的华尔兹舞曲起舞。每当这时，一种幸福感便油然而生。

这一时期，我看孩子们好像很喜欢色彩鲜艳的木制玩具和哗啷棒儿等。于是，就把这些玩具让她们握在手里玩，果然，她们高兴地笑了。

我还抱着她们观看屋内摆设和窗外世界，并一一讲解。其实这些在她们还是胎儿时我就已经讲过了，所以是件轻而易举的事。这一时期，我还给她们看色彩艳丽的画册，并用心地朗读，还使用五颜六色的卡片教她们学字母和数字。

现在孩子们长大了，每当她们回忆起童年的时候就对我说："不知是几岁的时候，我还记得在床上，妈妈常给我们看五颜六色的卡片和画片儿。"

可能有人会说："出生只有两三个月的婴儿是不可能听懂大人讲的话的。"可我却要回答：请你切勿下这样的结论，因为在我对她们讲话和读书时，常常看到她们是那么专注入神地听着，并露出愉快的表情。我现在还记得，那些幼儿画册是用淡雅的色彩描绘的，孩子们是那么出神地看着每一页，眼里都闪着兴奋的光芒。到了第五六个月，幼儿画册已成为孩子们最喜欢看的东西之一了。

第八个月能认英文字母A、B、C、D等，第9个月会阅读这些字母……

她们就是这样自然而然地学到了许多东西。

第270天 38W+4D（38周又4天）

语言胎教课：故事《小花猫和小白兔》

小花猫和小白兔是邻居，它们还是一对好朋友呢。今天它们俩可高兴了，因为它们的妈妈让它们去买东西。小花猫拿着妈妈给的钱，兴高采烈地向家的东边走去，它要去买小鱼。小白兔拿着妈妈给的钱，一蹦一蹦地向家的西边走去，它要去买大萝卜。

小花猫走着走着，花蝴蝶飞来了，多漂亮的蝴蝶啊，小花猫看了真喜欢，忍不住就伸手去抓蝴蝶，花蝴蝶你不要走，我来跟你玩，等等我。小花猫追着花蝴蝶跑远了，早把妈妈叫它买鱼的事忘得一干二净了，而且还把买鱼的钱掉到了路边的草丛里。

小花猫追着花蝴蝶越跑越远，等它跑累了停下来时，才发现手里的钱不见了，再回头一看："糟糕，这是什么地方啊？"小花猫这下可着急了，买鱼的钱丢了，还迷了路，这可怎么办？呜呜呜，小花猫急得哭了起来。

黑狗警察听到哭声，连忙过来询问原因。小花猫哭着把事情的经过告诉了它，黑狗警察听了连忙安慰小花猫："小花猫别着急，我来送你回家，以后可不能贪玩了。"小花猫点点头，跟着黑狗警察回家去。

到家门时，刚好碰到小白兔，两手空空的小花猫很惭愧。它为什么惭愧呢？哦，因为小白兔在半路时看到蜻蜓了，它也很喜欢，但它没去追去买萝卜了，所以小花猫看看拿着大萝卜的小白兔，难为情地低下了头。

第271天 38W+5D（38周又5天）语言胎教课：故事《真假小白兔》

小白兔当了萝卜店的经理。小狐狸很羡慕："哼，我要变成小白兔！"于是，他念起咒语："一二三、四五六，狐狸变成小白兔。"

嘿！小狐狸真变成了一只小白兔了。

早晨，一只小白兔来到萝卜店。店里的小灰兔一见，惊叫起来："咦？小白兔经理刚进去，怎么又来了一个小白兔经理呢？"

里面的小白兔走出来一瞧，大叫："你是　　"

外面的小白兔也大叫："我是这里的经理，你是谁？"

"明明我是经理，你是谁？"两只小白兔吵起来。

熊法官来了，先在他俩面前放两捆青草，两只小白兔很快吃完了青草。熊法官又在他们面前放了两块肉，两只小白兔都皱着眉头："不吃、不吃！"

熊法官看看这个，又看看那个，怎么也看不出真假，急得直摇头：这可咋办呢？

兔妈妈来了，两只小白兔一齐叫："妈妈，我是你的孩子。"

兔妈妈看看这个，又看看那个，摇摇头说："咦，真怪！唔，我的孩子尾巴上有个伤疤。"

可仔细一看，两只小白兔尾巴上都有伤疤。这可怪了！

兔妈妈想了想，忽然捂着肚子叫起来："哎哟，哎哟，我的肚子疼！哎哟，哎哟！"兔妈妈疼得弯下了腰。

"妈妈，你怎么啦？"一只小白兔眼泪都流出来了，扑上来扶着兔妈妈，一边大叫："快，快去叫救护车，快！快！"

另一只小白兔虽然也在叫"妈妈、妈妈"，声音却一点不急。

兔妈妈猛然站起来，一把抱住扑上来的小白兔，说："我分出来了，你才是我的孩子！"

另一只小白兔见兔妈妈忽然好了，愣了一愣，才明白自己上了当。只好摇身一变，变成狐狸飞快地溜走了。

第272~273天

39W（39周）

每周胎教活动
舒伯特《小夜曲》赏析

舒伯特是奥地利作曲家，这支小夜曲是一首家喻户晓的名曲，孕妈妈此前很可能听过。在名曲唱片或CD里，很少没有它的。好好欣赏这支名曲，临近分娩，优美的音乐是解除焦虑的良药。

如果不说，谁也不会想到，这支曲子在作曲家生前并不为人们所知，直到舒伯特逝世以后，人们为了纪念他，把他后期写的一些艺术歌曲整理搜集在一起，编成《天鹅之歌》声乐套曲之后，人们才发现它们的美妙和价值。

《天鹅之歌》声乐套曲里，有舒伯特用德国诗人海涅、赛德尔、雷尔斯塔布的诗谱成的十四首歌。《天鹅之歌》这个书名，是引用天鹅在临死之前，必唱动听的歌这个民间传说，来比喻这是作曲家舒伯特死前的绝笔。所以，用它作为书名是很有意味的。这十四首歌彼此之间并没有联系，小夜曲是其中的第四首，是舒伯特于1828年用雷尔斯塔布的诗谱成的。

歌曲为D小调，3/4拍。开始，有四小节引子。不难听出，这里模仿了吉他伴奏的特点，情绪十分幽静，它给人们描绘出这样一幅画面：在月亮升起的时刻，一个小伙子正抱着吉他在心爱的姑娘窗下弹奏，随后，他唱出了感情真挚、表达爱慕心情的歌。

歌曲有两段歌词和一段叠歌，吉他伴奏音型作为衬景持续不断。在第一段词里，他对四周幽静的环境作了细致的描绘。它们是诗，也是画；后半段，转到D大调上，情绪显得十分激动，并推出歌曲的第一次高潮。

经过和前奏一样的间奏，给人感觉这是求爱者在侧耳倾听，可是，还听不到姑娘的回答，于是，他又继续唱：“你可听见夜莺歌唱？它在向你恳请，它要用那甜蜜的歌声，诉说我的爱情。”

这时候，求爱者在感情上更加激动。由于还听不到回答，他感到痛苦，但仍然期望着。乐曲转到D大调，他以更热情的歌声表达炽热的情感，形成乐曲的第二次高潮。然后，有两小节间奏，求爱者仍痴情地等待着。虽然他那“带来幸福爱情”的歌声，已消失在茫茫夜空之中。

听到这首歌曲的人，谁能不为之动情呢？

39W+1D（39 周又 1 天）

面对分娩充满信心

就要面对分娩，孕妈妈往往会产生某些不安，其实没什么可忧虑的，一切都将圆满如愿。用勇敢的心给宝宝上一堂勇敢的课吧。

不良情绪必须调整

孕妈妈越临近分娩可能越焦虑不安，这种不良情绪必须调整过来，否则将导致体内激素的改变，对胎儿产生不良的刺激。同时，焦虑和恐惧会引起肌肉紧张、身心疲惫，导致分娩时子宫收缩无力、产程延长以及滞产等现象，这将会影响胎儿的智力和情商，甚至危及生命。

充满信心迎接宝宝

分娩的确是胎教的最后一课，更是最重要的一课。面临分娩，要充满信念，相信自己。人的一生中遇到困难是常事，有的人可以扛下来，有的人却受不了。能够扛下来的人往往心中有着坚定的信念，这种信念如同希望之光，让人坚定、奋发。有句话说得好：只要信念不倒，世界上没有谁能使你倒下。

故事：《信念是一粒种子》

有一年，一支英国探险队进入撒哈拉沙漠的某个地区，在茫茫的沙海里跋涉。阳光下，漫天飞舞的风沙像炒红的铁砂一般，扑打着探险队员的面孔。口渴似炙、心急如焚——大家的水都没有了。这时，探险队长拿出一只水壶，说：“这里还有一壶水，但穿越沙漠前，谁也不能喝。”

水是生命的保障，水壶于是成了穿越沙漠的信念之源，成了求生的最后希望。水壶在队员手中传递，沉甸甸的感觉使濒临绝望的队员们，脸上又露出了坚定的神色。终于，探险队顽强地走出了沙漠，挣脱了死神之手。大家喜极而泣，用颤抖的手拧开那支水壶——缓缓流出来的，却是一壶干热的沙子。

故事里，在茫茫沙漠中真正救了他们的，显然不是一壶沙子。他们心头的信念，已经如同一粒种子，在他们心底生根发芽，最终领着他们走出了“绝境”。事实上，人生从来就没有真正的绝境。无论多么艰辛，无论多么困难，只要心中还怀着一粒信念的种子，那么人们就能走出困境，迎来光明。

信念产生的故事，勇者必胜的信念，是教育宝宝的最佳题材。

39W+2D（39周又2天）

顺利分娩详细指导（一）

分娩时，胎儿经过产道的挤压是一种锻炼，但生命的最初磨难，对于胎儿是艰难的。为了宝宝，妈妈要以积极勇敢的心态和胎儿共同度过这一短暂而伟大的历程。准爸爸更要全力协助。

第一产程做什么

第一产程是从宫口逐渐扩张，直至扩展到10厘米，即宫口开全的过程。

1.尝试深呼吸

第一产程最痛苦难熬,产妇要听从医生的指导，在宫缩开始时做平时练习的腹式呼吸,以减轻腹痛,不至于产生紧张、恐惧等情绪使疼痛感加重,影响子宫有效收缩,使产程延长或难产。

方法为：采取侧卧位，在阵痛开始时均匀地张大嘴，大口吸气和呼气，并随着宫缩加强加深呼吸，在阵痛间隔时停止这样的呼吸，换成最舒适的姿势做普通方式呼吸，并尽量多休息。

2.放松心情

放松心情，积极对待疼痛，可反复自我提示：“我很顺利，每痛一次就向成功迈进了一步，可尽快见到宝贝。”不要总想着自己还得忍受多久这讨厌的疼痛。产妇要善于分散自己的注意力，如与人交谈、听音乐或看电视节目等。

3.丈夫别闲着

握住爱人的手并不断给予鼓励，不让爱人感到孤立无援。在阵痛早期尽可能搀扶爱人多走动，促使胎头下降，缩短产程。阵痛持续并加剧时，按摩爱人的肩、背、腰骶部等处的肌肉，也可用热毛巾湿敷腰腹部。注意提醒爱人多变换体位，如站、蹲、走，避免平卧，使全身肌肉尤其是腹部肌肉尽量放松。

4.找机会给爱人补充能量

在宫缩阵痛间歇，丈夫要协助爱人吃一些易消化的高热量食物，如牛奶、巧克力、鸡蛋、面汤等。同时，让爱人注意多喝一些水，抓紧时间休息，保持体力和精力继续“战斗”。

5.提醒爱人排尿

产妇应该每2～4小时排尿一次，避免膀胱充盈，影响子宫收缩和胎儿先露部下降。如果产妇感到排尿困难，要尽早告诉医生，及时采取措施。

第二产程如何配合

第二产程也称娩出期，是指胎儿从宫口开全到胎儿娩出为止。

1.配合宫缩用力

一次宫缩时大约要用力3次，产妇要遵照医生的指导，在宫缩时务必配合用力，不要在意自己的样子有多难看，这样才能使用力达到最佳的效果。

第276天

39W+3D（39周又3天）

顺利分娩详细指导（二）

2.憋气以增加腹压

强烈的宫缩阵痛，迫使产妇不由自主地向下用力。这时产妇双手可抓住产床边上的扶手或丈夫的手，只管放心地像平时解大便那样向下憋气，憋气的时间越长越好，以增加腹压，协助胎儿娩出。

3.注意休息

在宫缩停止时产妇要立即全身放松休息，不要用力。这时用力不仅没有作用，反而会使产妇筋疲力尽，影响顺利分娩。应该趁机做2～3次腹式深呼吸，为下一次宫缩时的用力做准备。

4.不必收缩肛门

胎儿的头在产道里回旋，并随着子宫收缩向产道出口前进，使产妇不由自主地使劲憋气，产生想排大便的感觉，甚至会有憋不住的感觉。这是胎头向下压迫所致，不必因担心而收缩肛门，这样会影响胎头下降。

5.改用力憋气为反复哈气

当胎先露部要出来，即产妇感到下边有东西堵着时，听到医生的指示后立即把双手交叉在胸前，改用力憋气为反复短促的哈气。提醒一点，此时绝对不可用力，也不要随意扭动臀部，要靠子宫本身的收缩使胎儿自然娩出。这时，即便轻微地用力或发出声音，都会使胎头飞速地从阴道口滑出，造成意想不到的会阴裂伤，甚至撕裂肛门。

6.摆好姿势

胎儿就要娩出，即使再不舒适也要注意保持仰卧、双脚尽量张开、膝盖弯曲的姿势，以方便医生协助分娩。

第三产程如何做

第三产程也称胎盘娩出期，从胎儿娩出到胎盘娩出为止。

1.不要用手去碰下腹部

在胎盘尚未娩出前，产妇不要用手去碰触下腹部，以免刺激下腹造成子宫颈口反射性地收缩，阻碍胎盘娩出。

2.尽量地张开双腿

胎盘娩出之后，在外阴部消毒干净前，产妇要尽量将双腿张开，以方便医生进行处理。

3.积极配合医生缝合伤口

胎盘娩出以后，如果产妇会阴部有伤，医生就要马上进行缝合。为了更好地让医生处理，虽然非常疲累，但要继续忍耐，并采取医生要求的姿势，坚强地与医生充分进行配合。由于会阴在分娩时受到极大压迫，所以不会感到太疼痛。

小提示　提醒准爸爸

产妇在开始用力后，由于呼吸加快特别容易感到口渴喉干。准爸爸最好准备好吸管和一些红茶、果汁等饮料，让妻子适时吸饮润喉，以免产生口渴感，不利于分娩。

第277天

39W+4D（39周又4天）

了解新生儿因材施教（一）

要想扩大胎教的成果，出生后的教育就要跟上。为了因材施教，孕妈妈可以提前了解新生儿。注意两个方面：一是新生儿的日常状态，二是新生儿的神奇能力。

新生儿有六种状态

1.**深睡**：眼闭合，身体平静，呼吸规则；

2.**浅睡**：眼虽闭合，但面部表情丰富，有微笑、皱眉、噘嘴等，身体有少量自然活动，呼吸不规则；

3.**瞌睡**：眼可半张半闭，眼睑闪动，有不同程度的躯体运动；

4.**安静觉醒**：眼睁开，显得机敏，活动少，对视、听刺激有反应；

5.**活动觉醒**：眼睁开、活动多，不易集中注意力；

6.**哭**：传递着某种不舒适信号。当他感到饥饿、寒冷、疼痛及大小便浸渍不适时，以哭叫表示自己的感觉。哭叫并不一定是情绪和意识的反映。

新生儿的能力——看

新生儿生下来第一天就喜欢看图案，不喜欢看单一色的屏幕。他们对类似人脸图形的兴趣超过对其他复杂的图形。

要使新生儿看清物体，应将物体放在距眼20厘米左右处。如给新生儿看红球，当新生儿觉醒时，持红球距宝宝的脸约10厘米处轻轻晃动。当宝宝看到后慢慢地移动红球，宝宝的眼和头能追随红球移动的方向，头从中线位向左或向右转动，有时会稍稍抬头向上看，有的还有转动180度看红球。给宝宝看你的脸时，你可以说话或不说话。当宝宝注视你后，慢慢移动你的头从宝宝一侧到另一侧，宝宝会不同程度地转动眼和头部，追随你的移动。

新生儿的能力——听

新生儿对声音有定向力。用一个装有黄豆的小塑料盒，在婴儿看不到的耳边轻轻地摇动，发出柔和的声音，新生儿的脸显得警觉起来，头和眼会转向小盒的方向，并用眼睛寻找声源。在另一侧耳边摇动小盒，头会转向另一侧。然后父母用温柔的声音在新生儿耳边说："小宝宝，转过来看我，来来来!"他会转过来看你，换一侧呼唤，他又转向另一侧。宝宝不爱听尖锐、过强的音响，当听到这类噪音时，头会向相反方向转动。或以哭表示拒绝这种干扰。

第278天 39W+5D（39周又5天）了解新生儿因材施教（二）

嗅觉、味觉和触觉

新生儿5天时，能区别乳母和其他母亲奶的气味。出生第一天，就表现为对浓度高的糖水有兴趣，吸吮强，吃得多。新生儿触觉是很敏感的。有的宝宝哭闹时，只要用手放在他们的腹部或同时限制婴儿的双臂就可使他们安静下来。

新生儿具有和成人交往的能力

新生儿和父母或看护人交往的重要形式是哭。这些正常新生儿的哭有很多原因，如饥饿、口渴、尿布湿等等，还有在睡前或刚醒时不明原因的哭闹，一般在哭后都会安静入睡或进入觉醒状态。年轻父母经过2～3周的摸索就能理解小儿哭的原因，并给予适当处理。新生儿还用表情，如微笑或皱眉及运动等，使父母体会他们的意愿。过去认为在父母和新生儿交往中，父母起主导作用，实际上是新生儿在支配父母的行为。

新生儿具有运动能力

胎儿在子宫内就有运动，即胎动。出生后新生儿已有一定活动能力，如新生儿会将手放到口边甚至伸进口内吸吮。四肢会做伸屈运动，当您和宝宝说话时，宝宝会随音节有节奏地运动，表现为转头、手上举、伸腿类似舞蹈动作，还会对谈话者皱眉、凝视、微笑。这些运动和语言的韵律是协调的，有时宝宝手试图去碰母亲说话的嘴，实际上宝宝是在用运动方式和成人交往。新生儿还有一些反射性活动，如扶起直立时会交替向前迈步，扶坐位时头可竖立1～2秒或以上，俯卧位有爬的动作，口有觅食的活动，手有抓握动作，甚至有抓住成人的两个手指使自己直立的能力。

新生儿具有模仿能力

新生儿在安静觉醒状态，不但会注视你的脸，还有模仿你脸部表情的奇妙能力。当面对面和宝宝对视时，你慢慢地伸出舌头，每20秒钟一次，重复6～8次。如果宝宝仍注视着你，他常会学你的样，将舌伸到口边甚至口外。宝宝还会模仿其他脸部动作和表情，如张口、哭、悲哀、生气等。不模仿的新生儿也是正常的，只是他们不愿意和你玩这种游戏罢了。

第279天 39W+6D（39周又6天）临产胎教——将胎教进行到底

临产前的情绪调整

我们得承认，无论怎么说，分娩对于女性，确实是一关。孕妈妈感到不安，甚至惊慌，都是正常的，也是很普遍的。

临产的孕妈妈一定记住两点。第一，这种情绪没有任何作用，相反会消耗体力，造成宫缩无力、产程延长，还会对胎儿的情绪带来较大的刺激。第二，生育是女性的本能，分娩的阵痛是不可避免的，但并非不可忍受，而且医学上有很多保障措施。

母亲的坚韧和勇敢会传递给孩子

生育是对生命的考验，是自然给予新生的神圣礼物，也是每位母亲终生难忘的伟大时刻。

母亲的承受能力和勇敢心理，会传递给即将出生的孩子，是孩子性格形成的最早期的教育之一。勇敢地把握好最后的时刻，给宝宝一次最好的胎教。

临产前的聊天胎教

临产前妈妈可以和宝宝“沟通”一下如何协同作战，有助于顺利分娩。你可以说：“宝宝，你就要离开妈妈到这世界上来了，妈妈和爸爸早就想见到你了，你一定要和妈妈配合好，勇敢地走出来。”只要你们做了，就会有效果，这不仅是心理暗示，你要相信宝宝能感应到的，十月怀胎，早就心有灵犀了。

第280天 40W（40周）留下宝宝的第一次

280天朝思暮想，10个月牵肠挂肚，小天使终于来了。做妈妈了，可曾想到：10个月的牵挂刚结束，一生的牵挂才刚开始！留下下面这些第一次，让牵挂更加充实……

胎毛 每个人一生之中只有一次机会可以将胎毛留下，建议将胎毛制作成胎毛笔，留下永恒的记忆。

录音 宝宝的第一声肯定不是叫妈妈或爸爸。那么是哇哇大哭还是伊伊呀呀呢？用录音设备保存宝宝最初的第一段声音吧。

三口合影 今天是非同一般的日子，既是珍贵孕期的圆满结束，也是新生活的开始。一家三口拍张合影，也算是胎教毕业的师生照吧！

摄像 从宝宝出生后的每一时、每一刻，都是令人欢天喜地的。建议从今天开始，在宝宝出生后的每一个重点阶段，用摄像机留下宝宝最可爱的一举一动。宝宝生出的那一刻是红着屁股还是闭着眼睛呢？你可以和医生协调，捕捉宝宝呱呱坠地的一瞬间。

脚、手印 宝宝的小手、小脚是最惹人怜爱的。宝宝的一小步，是妈妈的一大步。建议用红色或是紫色的印泥，印画出最可爱的小手和小脚印。

附录：婴儿生长指标

月龄	男宝宝	男宝宝正常范围	女宝宝	女宝宝正常范围
出生时	体重　　千克	(3.39±0.45)千克	体重　　千克	(3.28±0.35)千克
	身长　　厘米	(50.8±2.0) 厘米	身长　　厘米	(49.8±1.8) 厘米
	头围　　厘米	(34.5±2.8) 厘米	头围　　厘米	(33.4±1.4) 厘米
满月时	体重　　千克	(4.22±0.50)千克	体重　　千克	(3.96±0.24)千克
	身长　　厘米	(54.4±2.2) 厘米	身长　　厘米	(53.8±2.3) 厘米
	头围　　厘米	(36.8±1.1) 厘米	头围　　厘米	(36.1±1.2) 厘米
2~3个月	体重　　千克	(6.65±0.70)千克	体重　　千克	(6.12±0.50)千克
	身长　　厘米	(61.6±2.2) 厘米	身长　　厘米	(59.9±2.0) 厘米
	头围　　厘米	(41.2±1.1) 厘米	头围　　厘米	(39.4±1.2) 厘米
3~4个月	体重　　千克	(7.43±0.89)千克	体重　　千克	(6.91±0.64)千克
	身长　　厘米	(64.6±2.4) 厘米	身长　　厘米	(62.6±2.0) 厘米
	头围　　厘米	(42.2±1.0) 厘米	头围　　厘米	(40.8±1.2) 厘米
4~5个月	体重　　千克	(8.00±0.93)千克	体重　　千克	(7.85±0.75)千克
	身长　　厘米	(66.9±2.2) 厘米	身长　　厘米	(65.0±1.8) 厘米
	头围　　厘米	(43.0±1.3) 厘米	头围　　厘米	(41.8±1.2) 厘米
5~6个月	体重　　千克	(8.52±0.95)千克	体重　　千克	(8.06±0.81)千克
	身长　　厘米	(69.0±2.3) 厘米	身长　　厘米	(67.2±1.6) 厘米
	头围　　厘米	(43.8±1.0) 厘米	头围　　厘米	(42.8±1.3) 厘米

说明：在各阶段将您的宝宝生长状况填在空处，并与右栏对比。如果与正常范围相差不大，是正常情况。如果差别较大，可到医院向医生咨询。其实，每个宝宝的生长发育规律存在个体差异，出现差别，也不必担心。